사회복지 아카데미(Academy for Social Welfare) 총서 ③

사회복지 윤리와 철학

천정웅 박선희 이태숙 공저

SOCIAL WELFARE ETHICS & PHILOSOPHY

양 성 원

머리말

사회복지윤리와 철학 교과목은 사회복지실천현장에서 필요한 가치와 윤리이론, 철학적 지식 등의 규범적 인식과 전문직 윤리실천의 역량을 키우고 사회복지사가 직면하게 될 윤리적 갈등상황을 분석하고 해결할 수 있는 전문성을 함양하는 것을 목표로 한다. 특히, 사회복지윤리와 철학은 2020년부터 사회복지사 자격증을 위한 선택교과목이 됨에 따라 사회복지전공 학습자들의 자격증 취득이라는 현실적인 문제와 결부되어 수험과목으로서의 중요성 또한 강화될 것으로 전망된다.

사실, 사회복지학은 사회과학 중에서도 철학적이고 윤리적인 의사결정을 추구하는 가치지향적인 특성이 두드러지는 특성을 갖는다. 인간의 존엄성을 바탕으로 한 윤리적인 의사결정과 가치지향적인 태도는 인간의 삶의 질을 향상시키기 위해 노력하는 사회복지전문직이 갖추어야 할 본질적인 것이다. 특히, 사회복지사는 분명한 지식과 실천기술이라는 전문성을 함양함과 동시에 가치와 윤리에 대한 지향성을 가지고 자신의 역할을 수행함으로써 판단의 오류와 피상적인 실천에서 벗어날 수 있다. 또한, 윤리적 갈등을 직면하여서는 보다 가치지향적이고 윤리적인 실천으로 해결할 수 있는 역량과 윤리적 민감성을 갖도록 노력할 것을 기대하고 있다. 이런 의미에서 오늘날은 이전과는 다른 윤리적 쟁점과 딜레마들이 사회복지의 사명과 가치에 대한 본질적이고 심층적인 이해를 요구하고 있으며 사회복지윤리와 철학에 대한 관심이 더욱 커지고 있는 것이 현실이다.

이런 점에서 이 책은 사회복지윤리와 철학 과목의 전반적인 내용을 포함하고 있으며, 내용구성의 순서는 사회복지윤리의 철학적 토대(1부)를 먼저 이해하고 전문직 윤리(2부)와 윤리적 쟁점(3부)과 관련한 내용을 공부하도록 하였다. 따라서 이 책의 구성은 전체를 이러한 3개 부문별로 구분하고 총 12개의 장으로 편집하였다. 3명의 공동저자들이 각자의 전공분야와 관심영역를 고려하여 집필 영역을 정하고 3-5개 장씩 맡아 집필하였다. 1장(철학적 기초), 2장(실천가치), 3장(가치와 윤리의 이해)은 천정웅 교수가 집필하고, 4장(윤리이론), 6장(윤리적 갈등과 의사결정), 7장(의사결정 모델과 사례분석), 그리고 10장(조직에서의 윤리적 쟁점)은 이태숙교수가 맡아하였다. 5장(전문직과 윤리)과 8장(클라이언트와 관련한 윤리적 쟁점), 9장(전문가의 역할과 윤리적 쟁점), 11장(소수자 집단과 윤리) 그리고 12장(윤리강령 종합고찰) 등은 박선희 교수가 맡아하였다. 필자들이 기본적인 체제와 분량을 맞추려고 노력했지만, 각 장별 주제의 특성이 다르기 때문에 전체가 일관성을 갖도록 하는 것은 쉽지 않았다.

이 책은 사회복지아카데미(Academy for Social Welfare) 총서의 세 번째로 발간되었다. 사회복지아카데미 총서는 사회복지와 관련하여 다양한 분야에서의 새로운 관점과 접근을 요구하는 시대적 기대에 부응하면서 이론과 정책 그리고 실천의 발전된 내용들을 담고자 하는 학술공동체를 지향하고 있다. 이 책의 발간은 그러한 사회복지아카데미의 뜻을 전하는 세 번째 발간물의 의미를 가질 것이다. 이러한 총서의 발간에 함께 참여하고 있는 국내·외의 교수들과 연구자들에게 고마움을 전하면서, 흔쾌히 출판을 맡아주신 도서출판 양성원의 강철원 대표님과 직원 여러분께 깊은 감사를 드린다.

2019년 12월

저자들을 대신하여

천 정 웅 씀

차 례

Part 01 철학적 토대

chapter 01 사회복지윤리의 철학적 기초

chapter 02 사회복지의 실천 가치

chapter 03 사회복지가치와 윤리의 이해

Part 02 전문직 윤리

chapter 04 윤리이론에 대한 이해

chapter 05 사회복지전문직과 윤리

chapter 06 윤리적 갈등과 의사결정

chapter 07 윤리적 의사결정모델과 사례분석

Part 03 윤리적 쟁점

chapter 08 클라이언트의 권리와 관련된 윤리적 쟁점

chapter 09 전문가의 역할과 윤리적 쟁점

chapter 10 사회복지 조직에서의 윤리적 쟁점

chapter 11 다문화사회 소수자집단과 사회복지윤리

chapter 12 사회복지 윤리강령의 종합적 고찰

social work ethics and philosophy | part

01

철학적 토대

CONTENTS

chapter 01

사회복지윤리의 철학적 기초

1. 사회복지윤리와 철학의 관계

사회복지와 철학과의 관련성은 다양하게 논의될 수 있다. 사회복지관련 교과목으로서의 사회복지윤리와 철학에 대한 관심은 그러한 논의를 촉진하는 기회를 제공하게 된다. 대표적으로 사회복지는 윤리강령(code of ethics)의 제정노력을 통해 철학과 연계되는 본질적 계기를 갖게 된 점을 생각할 수 있다. 이는 사회복지가 학문으로 발전한 미국에서의 경우이지만, 이후 보다 거시적 차원으로 사회복지학과 철학의 관계에 대한 또 한번의 획기적인 논의의 계기가 나타났다. 롤즈(Rawls)의 정의론(A theory of justice)은 철학의 분배정의에 관한 이론들이 희소자원의 분배에 대한 사회복지전문가들의 관심을 제고하고 이를 원용해야하는 필요성을 제기하게 했다. 롤즈에 따르면, 정의로운 사회는 다음과 같은 정의의 두가지 원칙에 기반을 둔다.

첫째, 각 개인은 평등한 기본적 자유를 최대한 광범위하게 누릴 평등한 권리를 갖는다. 단, 이 자유는 모든 사람에게 주어진 유사한 자유와 양립가능해야 한다. 둘째, 사회·경제적 불평등은 다음 두 조건을 만족시킬 때만 허용 가능하다. ① 사회에서 가장 혜택을 받지 못한 구성원들에게 이익이 되어야 한다. ② 기회 균등의 원칙에 따라 모든 사람에게 직책과 직위를 개방해야 한다. 이렇게 볼 때 롤즈의 정의로운 사회는 기본 가치의 정의로운 분배에 관심을 갖는다. 기본 가치는 사람들이 원할 수 있는 다른 어떤 것과도 무관하게 합리적인 개인이라면 다들 원할 것이라고 생각되는 가치들, 오직 그 자체로 가치를 갖는 것이다. 여기에는 수입과 자본 외에 표현과 양심의 자유, 행동과 직업선택의 자유 같은 기본적인 자유도 포함된다(Margalit, 2008). 이러한 점은 사회복지학은 본질적으로 가치(value)에 대한 문제를 중요하게 취급할 뿐만 아니라, 특정의 가치에 대해서는 깊은 지향성과 실천성을 갖고 있으며, 가치의 문제는 오래 전부터 철학을 통해 다루어져 온 것이 계기로 작용한 것으로 볼 수 있다(김상균, 오정수, 유채영, 2018).

사실, 철학은 인간의 모든 문제를 포괄하고 인간의 모든 지식이 발현된 곳이다. 따라서 철학의 개념을 단일한 개념으로 규정하기가 어려우며, 관심분야나 시대와 사회의 욕구에 따라서 달라지기도 한다. 예를 들면, 희랍 시대에는 자연현상을 대상으로 하는 자연철학으로 자연에 대한 지식적 탐구라는 의미를 가지고 있었다. 그러나 사회환경이 변하고 사유의 내용이 풍부해지면서 철학의 대상은 인간의 자아와 일상의 생활로 바뀌게 된다. 따라서 철학은 인간이 자연현상이든 사회현상이든 인간과 인간을 둘러싼 세계의 존재와 가치의 궁극적인 원리를 찾으려는 노력이라고 볼 수 있다.

한편, 윤리는 이러한 가치에 대해 옳고 그름의 규범적 기준을 부여하는 것이며 인간이 지켜야 할 도리와 도덕의 본질과 근거에 대한 철학적 탐구라고 본다. 가치는 무엇이 좋고 바람직한 것인가에 관심을 갖는다면 윤리는 무엇이 옳은가에 대한 행위규범이며, 윤리학은 올바른 행위에 대한 물음이다(Loewenberg & Dolgoff, 1996). 그래서 윤리학이 어떤 행위가 옳고 그른가를 판단하고 그 근거가 무엇인지를 밝히려 한다는 점에서 철학적 탐구라고 하는 것이다. 옳음과 좋음의 우선순위를 따질 때 윤리의 철학적 논의가 시작되며 이런 점에서 윤리를 철학적으로 이해하는 일은 결국 윤리적 행위와 실천을 제대로 하기 위한 기반이 된다. 더욱이 윤리는 옳은 행위에 대한 이론적 탐구에만 그치지 않으며, 옳은 행위를 유도하려고 노력함으로써 마땅히 존재해야만 하는 당위를 논하고 실천을 이끌어 내는 실천철학이 되는 것이다(이효선, 2016).

실천철학은 이론철학과 함께 철학을 구성한다. 이론 철학은 우주를 형성하는 궁극적인 존재와 내용에 대해 진리를 얻는 데 필요한 사유의 법칙을 중점적으로 다루며 형이상학(metaphysics), 논리학(logic) 등으로 구분된다. 실천철학은 윤리학(ethics), 사회철학, 교육철학, 예술철학 혹은 미학(aesthetics) 등을 포함한다(심상용, 2016). 특히 윤리학은 선과 도덕적인 것의 의미를 찾고 이러한 의미가 어떻게 정당화될 수 있는지를 논의하는 분야가 된다. 철학은 존재하는 거의 모든 것들을 대상으로 하는 종합학이며, 윤리학은 철학 속의 실천철학의 한 분과임을 알게 된다. 그리고 사회복지는 옳고 그름의 가치 지향성을 통해 선과 도덕의 의미에 관한 윤리학으로 연결되면서 철학과 연계되는 것이다.

그러나 사회복지와 철학의 보다 중요한 관계적 의미는 철학의 한 분과로서의 윤리학이 인간과 인간의 삶을 탐구대상으로 한다는 사실에서 비롯된다. 사회복지는 인간의 삶의 전 과정에 관심을 갖고 사람들의 안녕(well-being)을 추구하는 인간적이고 사회적인 노력이며, 사회복지학은 인간의 존엄성을 기본 가치로 삼고 실천하는 학문이다. 철학이 삶의 본질에 대해 질문하고 좋은 사고를 할 수 있도록 한다면, 윤리는 이러한 사고를 통해 옳은 행동을 할 수 있도록 이끌어주는 것이다. 윤리학은 존재하는 사실로서의 인간이 아니라 있어야 할 것으로서의 인간을 탐구하는 특징을 갖는 당위나 가치의 세계로 볼 수 있다. 사실, 인간을 물리적, 생물학적, 심리적, 경제적 등의 다양한 탐구방식으로 접근할 수 있는데 이러한 접근법들은 모두 인간의 물리적 사실, 심리적 사실 등의 존재하는 사실에 대해 탐구하는 것이다. 그러나 윤리학은 인간의 삶과 행위에 관한 가치로서 선이나 좋음과 옳음 등에 관한 당위와 가치의 학문영역이라는 점에서 차이가 있다(남경희, 2014).

2. 철학의 분야와 가치론

인간은 삶을 영위하는 가운데 해결이 절실하게 요청되는 문제에 직면하기도 하고 어떠한 일상적인 지식이나 심지어 과학적 지식으로도 해결할 수 없는 문제에 맞닥뜨리기도 한다. 철학(philosophy)은 이러한 인간 삶의 근원적인 문제에 대한 갈망 속에서 얻어지는 지식의 체계이다. 철학은 그 어원에서 알 수 있듯이 인간이 스스로의 한계와 무지함을 깨닫게 됨으로써 이루어지는 지적 활동과 앎에 대한 갈망(philia)에서 나오는 과학에 다름아니다(김성이 · 김상균, 1994).

철학의 분야는 일반적으로 존재론, 인식론, 가치론으로 크게 구분된다. 이러한 세 가지는 모두 인간과 그를 둘러싼 세계에 대한 고찰을 목적으로 하고 있으며, 보는 관점에 따라서는 더욱 다양한 분야를 제시할 수 있다(고수현, 2015; 윤성호, 이미라, 손지현, 2016).

1) 존재론

존재론(ontology) 또는 형이상학은 철학의 한 분야로서 존재학, 본체학이라고도 한다. 대체로 존재한다고 하는 것에 관하여 그것이 존재하는 이유를 탐구하는 것이고, 덕(virtue)이나 이데아(idea)와 같은 궁극적인 존재자의 존재를 논한다. 따라서 무엇이 실제로 존재하며 실재하는 것의 기본적 구분이 무엇인지에 의문을 가진다. 현대적 의미에서 존재론은 인간을 둘러싼 세계나 인간이란 무엇인가를 묻기 전에 타인과 교류하며, 환경을 향하여 능동적으로 활동하는 인간의 존재성에 관심을 두고 그 존재양식을 근본적으로 연구하려고 시도한다(김준섭, 1979). 즉, 사회적 세계를 보는 방법을 말하는 것으로 존재의 본질이 무엇인가를 연구하는 것이다. 다른 말로 보면, 영원불변하는 사회적 실재가 존재하는가 그리고 그 사회적 실재의 속성을 무엇으로 볼 것인가(법 또는 규범, 문화적 가치, 의사소통 등) 하는 것과 관련된다(천정웅, 2017).

인간과 사회의 존재를 파악하려는 노력은 유물론적인 접근과 유심론적 접근으로 구분된다(김준섭, 1979). 먼저, 유물론은 인간이나 사회는 전적으로 물질로 이루어지며, 물질이 조직화되는 과정에서 나타나는 복잡성의 차이에 따라 인간과 사회의 다양성이 나타난다고 본다. 유물론의 입장에서는 인간의 정신현상도 물리적·화학적 운동으로 설명할 수 있다. 유물론적 세계관은 고대의 원자론적 세계관과 스토아철학 그리고 근대의 홉스(Hobbes, 1588-1679)에서 발견할 수 있다. 특히 홉스는 마음은 육체에 의존되는 것이므로 물질이 정신보다 근본적이라고 본다.

다음으로 유심론적 접근은 인간과 사회를 구성하는 궁극적인 실체는 '정신'이라고 본다. 이러한 접근은 세상에 존재하는 것은 단지 인간의 내면적 사고 과정에서 구성된 구성물로 본다. 따라서 물질은 정신적 존재에서 산출되며, 정신에서 파생되거나 예속되는 것으로 스스로 독립적이지 못한 것이다. 플라톤의 이데아론은 유심론적인 주장으로 볼 수 있으며, 근대의 라이프니쯔도 여기에 포함할 수 있다. 자연현상이나 정신현상을 막론하고 모두 정신없이 세상은 존재할 수 없다고 보았다.

그러나, 유물론과 유심론은 서로 대립되는 입장에서 존재를 설명하고자 하나 각각의 단점을 드러내고 있다. 유물론은 정신의 독립성을 인정하지 않으며 인간 존재도 물질의 기계적 조합으로 탄생하는 것이 아니란 점에서 비판받는가 하면, 유심론은 일체의 존재가 관념에 기인한다고 보기 때문에 물질의 독립성을 인정하지 않는다는 점에서 비판받는다. 이러한 점에서 유물론과 유심론을 각각 동등한 존재로 보아 존재하는 실체를 이원적으로 설명하는 접근방법이 있다. 아리스토텔레스나 중세 스콜라철학자들이 정신과 신체를 구별한 것이 이러한 입장이다. 근대에 들어 데카르트(Descartes)도 실체는 사유를 속성으로 하는 정신과 물질로 구분할 수 있다고 주장하였다. 이원론은 정신과 물질의 이질적인 측면을 모두 인정한다는 점에서 의미를 찾을 수 있다(김준섭, 1979).

철학의 하위영역으로서 존재론이 사회복지에 시사하는 바는 사회복지의 목적과 사명에 대한 자각을 일깨워준다는 점이다. 사회복지를 하나의 사회적 실체로 보고 사회복지의 정체성을 확립하는 다양한 질문들을 제기하고 그 답을 찾으려는 노력을 하도록 해준다는 것이다.

사회적 현상은 사회적 상황, 이벤트, 사회적 행위뿐만 아니라, 사회적 사람집단을 포함할 수 있다. 존재론에는 존재하는 것, 절대 불변하는 것이 무엇인지를 탐구하는 관념론이나 실재론이 있다. 즉, 관념론이 세계에 존재하는 물질과 정신 중에서 정신을 더 근원적인 것으로 보는 반면, 실재론은 물질이 근원적으로 변하지 않는 존재라고 본다. 고대 그리스의 최초의 철학자들은 모든 사물의 시초가 무엇이냐고 물었을 때, 존재에 앞서서 존재하는 사물 이외의 신과 같은 힘에 의해 사물의 존재(existence, being)를 설명하지 않고 있는 그대로 보는 전체적인 추구라고 했다. 그래서 존재론은 실체론이라고도 불린다(고수현, 2015).

2) 인식론

인식론(epistemology)은 인간의 참된 인식에 대한 철학으로서 참된 인식이란 곧 지식(앎)을 의미한다. 그렇기에 인식론은 지식이론(the theory of knowledge) 또는 지식철학으로 불리기도 한다. 인식론이란 말의 어원을 보면 그리스어로 인식, 학문의 뜻인 'episteme(지식)'라는 단어와 라틴어로 논리 · 논리학을 뜻하는 'logic(이론)'이라는 단어의 합성어이다. 따라서 어원적으로는 참된 앎에 대한 이론이며, 지식에 접근하는 방법을 연구대상으로 하는 것이다. 우리가 세계를 배우고 알게 되는 방식은 우리의 존재론적 가정에 근거를 둔다. 인식론은 지식을 창출하기 위해 우리가 무엇을 필요로 하며 우리가 창출한 과학적 지식이 어떻게 보이는 지를 다룬다(천정웅, 2017). 이런 점에서 인식론에서 가장 중요한 물음은 지식의 궁극적인 원천은 무엇인가에 있다. 즉, 어떻게 지식이 획득되며 어떻게 다른 사람에게 전달되느냐에 관한 것이다. 지식은 획득될 수 있는 것이지만, 반면에 개인적인 경험에서 얻어져야 한다는 관점이다. 즉, 우리는 무엇인가를 알게 되고 지식을 가지고 살고 있지만, 과연 앎이라는 것이 무엇을 의미하는지, 안다는 것의 근거를 밝히는 것은 쉽지 않은 것이다.

인식론의 역사는 희랍시대부터 알 수 있지만, 그것이 학문적 의의를 가지게 된 것은 로크(Locke, 1632-1704)의 「인간오성론」과 칸트(Kant, 1724-1804)의 「순수이성비판」이 출간된 이후라고 볼 수 있다. 로크는 인식론의 문제는 '인간의 지식의 기원·확실성, 개념, 의식 등의 근거와 과정을 연구하는 것'이라고 하였고, 칸트는 인식론을 이성능력 일반의 비평으로 보아 인식론의 기원, 범위, 한계 등을 확정하고, 원리를 찾는 것이라고 보았다(김준섭, 1979).

인식론은 사고의 규칙이나 인식에 관해 탐구하는 것이며 앎의 타당성, 한계 및 범위를 연구한다. 앎을 형식적이고 논리적으로 탐구하는 철학의 사조를 보면 근대의 합리론(the rationalism)과 경험론(the empiricism)으로 구분할 수 있다. 합리론은 이성을 인식의 능력으로 본다. 즉, 진리를 알기 위해서는 인간이 확실히 믿을 수 없는 자신의 감각(senses)보다는 이성(reason)을 사용하여 정확하게 추론(formal reasoning)해야 한다는 입장이다. 경험론은 경험을 인식의 요소로 주장한다. 즉, 인간이 세상을 이해하는 방법은 그 자신의 감각기관에 의해서 체득된 지식을 통해서 가능하다는 입장이다(고수현, 2015).

합리론에 의하면 인식은 선천적이고 생득적인 이성에 의해서 가능하며, 이성은 경험에 앞서고 경험에서 독립된 선천적(a priori)인 것이다. 경험적 지식의 복잡하고 무질서한 감각내용은 이성에 의해 필연성과 보편타당성을 얻게 된다(김기덕, 2006). 이러한 합리론은 경험적 지식은 난잡하고 변화하나 이성은 항상 불변하므로 이성에 의한 지식이야 말로 참다운 지식이라고 생각한 희랍의 자연철학자 중 파르메니데스(Parmenides, B.C. 541-?)에서 기원하였다고 본다. 플라톤 역시 이성에 의한 인식의 존재를 주장하였는데, 참 존재의 세계는 이데아의 세계이며, 이데아는 이성만이 인식할 수 있고 이성에 의한 이데아 세계의 인식이 진정한 지식이므로, 변화하는 현상세계에 대한 감성적인 지식은 의견(doxa)에 불과하다고 하였다. 근대에는 데카르트, 스피노자, 라이프니쯔, 헤겔 등이 모두 합리론을 주장한 철학자들이다. 특히, 데카르트는 확실하고 참된 것을 선천적으로 인식하는 정신능력은 사람이 태어나면서부터 가지고 있는 것이라고 보았다.

한편, 경험론은 인식은 경험에서 발생하고 감각에 의해 성립되는 것이라고 보아 감각적 경험이 지식의 기원이라고 본다. 따라서, 모든 인식은 경험 없이는 존재할 수 없으며, 인간이 나면서 갖는 선천적인 인식능력은 인정하지 않는다(김기덕, 2006). 이성은 경험에 의하여 얻은 표상을 분석하고 결합하는 것에 불과하다고 주장하는 것이다. 이는 희랍시대에 감각 이외의 이성적인 것을 인정하지 않았던 소피스트들에게서도 찾아볼 수 있으며, 이후 퀴레네학파와 로마시대의 에피쿠로스학파로 이어지면서 근대에 베이컨(Bacon, 1561-1626)의 귀납법 주장과 경험에 앞서는 어떠한 관념도 존재하지 아니함을 주장한 로크로 이어졌다. 특히, 경험론자인 흄(Hume, 1711-1776)은 마음에 지각되는 것을 인상과 관념으로 구분하여, 인상은 직접적이고 확실한 것이나 관념은 인상의 사유와 추리에 따라오는 것으로 보아 관념이 인상에 기인한다고 주장하였다. 밀(Mill, 1806-1873)은 베이컨의 귀납법을 발전시켜 과학적 지식과 과학적 법칙의 인과율이 모두 경험의 집적에서 생기는 것이라고 하여 경험론의 주장을 강화시켰다. 그러나 경험은 상대주의에 빠짐으로써 필연성과 절대성을 지닌 보편성을 정당화시키지는 못했다는 한계를 지닌다(김준섭, 1979).

한편 근대 인식론적 입장을 대표하는 실증주의는 인식주체와 무관하게 자신을 둘러싸고 있는 세상을 객관적으로 관찰하는 것이 가능하다고 전제한다. 이는 지식이 외부대상의 표상이라는 경험론적 전통을 받아들인다. 인식의 밖에는 그것과 독립된 순수하고 오염되지 않은 실재가 있다고 가정한다. 학문의 역사를 보면, 본래 철학에서 과학이 분리되면서 여러 분과학문으로 발전하였는데, 분과학문들은 대부분 실증주의(positivism) 혹은 경험론(empiricism)을 추구해 왔다고 본다. 객관적으로 확인이 가능하고 논리적으로 입증할 수 있는 지식만 인정하려 한 것이다.

그러나 복잡한 인간을 대상으로 하는 사회복지 학문과 실천은 그 속성상 매우 가치지향적이고 객관적으로 검증하기 어려운 상황들을 포함하고 있어 실증주의와 경험론만으로는 분명히 한계가 있다(서미경 외, 2016). 따라서 비판론 또는 비판주의가 대두되었으며, 철학의 인식론은 사회과학의 방법론 논쟁과 깊이 관련되면서 발전하게 된다(천정웅, 2017). 인식론은 각 학문 분야에서 고유한 지식들을 양산해 내는데 기여하면서, 그러한 지식의 획득방법에 대한 정당성을 제공하는 근거로서 기능하였다고 본다. 이는 사회과학의 발전에 따라 모든 학문들이 조사와 평가를 중요시하게 되었던 점과 관련된다(김기덕, 2002).

3) 가치론

가치론(axiology)에 관한 내용이다. 가치론은 윤리학의 핵심인 가치를 대상으로 연구하는 것이다. 어원적으로는 '가치 있는'이라는 뜻의 그리스어의 'axios'와 학문 이론이라는 뜻의 'logos'가 합쳐진 것으로 '무엇을 선하다고 할 수 있는가?', '아름다운 것은 무엇인가?' 등과 같은 선(善)과 미(美)의 판단에 관한 분야이다(윤성호, 이미라, 손지현, 2016). 가치론에서는 가치철학(philosophy of value)과 가치윤리학(ethics of value)의 분야가 사회과학에 영향을 미친다. 일반적으로 가치론은 심리학, 경제학, 윤리학 등 사실적 개별과학의 한 분야에 속한다. 종교학, 윤리학, 법학, 미학 등의 규범에 관한 학문에서는 특히 가치문제가 밀접하게 관련된다.

우선, 가치가 있다고 인정되는 존재나 사건을 실현하고 수행하기 위해서는 당위와 의무가 따른다. 뿐만 아니라, 가치가 있는 것이라고 한다면, 자기 자신에게는 주관적인 가치감이 있어야 하고, 타인들에게도 인정될 수 있는 객관성을 갖추어야 한다. 즉, 교환의 가치를 확보해야 하는 것이며, 이렇게 될 경우 가치는 상대성을 면치 못하게 된다. 이는 절대적인 가치의 문제를 낳게 되며 가치의 본질을 평가하는 단계를 필요로 하게 된다. 최근 철학 자체가 인식론이나 존재론의 한계성으로 문제를 겪고 있다고 보는데, 사회복지학적인 전문지식과 기술을 가지고 사회현상과 인간관계를 다루어야 하는 사회복지 분야에서는 가치론적인 철학분야에서 간접적인 방법론을 찾을 필요도 있을 것이다(고수현, 2015).

3. 사회복지와 철학의 관계성

사회복지의 정의와 관련하여 인간, 사회(세계), 삶, 행복, 선 등과 같은 주요 개념들이 사용되는데 이러한 개념들은 철학의 주요 대상이 된다. 즉, 모든 인간이 추구하는 행복의 문제와 그와 관련한 배경과 요건이며 결과인 사회의 성질을 다루는 것이 사회복지라는 점에서 사회복지를 한다는 것은 철학을 전제로 하는 가치지향을 갖는 것과 다름 없는 것이다(윤성호, 이미라, 손지현, 2016). 사회복지사들의 '돕는 행동'에도 인간에 대한 존중과 주의라는 철학적 사고가 선행될 때 참된 의미의 사회복지실천이 이루어지는 것이다. 즉, 사회복지실천에는 철학적 고민이 전제되어야 하며 그렇지 않은 지식과 기술은 그 본래적 의미를 잃게 된다는 점이다. 특정 개인이나 집단의 이익을 추구하는 도구로 이용되는 지식과 기술이 그러한 예가 될 것이다.

따라서 사회복지사는 그들이 제공하는 서비스와 정책결정에 '인간을 어떻게 생각하는가'라는 관점이 중대한 영향을 미친다는 점을 인식하고, 어떤 것이 올바른 실천 행위이며 또 최우선으로 삼는 가치가 무엇인가에 대한 철학적 사유가 지식과 기술 습득에 앞서 전제되어야 한다는 점을 고민할 필요가 있는 것이다. 이런 점에서 사회복지는 옳은 인간관의 확립을 전제로 하는 사회복지 철학관을 필요로 하며, 이는 사회복지가 인간 삶의 실천 문제뿐만 아니라 그들의 실존을 연구하는 인간학으로서의 의미를 갖고 있음을 말해준다(이효선, 2016).

사회복지와 철학의 관계성은 또한 사회과학의 하위분과 학문으로서의 사회복지학의 성격과도 관련된다. 즉, 사회복지학은 넓게는 모든 학문의 근본인 철학으로부터, 좁게는 우리 사회의 현상과 사회체계의 본질 및 원리를 추구하는 사회과학 철학에서 영향을 받는다는 것이다. 특히 사회복지의 본질적 소명에 대한 철학적 질문과 함께 사회복지학의 존재 이유에 대한 철학적 이해는 밀접한 관련을 갖는다(서미경, 김영란, 박미은, 2015). 인간의 존엄성과 사회정의의 가치를 추구하며 인간의 문제와 복잡한 사회현상을 함께 다루는 실천학문으로서 엄격한 도덕적 판단과 성찰을 중시한다는 점에서 깊은 연관성이 있는 것이다.

서미경, 김영란, 박미은(2015)은 철학이 사회복지에 적지 않은 영향을 끼친다고 보면서 철학이 사회복지실천에 주는 의미를 다음과 같은 네가지로 제시한다(pp.17-19).

첫째, 철학의 인식론이 사회복지 지식에 의미를 제시한다는 것이다. 사회복지 학문과 실천은 복잡한 인간을 대상으로 하기 때문에 그 속성상 매우 가치 지향적이고 객관적으로 검증하기 어려운 상황들을 포함하고 있다. 다행히 최근 사회과학 철학의 중요성이 확산되고 질적사례연구나 근거이론 등 다양한 질적 연구방법이 등장하여 양적 연구방법론의 한계를 보완하고 있으며 사회복지의 지식체계도 풍부해지고 있다.

둘째, 철학은 사회복지 대상자에 대한 인식을 새롭게 해준다고 본다. 철학에서 인간은 행위의 주체로서 외적 통제와 조작이 불가능한 존재로 본다. 인간은 주체적 인격이며 스스로 해석하고 반성하는 존재로서 자신의 해석에서 배움과 변화를 갖는다. 다시 말해, 이성에 기초한 사유는 물론, 자신의 삶을 주도하는 주체로 보는 것이다(이기홍, 2014). 이런 점에서 철학적 토대를 갖춘 사회복지사는 클라이언트에 대한 태도와 인식부터 다르게 된다. 클라이언트는 철학적 사유의 주체이며, 보다 나은 자신의 삶을 마련할 수 있다는 점을 받아들일 필요가 있다.

셋째, 철학은 사회복지사들에게 생각하는 힘의 중요성을 깨우쳐준다. 현재 사회복지 현장의 어려운 여건을 생각할 수 있지만, 사회복지사들은 보다 가치 있는 삶을 추구하려면, 자신의 존재 이유를 보다 분명히 할 필요가 있다. 자신이 추구하는 것이 무엇인가와 같은 철학적 질문을 통해 사회복지사로서 본래적 사명과 정체성을 분명히 하는 것이다. 철학은 사회복지사들에게 한 인간인 동시에 사회복지전문가로서 자신의 본분과 존재성을 확인하도록 해주며 더욱 가치있는 삶을 위해 자신을 변화시켜 나가도록 하며 철학하는 법에 익숙해질 것을 요구하고 있다.

넷째, 철학은 사회복지의 이론과 실천이 별개로 존재하기 보다는 순환적인 관계임을 알게 해준다. 우선, 철학적 관점에서 보면 이론은 실천을 매개로 하여 현실에서 실현된다. 따라서 실천의 방향과 내용은 이론이 선행하면서 이끌게 되는 것이다. 그러나 다른 한편, 실천은 이론보다 선행하여 현실과 상호작용하면서 이론의 계기와 내용을 안내하게 된다. 결과적으로 실천의 발전은 이론발전을 선도하고 다시 실천의 발전으로 나아가는 순환적 상호영향관계를 갖는 것이다(이기홍, 2014).

또한, 사회복지는 철학정신을 내포하고 있다. 사회복지활동은 개별적 사안이나 상황마다 적절한 기술을 적용하고 그 결과에 대해 숙고하는 철학적 활동의 특성을 갖는다. 사회복지가 프로그램과 기술을 중시하는 공학적 측면이 있지만, 근본적으로는 인간과 사회에 어떤 행위가 옳고 그른 것인가에 대한 윤리적 측면이 있는 것이다. 이런 점에서 사회복지학은 다음과 같은 철학정신을 그 지향가치에 내재하고 있다고 본다(윤성호 · 이미라 · 손지현, 2016: 25-26).

첫째, 사회복지학은 어떻게 인간답게 살아야 할 지를 고민하는 속에서 '인간으로서 나는 누구인가?', '우주 세계 속의 사회란 무엇인가?'라는 질문을 제기하고 그 해답을 찾고 해결하려고 노력한다.

둘째, 사회복지학은 인간 개인의 주체적 생존과 생활의 자기결정을 최우선적 정신으로 한다. 자기 실존에 대한 각자의 자기실현 향상에 관심을 갖는 것이다. 인간은 생명과 생활의 근원을 알고 그 곳에서 발생하는 문제와 자기 생존에 대해 주체적 자각과 주체적 판단을 내린다.

셋째, 사회복지학은 한시적인 안정과 희망 추구 보다는 항상적인 삶의 복지를 희구한다. 인간 생존의 근원을 찾고 문제를 해결하며 복지를 구현하는 실천노력이 사회복지학의 정신인 것이다. 인류의 희망과 생존은 역사적, 사회적 속성을 가지지만, 인간의 생존복지는 인류가 존재하는 한 복지를 희망한다는 점에서 초역사적이고 초월적이다. 이런 점에서 사회복지와 철학의 관계를 보면 복지는 인간의 생존과 정상의 실천이며, 철학은 그 정신인 것이다(오윤수 · 정현태 · 이대주, 2010).

4. 윤리학과 사회복지학의 연계성

그러면 철학의 한 분야로서 윤리학은 사회복지와는 어떤 연관성이 있는가? 이를 위해서는 먼저 철학과 윤리학의 관계를 다시 한번 이해할 필요가 있다. 우선, 철학은 단일 학문이 아니며, 이론철학과 실천철학으로 크게 구분된다. 그 하위분과로서 사유의 가정과 법칙을 다루는 논리학이나 실재의 본질을 탐구하는 형이상학 등은 이론철학이며, 도덕적인 가치판단의 구조를 밝히는 윤리학을 비롯하여 사회철학, 교육철학 미학 등은 실천철학에 포함된다고 보았다. 따라서 윤리학은 철학의 한 분과학문이며, 철학에 대한 깊이 있는 사유와 성찰을 통해 학문적 특성과 행동규범을 보다 체계화할 수 있을 것으로 생각할 수 있다(서미경 · 김영란 · 박미은, 2015).

철학은 인간과 세상의 근본원리를 탐구하는 학문이다. 우리의 삶 속에서 경험하는 고민과 갈등의 근원적 문제에 대한 대답을 찾는 사유를 통해 존재와 삶의 의미를 지속적으로 추구하도록 해준다. 윤리학은 그러한 철학의 분과 학문으로 인간의 도리와 행위규범에 대한 이해를 통해, 인간이 삶을 통해 마땅히 행하는 도리와 규범을 탐구한다. 따라서 인간의 존재와 삶의 목적에 대한 철학적 사유가 전제될 때, 인간만이 가진 순수이성에 기초한 도덕적 판단과 도덕의지가 구체적으로 행동으로 나타날 수 있다는 것이다(백종현, 2007).

이런 점에서 인간과 세상에 대한 근본원리를 현실에서 어떻게 행할 것인지를 탐구하는 윤리학은 크게 다음과 같은 세 가지 차원으로 이해한다(고수현, 2015).

첫째, 인간의 도덕 생활과 경험을 과학적으로 연구하고 설명하는 기술 윤리학(descriptive ethics)의 차원이 있다. 기술윤리학은 서술윤리학이라고도 하며, 도덕 현상에 대하여 서술을 하는 학문이라고 할 수 있다. 인간이 왜 죄책감을 가지게 되고, 분노를 느끼는지, 왜 인간사회에는 규범이 있으며, 그 내용이 어떻게 정해지는지 등을 설명하고자 한다.

기술(description)은 어떤 사태나 사실의 서술 혹은 기록을 의미한다. 기술윤리학은 시간과 공간을 달리하는 사회의 규범을 서술한다. 기술윤리학은 역사학자, 인류학자, 사회학자가 어떤 사회의 독특한 사회규범으로써 윤리를 기록하거나 소개하는 방법이기도 하다. 이 기술윤리학의 성과로 우리가 사는 사회의 규범이 인간 모두에게 주어진 규범이 아니라는 것이 드러났다. 사회마다 서로 다른 사회규범을 가진다는 사실에서 윤리상대주의의 논의가 성립되는 것이다(최용철, 2012).

둘째, 도덕적인 것이 무엇을 의미하는지 그리고 이러한 의미가 어떻게 정당화되는지를 논의하는 메타윤리학(meta ethics)이 있다. 메타윤리학은 분석윤리학으로도 불리며 다음에서 말하는 규범윤리학의 전제가 되며 논리적으로 선행하는 문제를 탐구한다. '메타'(meta)는 '~에 관하여' 혹은 '~ 다음에' 라는 뜻이다. 즉, 메타윤리학은 '윤리에 관한 학문' 또는 '윤리학 다음의 윤리학'이라는 의미를 갖는다. 이는 규범윤리학과는 확연이 다르다. 메타윤리학은 행위목적이나 행위원칙을 제시하는 당위 영역의 차원이 아니라, 윤리학의 본성, 역할, 한계를 밝히려고 한다. 당위의 영역이 사실의 영역과 다르다는 존재와 당위, 사실과 가치의 이분법을 토대로 만들어진 학문인 것이다. 메타윤리학의 물음은 '올바르다'(right, 올바름, 옳음, 옳은), '나쁘다'(bad, 나쁨, 나쁜), '의무'(duty, ought to) 등 윤리 용어의 정의는 가능한가? 윤리 판단은 사실 판단과 다른가, 다르다면 어떻게 다른가 등의 형태로 표현된다(최용철, 2012).

셋째, 주어진 도덕적 문제를 해결하는데 가장 적절한 도덕이론을 구체화하는 규범윤리학(normative ethics)의 측면이다. 규범윤리학은 인간의 행위를 대상으로 합리적이고 과학적인 연구를 하여 정당화될 수 있고, 보편적으로 타당한 규범의 체계를 모색하는 도덕의 본질에 관한 학문이라고 할 수 있다. 규범윤리학에서 분파된 응용윤리학(applied ethics)은 사회윤리(social ethics)를 비롯한 응용규범적인 윤리를 다룬다.

한편 규범윤리학은 고전윤리학이라고 칭하고 메타윤리학을 현대윤리학으로 구분하기도 하는데, 고전윤리학은 대부분 윤리학적 절대론의 입장에 있고, 현대윤리학은 일반적으로 고전윤리학에 있어서의 언명(declaration)들을 분석하고 비판하기 때문이다.

전체적으로 보면, 윤리학은 좋은 것과 옳은 것이 무엇이고 또한 그것을 뒷받침하는 도덕 원리가 무엇인지를 실제 경험과 도덕적 논리, 그리고 행동적 규범을 통해 연구하려는 것이다. 그리고 사회복지학은 윤리학의 이러한 세 가지 측면 중에서 특히, 규범윤리학과 관련됨을 알 수 있다. 사회복지는 본래적으로 가치 지향적이며, 높은 수준의 도덕성과 도덕적 판단을 사회복지사들이 갖도록 요구하는 실천 전문직으로 볼 수 있다는 점에서 도덕의 근본 원리를 추구하는 메타윤리학과는 일정한 거리가 있다. 그보다는 사회복지의 속성에 맞게 다양한 윤리학적 지식과 경험을 적용하고 활용하는 특성이 있다고 볼 수 있을 것이다.

여기서, 규범은 어떤 대상에 대해서 평가할 때, 그 평가의 규준 또는 척도로서 전제되는 가치를 정당화시키는 의식으로 이해할 수 있다. 보다 엄밀하게는, 인류보편적인 절대적, 최종적 규준인 가치를 가치로서 타당하게 하는 의식을 가리키는 것으로 규범은 특정한 개인이나 민족, 역사적 시대가 갖는 사실적, 경험적, 상대적인 평가의식을 초월한다.

규범윤리학에는 도덕적으로 옳은 것과 그릇된 것의 기준을 다루는 도덕철학 또는 윤리학의 한 분야와 인간행위, 제도, 생활방식이 어떠해야 하는가와 직결된 도덕규칙을 정식화하는 것 등이 포함된다. 규범윤리학의 중심문제는 기본적인 도덕기준을 어떻게 찾아내고 정당화할 지를 결정하는 일이다.

무엇이 좋은 것(나쁜 것)인가, 무엇이 올바른(잘못된) 행위인가, 그리고 무엇이 우리의 의무인가 등이 규범윤리학의 주요 물음이다. 규범윤리학의 핵심개념은 좋음과 올바름이다. 좋음을 올바름과 어떻게 관련짓느냐에 따라 목적주의 윤리학과 의무주의 윤리학으로 크게 나누어진다(최용철, 2012).

목적주의 윤리학은 좋음을 근본 개념으로 삼는 이론이다. 올바름과 무관하게 먼저 좋음의 증진을 인생 목적으로 삼는다. 예를 들어, 쾌락, 행복, 마음의 평정 등을 좋음으로 정의한다. 인생 목적을 설정한 후, 올바른 행위를 규정한다. 올바른 행위는 좋음을 증진하는 행위이다. 올바른 행위란 곧 인생 목적 달성의 수단이다.

의무주의 윤리학은 해야하는 행위와 하지 말아야 할 행위를 먼저 제시한다. 여기서 해야 할 행위는 좋음의 증진과는 무관하다. 올바른 행위를 올바른 행위로 만드는 것은 그것이 가져올 결과가 아니다. 올바른 행위는 인생의 어떤 목적에 따른 수단이 결코 아니다. 올바른 행위는 올바른 행위일 따름이다. 올바른 행위가 올바른 것은 그 행위 자체로 말미암은 것이다. 약속을 지키는 행위가 올바른 것은 약속을 지킴으로써 생길 어떤 결과 때문이 아니다. 약속을 지키는 행위가 올바른 까닭은 약속을 지키는 행위가 그 자체로 올바르기 때문이다.

윤리학에서 규범윤리의 탐구는 이러한 두 유형에 머물렀었다. 그러나 최근 이 두 관점 모두가 행위 중심의 윤리이론이었음을 비판하는 덕 윤리학(virtue ethics)이 등장하였다. 덕 윤리학은 행위의 원천으로서 덕이나 성품에 먼저 초점을 맞추어야 한다고 주장한다. 행위의 주체는 사람인 만큼 행위보다는 행위를 하는 사람이 더 중요하다는 주장이다. 그가 평소 어떤 성품의 사람인가 혹은 미덕을 실천해 왔던 사람인가에 따라 평가가 내려져야 한다는 주장이다(최용철, 2012).

이러한 철학과 윤리학에 대한 관계성을 바탕으로 보면, 사회복지는 윤리학과 특히 사회복지의 규범적 속성 즉, 사회복지의 가치와 소명, 윤리적 행위 등과 깊은 관련을 갖는 것으로 볼 수 있다. 윤리학은 사회복지사들이 실천현장에서 어떻게 도덕적으로 옳고 바르게 행동할 수 있는가에 대한 규범과 행동지침을 찾는 과정에서의 지식과 경험에 중요한 의미를 갖게 해 준다. 특히, 사회복지사는 클라이언트와의 관계에서 법적인 의무 뿐만 아니라 높은 수준의 도덕적 의무를 요구받는다는 점을 기억할 필요가 있다. 사회복지는 역사적으로 가치를 내재화한 실천 원칙들을 중시해 왔다는 점에서 윤리의식과 윤리적 민감성은 사회복지사들의 필수 요건이다. 이에 따라 사회복지학 또는 사회복지전문직은 본래 가치지향적이며, 강한 규범적 특성을 갖는다. 윤리학의 다양한 윤리이론과 개념들은 사회복지 규범성을 이론적으로 뒷받침하고, 실천현장에서 발생하는 윤리적 문제와 이슈 및 딜레마들을 해결하는데 유용한 이론적 토대와 근거를 제공하는 것이다.

윤리학이 사회복지실천에 주는 의미는 다음과 같은 네 가지로 제시되고 있다(서미경·김영란·박미경, 2015: 24-26).

첫째, 윤리학은 사회복지의 본질과 소명을 분명히 하는데 도움을 준다. 사회복지 목표는 역사적으로 최소한의 인간다운 삶을 보장하는 것이다. 이러한 목표는 경험을 통해 확인될 수도 있고 논리적으로 타당한 측면도 있지만, 규범적 성격을 포함하고 있는 측면이 있다. 인간다운 삶이 무엇이고, 어떤 상태를 말하는지를 과학적으로 설명하기는 어려운 일이다. 오히려 이러한 목표에는 인간과 세상의 근본원리에 관한 철학적 의미가 함축되어 있으며 그 실현 방법의 옳고 그름에 대한 도덕적 논의가 필요한 측면이 포함되어 있는 것이다.

둘째, 윤리학은 사회복지실천현장에서 발생하는 윤리적 문제와 갈등을 이해하고 해결하는데 근거가 될 수 있다. 사회복지의 관점인 환경 속의 인간은 인간과 환경 간의 상호작용을 전제로 한다. 이러한 특성이야 말로 사회복지의 윤리적 문제를 발생시키는 기본 조건이다. 사회복지사는 클라이언트 개인은 물론 그를 둘러싼 여러 환경체계들과 함께 일하기 때문에 그 법적, 도덕적 행위는 다양한 클라이언트, 주변 체계 및 관련한 개인적, 사회적 가치들의 영향으로 매우 복잡한 상황에 직면하기 쉽다. 이때 발생할 수도 있는 윤리적 문제와 갈등은 단지 경험적 지식만으로는 효과적으로 해결하기 어려우며, 윤리학의 내용과 방법에 따른 근거를 토대로 지침을 얻을 수 있다.

셋째, 윤리학을 통해 윤리적 민감성의 중요성을 확인할 수 있다. 사회복지사들은 도덕적 실천에 대한 성찰을 통해 윤리적 민감성을 높일 필요가 있는 것이다. 윤리적 민감성은 현장에서 발생하는 윤리적 문제를 인정하고 그 대안을 모색하면서 사전에 준비하는 태도를 말한다. 이는 경험을 통해서만 생기는 것이 아니라, 일정한 교육과 훈련을 통해 함양할 수 있다. 인간의 도덕적 판단 능력이 자연적으로 보다는 단계별 노력에 따라 감수성의 정도가 달라진다고 본다. 또한 도덕적인 것에 대한 이성적 판단 못지않게 도덕적 행위의 결단 즉, 행동으로 옮기려는 의지가 중요하다고 주장한다(박찬구, 2014).

넷째, 윤리학은 무엇이 옳은 행위인가를 탐구하는 동시에 무엇이 그른 행위인지에 대해서도 탐구하기 때문에 사회복지실천의 오류(malpractice)를 밝히는 도덕적 근거를 제공한다. 실천오류(과오)에는 사회복지사들이 우발적으로 하는 기록물의 방치나 적절한 의뢰의 실패 등과 같은 실수, 클라이언트의 비밀보장과 부모의 알 권리의 상충으로 인한 갈등 등과 같이 다양한 클라이언트체계와 가치체계의 상충으로 윤리원칙을 지키지못해 발생하는 문제, 그리고 사기와 횡령과 같은 고의적인 부정행위(misconduct) 등이 포함된다. 특히, 양심에 기초한 도덕적 책임은 사회복지사들의 매우 중요한 의무이며, 이러한 오류(과오)의 가능성은 최선의 실천(best practice)을 통해 줄일 수 있다.

5. 사회복지윤리와 철학의 의미

사회복지와 철학, 윤리학과 사회복지학의 관계성에 대한 논의를 통해 사회복지는 사회철학과 윤리학을 그 배경으로 함을 알 수 있다. 사회복지철학은 사회복지실천을 철학적 방식으로 이해하고자 하는 것이며, 사회철학과 윤리학적 관점으로 구성되어 있다(이효선, 2016). 이런 점에서 사회복지윤리와 철학의 의미를 두 가지 측면으로 요약할 수 있다.

첫째, 사회복지학은 사회적 존재로서의 인간의 삶에 긍정적 변화를 추구한다는 점에서 사회철학을 배경으로 하고 있다고 볼 수 있다. 사회복지학에서 개인보다 사회를 우선시 하는데, 이는 개인이 사회라는 환경적 체계의 영향을 받고 있다는 점에서 그러한 것이다. 사회복지학에서 다루는 인간은 환경 속의 인간 즉, 사회 속의 인간인 것이다. 이런 점에서 사회복지학을 공부하고 사회복지를 실천하는 사람들은 사회의 정체성이 무엇인지, 어떤 사회가 좋은 것인지 등에 대해 관심을 기울일 필요가 있다. 사회철학은 사회에 관한 이상의 질문에 답을 추구하는 학문이며 사회 자체의 성격과 경향성, 의미, 변화와 지향 등을 탐구하는 것이다.

둘째, 사회복지학은 사회복지에 대한 근본적인 질문을 제기하고 탐구한다는 점에서 사회복지활동을 가치롭게 하기 위한 지적탐구 노력으로 본다. 따라서 사회복지활동은 철학적 행위를 근본적으로 내포하고 있으며, 가치지향성을 갖는 행동이라는 점에서 윤리학인 것이다. 윤리학은 도덕에 관한 철학연구이거나, 도덕성 및 도덕적 문제, 그리고 도덕적 판단에 대한 철학적 사고이다. 도덕철학인 윤리학은 도덕적 원칙과 이론을 정당화하고자 하는 체계적인 노력인 것이다(양옥경, 2017). 따라서, 윤리학은 사람에 관한 학문이며, 사람의 삶을 대상으로 하는 사람의 행위에 관한 학문이며 어떤 상황이 도덕적 당위성의 측면에서 어떠해야 하며, 어떤 것이 도덕적으로 옳은 것인지를 밝혀내기 위해 탐색하는 학문으로 이해된다. 이런 점에서 사회복지활동을 기술이라기 보다는 예술이라고 하는 것이며, 기술을 공학적 용어라고 한다면 예술은 미학적 용어이며, 윤리학으로서의 사회복지학의 모습으로 연결되는 것이다.

이처럼 사회복지윤리관점이 형성되고 사회복지직이 전문직으로 나아가기 위한 단계에서 사회복지윤리와 철학이 중요하게 대두되기 시작하였음을 기억할 필요가 있다. 미국 사회를 중심으로 보면, 1920년대 사회복지직은 이미 전문직으로 인정을 받고 있었던 의사집단과 업무영역을 두고 갈등을 빚기 시작했는데, 그 원인이 전문지식의 부족과 윤리강령의 부재로 인한 것임을 인식하게 되면서 미국사회복지사협회(National Association of Social Workers: NASW)에서는 윤리강령의 필요성을 구체적으로 제기하게 된다. 그러나 이 시기의 사회복지실천에서는 구체적인 행동규칙보다는 옳고 그름의 판단기준이 되는 사회복지가치가 사회복지윤리를 대신하고 있었던 시기였고 실천 현장에서도 그리 복잡한 대상자라든가 실천과정이 많지 않았기 때문에 윤리적 딜레마와 관련한 이슈들이 크게 대두되지는 않았다.

이에 따라, NASW에서도 한편으로는 전문직으로서의 윤리원칙을 개발해야한다는 인식이 존재했지만, 그보다는 사회복지실천 지식이나 기술을 보다 전문화해야 한다는 주장이 힘을 얻고 있었다. 그로 부터 40여년이 지난 1960년대에 들어와서야 최초로 윤리강령이 미국사회복지사협회에서 채택되었지만 사회적으로 그 중요성을 인정받지는 못했다고 본다. 그러나, 1970년대 후반에 접어들면서 사회복지와 관련한 과학과 기술이 급격히 발달됨에 따라 사회복지현장에서도 그전에 겪어 보지 못했던 윤리적 결정의 딜레마가 대두되었다. 의료기술의 발달로 인한 인간생명의 연장과 노화와 안락사 문제 등이 사회복지적인 윤리를 요구하게 되었고, 인공수정으로 인한 대리모 문제, 장기이식 문제, 낙태, 성윤리 문제 등이 사회복지사의 직업 영역과 관련하여 이슈화되기 시작하였다. 20세기 후반에 이르러서는 유전공학의 발달로 인한 유전자 변형 식품이나 최근 인간복제의 가능성 등과 관련한 생명윤리 이슈들이 제기됨으로써 사회복지전문직은 직업적 영역에서의 보다 구체적이고 뚜렷한 원칙과 철학을 필요로 하게 되었다.

이러한 사회복지전문직과 관련한 가치문제와 윤리적 이슈에 대한 철학적 사유의 요구를 바탕으로 사회복지윤리와 철학의 중요성과 필요성에 대한 논의는 더욱 확대되었고 사회복지실천에서의 윤리와 가치가 강조되기에 이르렀다. Reamer(2013)는 사회복지윤리의 필요성에 대해 다음과 같은 몇 가지를 제시하고 있다.

첫째, 전문가 자신의 가치와 클라이언트, 지역주민, 동료 전문가, 슈퍼바이저 등 다른 사람들의 가치관 사이에 어떤 공통점과 차이점이 있는가에 관해 체계적으로 확인하기 위해 필요하다. 또한 전문가의 개인적 가치가 다양한 전문적 판단과 평가 등에 지대한 영향을 미치는 사회적 공인으로 필요한 경우에는 자신의 가치관을 공개할 수 있어야 한다.

둘째, 윤리적 딜레마를 이해하고 이에 대처할 수 있는 능력을 갖추기 위해 필요하다. 전문가는 딜레마 상황에서 바람직한 윤리적 판단을 내릴 수 있는 사람이어야 한다.

셋째, 다양한 가치 사이의 관계 또는 순위를 결정하기 위해 필요하다. 윤리를 뒷받침하는 가치나 덕목은 여러 가지가 존재할 뿐만 아니라 경우에 따라서는 '자유와 평등'같이 2개 이상의 가치가 상충할 수도 있다. 사회복지에는 핵심가치나 주류 사상이 존재하는 것으로 알려져 있지만, 그것이 무엇인가를 일목요연하게 정리하기란 쉽지 않다. 더구나 그것은 사회특성의 변화에 따라 끊임없이 변화될 수 있기 때문에 일련의 가치들 속에서 질서를 확립할 필요가 있는 것이다.

넷째, 사회복지의 현행 주류 가치가 얼마나 정당한가를 성찰하고 나아가서 시대적 조류에 맞는 가치를 정립하기 위해 필요하다. 사회복지의 주요 가치는 역사적 맥락 속에서 끊임없이 변화하여 왔다. 이는 사회복지가치의 발전 과정에서 사회의 변화와 어느 정도의 정치적 고려가 불가피하다는 사실을 뜻한다. 사회복지의 가치 중에서 자기결정이나 분배정의 같은 경우는 자본주의와 민주주의라는 서구의 개인주의적 정치사상에서 영향을 받은 것이다. 따라서 개인주의와 대칭관계에 있는 집합주의로부터는 강력한 도전을 받는다. 사회복지가 사회적 공인을 유지하려면 그러한 도전에 대해 적절히 대처해야 하는 것이다.

다섯째, 사회복지 전문성을 발전시키고 실천방법을 개발하기 위해 필요하다. 사회복지의 전문지식을 바탕으로 기술을 지속적으로 개발하여야 하며, 사회복지전문가는 그것을 꾸준히 습득하고 연마해야 한다. 지식과 기술의 습득은 쉽게 이루어질 수도 있다. 그러나 인간에 대한 근본적 이해가 없이 지식과 기술의 개발에만 매달리는 것은 모래 위에 집을 짓는 것과 같다. 윤리학은 근본에 관한 학문으로 사회복지윤리를 이해하면 사회복지 지식과 기술이 보이게 되는 것이다.

최근의 온라인 또는 인터넷 서비스의 개발로 발생되는 윤리적 문제의 개연성과 복잡성을 생각하면 사회복지윤리와 철학의 중요성이 더욱 강조될 필요가 있을 것이다(강병노, 2016). 디지털적인 새로운 윤리적 실천에 대응할 것이 사회복지전문직에게도 요구되고 있기 때문이다(Reamer, 2013). 교육적인 차원에서 사회복지학자들은 평등, 다양성 등과 같은 이슈를 교육할 때 윤리적인 측면을 주의 깊게 고려할 필요가 있다. 사회복지기관의 운영과 조직관리와 관련해서도 사회복지가치와 윤리에 기반하여 평등과 다양성 이슈를 다루어야 할 필요성이 점차 강조되고 있다(Clifford & Royce, 2008). 또한 윤리적 딜레마의 상황이 발생할 때 기관 운영자나 조직의 관리자는 윤리적 의사결정과정에서 요구되는 특유의 리더십을 발휘해야 하는 상황에 직면하기도 한다(Selart & Johansen, 2010; 강병노, 2016 재인용).

가치판단과 윤리적 딜레마에 따른 혼란은 일반 사람들이나 사회의 다양한 현상에서도 나타날 수 있지만, 특히 사회복지전문직 즉, 인간관계 서비스를 하는 사회복지사는 항상 유사한 문제에 봉착할 수 있음을 생각해야 할 것이다. 사회복지실천에서의 윤리와 가치의 영역에는 이러한 가치판단과 윤리적 결정에 따라서 일을 결정하고 서비스를 제공하며 갈등상황을 극복하고자 하는 적극적인 개입 방법도 포함된다(강병노, 2016). 이런 점에서 사회복지실천 현장에서의 중요한 가치와 윤리에 대한 철학적 사유와 실천적 논의는 매우 의미있고 필요한 지적 작업이라 할 수 있다.

chapter 02

사회복지의 실천 가치

사회복지실천은 단순한 기술적 문제에 머무는 것이 아니라 모든 결정의 배후에는 결정에 참여한 사람들의 가치가 여러 과정들을 거쳐서 개입하고 있기 때문에 사회복지실천은 이론이나 지식, 기술적 차원을 넘어서 철학적이며, 도덕적인 성격을 갖게 된다. 지식이 중요한 것은 자신이 아는 만큼 보고 이해할 수 있기 때문이며 기술은 자신이 아는 것을 효과적으로 활용하여 서비스 이용자들을 돕기 위해서 필요한 것이다. 그러나 더욱 중요한 것은 윤리적인 가치관을 내면화하여 진실한 성품으로 서비스 이용자들의 삶의 질 향상과 행복 증진을 위해서 힘써야 한다는 점이다.

1. 사회복지의 가치

1) 가치에 대한 이해

인간의 가치는 개개인의 의사결정 동기를 설명해 주는 것은 물론 인간과 사회의 역동을 예측하고 설명할 수 있는 요인으로 여겨져 옴으로써 사회과학을 비롯한 다양한 분야에서 주요하게 다루어져 왔다(김용석, 2015). 가치에 대한 학자들의 정의는 다양하다. Maslow는 복잡하고 모호한 것을 가득 실은 거대한 컨테이너와 같다고 묘사했으며 Dewey는 가치라는 용어에는 평가적이고 선호하는 요소가 포함되어야 한다는 구체적인 정의를 내렸다. 또한 Williams는 '선호하는 것 혹은 선택하는 것에 대한 기준(criteria)이며, 잠재적이거나 실제적인 행동을 정당화(justifications)시켜 줄 뿐 아니라 선택된 행위들의 바람직한 상태를 일컫는 개념'으로 가치를 정의하고 있다(서미경 외, 2000). 따라서 가치란 좋다, 나쁘다, 바람직하다, 바람직하지 못하다 등의 우선적 관심(preferential interest)을 가지고 있는 일정한 상황, 사건 및 사물을 지적하는 용어이며, 가치관은 행동의 목표와 양식의 선택에 영향을 주는 바람직성 여부를 판단하는 평가적 개념이라고 볼 수 있다

가치는 또한 어떤 대상이나 생각에 부여하는 개인적인 보람(worth)을 말하는 것으로, 바람직한 것(desirable), 우선적인 것(perferable), 가치있는 것(valuable), 선한 것(good) 등의 의미로 이해된다. 또한 의식적이거나 무의식적으로 방향을 설정할 때 기준이 되거나 이를 주도하는 표상이다(안문기, 1999). 가치는 여러 가지 인간문제에 관하여 바람직한 것, 하여야 할 것에 관한 일반적인 생각 또는 관념이며 어떤 행동이 좋고 나쁘며, 바람직하고 바람직하지 못하다는 "바람직스러움의 기준"이 된다. 믿음 또는 신념이라고 할 수 있으며 인간의 선호 또는 선택에 대한 기준으로서 개인이나 집단 구성원들이 특정한 행동을 선택하는 데 영향을 미친다.

가치는 어떤 구체적인 행동양식이나 최종의 존재상태가 다른 행동양식이나 최종의

존재상태보다 개인적으로나 사회적으로 바람직하다고 믿는 지속적인 신념이다. 가치는 도덕적 행위에 대한 직접적인 지침으로서 '도덕적 관점', '도덕적 원리'를 구체적으로 결정하게 하고 추상적인 도덕관과 구체적인 도덕행위가 연결되는 중심점이 된다(윤나랑, 2017). 가치는 역사적으로 형성되었으며 경험으로부터 추출된 것으로, 특정 대상층이나 그 대상층 내부의 집단이 공유하고 있는 것으로 행동 양식을 조직하거나 구조화하는 수단을 제공한다. 정범모(1987)는 가치의 역할을 네 가지로 규정한다.

① 가치는 그 사람의 동기와 포부를 크게 결정한다.
② 가치는 우리의 지각과 해석을 크게 좌우한다.
③ 가치는 우리가 인생 어디에서 그 만족과 의의를 얻느냐는 문제와 직결되어 있다.
④ 가치는 우리에게 여러 가지 평가의 기준을 준다(문성희, 2009 재인용).

사회복지가치와 관련한 논의에서 Rokeach(1973)는 가치를 모든 행동의 결정요인으로 보고, 개인적 · 사회적으로 바람직한 행동의 구체적인 방식 또는 더 좋은 존재의 목적 상태에 대한 지속적인 믿음이라고 정의하였다. Schwarz(1994)는 가치는 바람직한 목적 상태 또는 행동의 구체적인 양식에 대한 믿음으로 특정한 상황을 초월하며, 행동과 사건의 선택이나 평가의 지침으로 정의한다. Guth와 Taguri(1965)는 가치를 행동의 양식, 수단, 목적의 선택에 영향을 주는 바람직한 것에 대한 명시적, 묵시적 개념으로 정의하였다.

2) 사회복지가치의 개념

가치는 사회복지실천 활동의 기초가 되는 철학적 기반으로서 중요하다. 효과적인 사회복지실천은 어떠한 지식이나 개입방법만으로 충족될 수 없으며, 어떤 명백한 가치나 신념이 전제되어야 한다. 가치는 어떤 행동이 '좋고 나쁘며, 옳고 틀리며, 바람직하고 바람직하지 못하다'는 도덕적 판단의 기준인 동시에 어떤 상태가 행복하고 불행한가를 판단하는 기준이다(전재일 외, 2004). 즉 가치는 믿음과 같은 것으로 좋고 바람직한 것에 대한 지침이며, 적합한 행동의 선택에 대한 지침이다(Lowenberg, 1988).

사회복지의 기본 가치에 대해서 Friedlander는 인간의 존엄성 · 인간의 자율성 · 기회의 균등성 · 사회적 책임성을 언급하고 있으며, 사회복지실천의 전문적 가치에 대해서 학자들은 다양한 견해를 제시하고 있다. 일반적으로 거론되는 가치로는 개인의 가치와 존엄성, 개인에 대한 존경, 변화가능성에 대한 가치, 클라이언트의 자기결정권, 비밀 및 사생활보장, 적절한 자원과 서비스제공, 권한부여, 동등한 기회보장, 비차별성, 그리고 다양성의 존중 등이다(NASW, 1995).

Reamer(2013)는 Williams(1968)의 저서를 인용하면서 가치에 대한 사용 가능하고 실용적인 개념을 제시하였다. "가치는 몇 가지 중요한 속성을 가지고 있으며, 몇 가지 중요한 기능을 수행한다. 가치는 일반화될 수 있고, 정서적으로 바람직한 것에 대한 개념화를 충만하게 한다. 역사적으로 창안되고 경험에서 파생된다. 경험한 사람들과 집단에 의해 공유되고 행동 패턴을 조직화하고 구조화하는 수단을 제공한다"(p.10). 이러한 개념을 취한다면, 가치는 어떤 전문직이 집단적으로 바람직하다고 간주하는 일련의 성명서나 신념으로 볼 수 있다.

Shardlow(2013)의 경우 가치에 대한 몇 가지 핵심적인 내용을 다음과 같이 정리한 바 있다(p.282).

- 가치는 일련의 사고, 원칙 또는 성명서이며, 사람들은 그것을 믿으며, 그것에 인지적 중요성을 두고 정서적 애착을 갖는다.
- 전문적 가치는 어떤 전문직에서 공통적으로 갖는 것으로 성문적 강령 속에 공식적으로 제시되거나 이슈들에 대한 실천적 지혜에 입각한 집단적 접근의 일부이다.
- 개인적 가치와 전문적 가치는 다를 수 있는데, 이는 개인적 도덕성에 대한 필수사항과 전문직의 윤리강령 간의 긴장을 초래할 수 있다.
- 전문적 가치는 해당 전문직의 이름으로 수행된 것에 영향을 끼칠 뿐만 아니라

전문적 실천이 수행되는 방법에도 영향을 미친다.

한편, Levy(1984)는 실천 가치에 우선하는 사회복지전문직 자체의 가치를 3가지 주요 가치 집단으로 구분하여 설명하고 있다.

① 사람우선 가치: 인간에 대한 바람직한 생각을 가진 가치집단이다. 전문직 수행의 대상인 사람자체에 대해 전문직이 갖추고 있어야 할 기본적 가치관으로서 클라이언트를 개별화된 인간으로 보고, 능력을 인정해주며, 권한을 인정하는 가치관이다. 이는 개인의 타고난 가치와 존엄성에 대한 믿음, 건설적 변화의지와 능력에 대한 믿음, 상호적 책임, 소속의 욕구, 독특성, 일반적인 인간적 욕구 등을 포함한다.

② 결과우선 가치: 인간을 위한 바람직한 결과에 관한 가치집단이다. 사람에 대해 서비스를 제공했을 때, 초래하는 결과에 대한 가치관이다. 이는 사회가 개인의 성장과 발전을 위한 기회, 개인의 욕구를 충족시키고 굶주림이나 부적절한 교육, 주거, 질병, 차별 등을 피할 수 있게 해주는 자원과 서비스, 그리고 사회참여 기회를 동등하게 제공해야 하는 사회적 책임에 대한 믿음을 포함한다.

③ 수단우선 가치: 인간을 다루는 바람직한 도구들에 관한 가치집단이다. 서비스 수행방법 및 수단과 도구에 대한 가치관이다. 인간은 존경과 존엄성을 인정하며 다루어져야 한다는 믿음, 자기결정의 권리를 가졌으며, 사회변화에 동참하도록 격려해야 한다는 믿음, 독특한 한 개인으로서 인정되어야 한다는 믿음 등이 포함된다. 인간의 자율성으로 요약될 수 있는 수단우선 가치는 사회복지실천 과정에서 중요한 가치체계이다.

2. 사회복지의 전문직 가치

1) 전문적 가치의 중요성

모든 전문직은 가치에 기반을 두며, 윤리강령의 지침에 따라야 하며(Bisman, 2004), 전문직 가치란 사람에 관하여 그리고 사람을 다루는 방법에 관하여 전문직이 가지고 있는 신념이며(Levy, 1973), 사회복지사가 클라이언트(client)를 원조하는 과정에서 지향하는 목적 또는 목표를 제시해 주는 것이다(Bartlett, 1970). 김융일 등(2003)은 사회복지의 가치와 이념을 강조하는 이유를 다음과 같이 설명하고 있다.

첫째, 사회복지의 학문적 정체성을 확립하고 사회복지사의 전문성을 향상시키기 위해서는 사회복지의 가치와 이념을 이해하는 것이 매우 중요하다.

둘째, 사회복지의 가치를 이해함으로써, 사회복지사는 이념으로서 윤리적 판단과 의사결정을 내릴 수 있으며, 나아가 클라이언트(client)와 긍정적 원조 관계를 형성할 수 있다.

셋째, 사회복지사는 개인의 복지뿐 아니라, 사회 전체의 복지를 동시에 추구하는 이중 과업을 수행하기 위해 사회 기본 가치와 이념을 이해해야 한다. 즉, 사회복지의 가치와 이념은 사회복지사의 직업적 정체성을 확립하고 윤리적 판단과 실천 행동의 기준이 되는 중요한 요소이다(강흥구, 2007).

사회복지실천은 가치를 기반으로 하는 전문직으로서 가치가 중요한 것은 사회복지실천과 행동의 기준이자 결정요소이기 때문이다(김기덕, 2008; 김인숙, 2005). 가치에 기초하고 가치의 정신을 따라 복합적이고 신중하게 개입함으로써 상처받기 쉬운 처지에 놓여 있는 사람들을 돕기 위해 최선의 노력을 다한다(Timms, 1983). Perlman(1976)은 '가치가 모든 수준의 사회복지실천에 적용되고 있으며, 가치가 사회복지실천에 중요한 영향을 미치기 때문에 사회복지사들은 가치에 대해 의식적으로 인식하고 깨달아야 할 필요가 있다'고 보았다(p.381). Levy(1973) 또한 사회복지실천의 개념틀, 즉 사회복지실천을 구성하고 있는 요소들은 가치의 집합체라고 하였다.

Reamer(2013)는 사회복지실천에서 전문직 가치가 중요한 이유에 대해 ① 사회복지 임무의 본질, ② 사회복지사들이 클라이언트·동료 및 사회구성원과 갖는 관계성, ③ 사회복지사들이 업무에 사용하는 개입의 방법, 그리고 ④ 사회복지실천에서의 윤리적 딜레마의 해결 등의 네 가지를 제시하고 있다.

첫째, 사회복지임무의 본질(the nature of social work's mission)에 관한 것이다. 즉, 사회복지가치는 사회복지의 기본적인 임무와 목표를 제시하여 준다. 사회복지의 근본 목적과 미션은 사회복지가 사람을 돕는다는 가치를 가진 전문직이라는 믿음에 뿌리를 두고 있다는 점이다. 사회복지 또는 사회복지실천의 가치는 이러한 사회가 기대하는 사회복지의 역할 안에 사회적 책임의 표준을 대변해 주는 것이다.

둘째, 사회복지사들이 클라이언트, 동료 및 사회구성원과 갖는 관계성(relationships)이 있으며, 그 관계 속에서 영향력을 행사한다는 것이다. 즉, 사회복지가치는 사회복지 종사자 혹은 사회복지 조직체가 구체적인 실천 활동에서 어떠한 종류와 성격의 사회적 관계들을 형성해 나가야 할 지를 제시해 준다. 사회복지사는 빈민, 노인, 장애인, 폭력 피해자 등 자신의 클라이언트를 자신이 선택할 수도 있고 그렇지 않을 수도 있다. 이 같은 선택은 사회복지사 자신의 개인적 가치에 근거해서 결정되는 것이다. 따라서 자신의 가치체계를 정확히 이해하는 것이 필요하다.

셋째, 사회복지사들이 업무에 사용하는 개입의 방법(the method of intervention)이 다양하기 때문이다. 즉, 사회복지가치는 다양한 대안들 중 가장 바람직한 개입실천방법을 선택하는 데 직접적인 영향을 준다. 사회복지사들의 개인적 가치는 클라이언트 마다 그들이 어떤 개입방법을 선택할 것인지에 영향을 미친다. 상담을 할 것인지, 보호시설을 제공할 것인지, 옹호활동을 할 것인지 등 사회복지사들이 대변하고 있는 개입방법은 다양하며 클라이언트와 그 상황에 따라 결정의 과정과 결과는 다르게 나타나는 것이다.

넷째, 사회복지실천에서의 윤리적 딜레마의 해결(the resolution of ethical dilemmas)을 위해서 가치는 중요하다. 즉, 사회복지가치는 개입실천과정에서 초래되는 다양한 윤리적 교착상태와 윤리적 갈등을 분석하고 해결하는 데 있어 가장 중요한 이론적 자원의 역할을 한다. 윤리적 딜레마는 대체적으로 가치를 내포한다. 전문가의 의무와 책무에서 빚어지는 갈등을 포함한다. 윤리적 갈등에 직면했을 때 사회복지사는 궁극적으로 사회복지가치체계 특히 그 가치가 전문가적 의무와 책무로 전환된 그 가치체계의 믿음하에 결정을 하게 되는 것이다(양옥경, 2017).

사회복지가치는 사회문제를 정의하고 그에 접근함에 있어서 사회복지 전문인력이 참조하는 지침으로서의 역할을 수행한다. 사회복지사들이 업무를 수행할 때 전문직의 실천방향을 제시하는 역할을 한다. 다양한 환경조건과 사회구조로부터 영향을 받는 사회복지실천 영역에서 서비스 전달자로 활동하는 사회복지사들은 종종 여러 가지 유형의 딜레마에 직면하게 될 가능성이 높은데 이때 사회복지가치는 행동 원리이자 서비스 실천의 길잡이로서의 역할을 하게 되는 것이다. 이 밖에도 사회복지가치는 사회복지실천에 있어서 변화를 야기하는 주요 동인이며 사회복지 패러다임의 전환을 이끄는 기제이다. 특히 사회복지가치는 사회복지실천을 다른 전문직과 구별짓는 기준이 되어 다른 전문직에서도 지식과 기술의 적용이 이루어지지만 사회복지실천에서는 '가치'가 실천의 토대를 이룬다는 점에서 핵심적인 요인이라고 할 수 있다.

2) 전문적 가치의 역할

사회복지 기본가치에 대한 연구는 사회복지실천에 맞닿아 있기 때문에 중요하며 다음과 같은 몇 가지 역할이 강조되고 있다.

첫째, 그 사회에서 사회복지전문직의 임무와 목표를 제시한다. 지속적으로 변화하는 사회 속에서 사회복지사가 실천에서 어떠한 역할을 수행하는가는 곧 가치의 문제이며 그 사회에서 사회복지사가 담당하는 역할을 통해서 그들이 전문직으로서 공유하는 가치가 드러난다. 이는 윤리강령으로 성문화되어 전문가의 행동을 통제하며 사회복지사가 자신의 권력을 남용하지 않도록 한다.

둘째, 가치는 사회복지전문가로서 정체성을 가지고 일하는 근간이 된다. 사회복지실천의 정체성은 가치기반을 명료화하는 것에서 비롯되며 가치야말로 사회복지전문직을 다른 전문직과 구별짓게 해주는 기준이자, 그 사회에서 전문직으로 인정받는 기본 조건이다.

셋째, 가치는 전문직으로서의 사회복지사가 자신을 둘러싼 환경과 관계 맺는 방식이나 개입 방법에 영향을 미친다. Reamer는 사회복지사가 특정 클라이언트와 일하는 것을 선호하는 것, 함께 일하고 싶은 동료들을 선택하는 것과 같은 실천 활동 내에서의 관계는 물론, 동일한 클라이언트에 대해서도 실천가에 따라서 효과적인 개입방법에 있어서의 차이 등의 중심에 가치가 영향을 미친다고 보았다. 전문직의 가치가 그들이 형성해야 하는 사회적 관계나 바람직한 개입방식에 대한 방향을 제시한다.

넷째, 가치는 사회복지실천의 기본적 지침과 방향을 제공한다. 이는 사회복지학문, 교육, 실천현장을 포괄함으로써 사회복지사가 직면하는 복잡한 상황 속에서 실질적인 개입과 활동을 안내하는 역할을 하게 된다. 이런 점에서 Levy(1973)는 가치가 곧 해당 전문적 활동의 평가와 책임소재의 근거가 된다고 보았다.

다섯째, 가치는 사회복지실천에서 대립되는 가치들 사이에서 윤리적 딜레마 또는 갈등을 해결하기 위한 방안이 된다. 사회복지사는 실천 현장에서 적절하고 공정하게 결정하고 행동해야 하는 상황에 직면하는데, 사회복지가치는 이러한 결정을 견인하는 역할을 하게 된다. 실천에서 윤리적 의사결정을 위해서 가장 우선적으로 검토되어야 하는 부분이 바로 사회복지사의 가치인 것이다.

또한, 사회복지전문직에서의 가치의 역할은 사회복지사의 의사결정과 관련하여 생각할 수 있다. 사회복지사의 의사결정과 행동에 있어서 가장 기본적인 전문직 가치는 네 가지 원천으로부터 나온다.

첫째, 사회복지사가 진행하는 서비스 프로그램이나 그가 고용된 기관 모두는 특수한 사람들을 위해 일하고, 제한된 목적을 달성하기 위하여 설립되었다. 누구에게 무슨 목적으로 일할 지에 관한 결정은 항상 가치의 선택을 반영한다. '자립향상', '청소년범죄 예방', '가족생활의 향상' 등과 같이 명확하게 중립적인 목표조차도 어떠한 사회문제에 우선 순위를 두고 있는지를 반영하고 있다.

둘째, 여러 사례에 있어서 서비스의 목적과 우선순위에 관한 사회복지사의 결정은 무엇이 가장 중요한지에 관한 가치선택을 반영한다. 이 가치선택은 전문가 훈련과 기관의 규범, 전문가의 역할, 그리고 의사결정자인 사회복지사 개인의 선호도에 의해 형성된다. 최종결정은 사례의 상황과 사회복지사의 가치체계, 그리고 사회복지사의 선호도에 달려있다(Keith-Lucas, 1977).

셋째, 서비스기관은 항상 시간과 자원이 부족하기 때문에, 사회복지사는 종종 여러 클라이언트의 각각 다양한 서비스에 쏟을 시간을 배분해야 한다. 또한 여러 가지 프로그램들과 예를 들면 아동들을 위한 여름캠프, 식품권, 정신과 의사의 상담 등과 같은 보조 혜택을 어떤 클라이언트에게 줄 것인가도 선택해야 한다. 어떤 클라이언트가 가장 도울 가치가 있고 도움받을 만한가, 어떤 유형의 문제가 가장 관심을 받을 만한가에 대한 판단에 가치선택이 반영된다.

넷째, 경험에 기초한 사회복지지식의 한계와 실천에 필요한 이론이 상대적으로 부족하기 때문에 사회복지사는 특수한 사례에 어떤 이론적 접근방법이나 양식을 적용할 지를 결정할 때 흔히 개인적인 가치선호도에 의존한다. 사회복지사가 실천의 목적을 결정할 때, 어떠한 접근방법을 선택하든지 간에 이에 대한 명확한 근거는 없지만, 종사하는 기관이나 자신의 가치에 가장 적합한 접근방법을 선택할 것이다.

3. 사회복지전문직 가치의 발전

사회복지사는 사회정의와 공정성에 뿌리를 둔 규범적인 전문직이며, 사회복지전문직의 가치실천의 역사는 여러 단계를 거쳐 발전해왔다. 사회복지와 관련 정책의 차이를 가져온 것은 무엇이 개인이 아닌 사회적인 문제인가에 대한 가치판단의 차이로 볼 수 있다. 가난하고 어려운 사람들에 대한 사회적 책임과 관련된 가치의 맥락을 확인할 필요가 있다. 리머(Reamer, 1999)는 미국의 사회복지 역사를 중심으로 가치실천의 역사적 변천과정을 4단계로 나누어 설명하고 있다.

① 제1단계: 19세기 후반 사회복지가 전문직으로 출발한 시기이다. 사회복지실천이 하나의 전문직으로 선언하고 나섰던 때, 자선조직협회를 통해 중산층의 도덕이 빈곤한 자들에게 강요되던 시기이다. 이 시기에는 사회적 문제로 인식되던 클라이언트의 도덕성에 많은 관심을 가졌으며, 그들의 도덕성과 정직성을 회복하여 가난으로부터 벗어나도록 돕는 온정주의적 실천 형태를 취해왔다. 구제활동을 조직화하며 빈곤에 대응하는 것이 전문직의 주요 사명이었기 때문이다. 이는 빈곤에 대한 접근이 이루어진 초기인 16세기 종교적 가치의 영향을 받은 것이다

② 제2단계: 20세기 초반 인보관운동이 시작되고 진보적 가치가 대두되던 시기이다. 빈곤의 해결은 인보관운동으로 발전했으며 빈곤한 자의 도덕성 결여보다 사회의 불공평함에 빈곤의 문제가 있음을 제안하면서 빈곤을 인식하는 사회가치의 변화를 주장하였다. 주택, 보건문제, 위생, 고용, 빈곤 및 교육과 같은 광범위한 사회문제의 개선을 위해서 사회개혁적 실천 형태를 취하게 된다. 이에 따라 전문가의 개인치료는 물론 사회문제에 대한 적극적인 개입과 활동을 위한 교육과 훈련이 강조된 시기이다. 클라이언트의 도덕성에 관한 관심은 실천가들이 개입전략이나 기술, 훈련 프로그램 또는 각 학파를 확립하거나 정교화시키는데 열중함에 따라 이후의 수십 년간의 전문직의 활동에서 점점 희미해져 갔다. 클라이언트의 도덕성에 관한 관심은 전문직의 미래 즉, 사회복지실천이 심리사회적, 정신의학적, 케이스워크나 심리치료, 사회복지정책이나 행정, 지역사회조직론 또는 사회개혁 등의 전문성의 육성에서 어느 정도까지 역점을 둘 것인가의 논쟁에 가려 점차 경시되었다. 특히 이 시기에는 도시의 가난한 사람들에 대한 중

류층의 인식 변화 또한 중요하게 다루었다.

③ 제3단계: 1940년대 후반에서 1950년대 초반 전문직에 대한 관심이 대두되는 시기이다. 클라이언트 중심의 가치체계에서 전문직과 전문가의 가치 체계로 중심이 옮겨졌으며, 클라이언트를 대하는 전문가의 가치관에 의문을 제기하면서 전문직 가치 체계에 입각한 실천을 하도록 하는 윤리적 지침을 생각하게 되었다. 이 시기에는 사회복지실천 전문직이 공식적으로 시작된 지 약 반세기를 거치면서 실천가들 간에 적절한 행위를 향상시키기 위해 전문가로서 사회복지사의 가치와 윤리적 실천문제가 강조되었고 전문직의 윤리적 지침이 개발되기 시작한다. 미국의 경우 1947년 수년간의 논쟁과 토의를 거쳐서 미국 사회복지사 대표자 회의는 윤리강령을 채택하였으며, 사회복지교육 내용에서도 실천 가치와 윤리가 중요하게 다루어져야 한다는 인식이 생겨나게 된 시기이다. 사실 사회복지사들은 20세기 초엽부터 사회복지사의 실천의무에 윤리를 추가해야 한다는 진지한 노력들을 지속하여 왔으며, 윤리강령 초안을 1919년에 작성한 바 있다. 전문직의 안정기반으로서 이바지해 온 중심적 가치 즉, 존엄성・독자성・개인의 가치・자기결정・자율성・존경・정의・평등・개별화 등 핵심적 가치에 대한 관심을 지지해왔다.

④ 제4단계: 1960년대 전후기간이다. 이 시기 미국에서는 사회정의, 권리 개혁 등 윤리적 구성물에 관심을 가지게 되었으며, 미국사회복지사협회에서 1960년에 최초의 윤리강령을 공식적으로 채택하면서 시작되었다. 당시 미국 사회에서는 인권운동과 인종차별 문제에 따른 흑인해방운동이 나타났는데, 이에 따라 사회복지훈련이나 실천에서 사회적 평등, 복지권, 인권, 차별, 억압 등에 초점을 둔 가치가 도입된다. 1976년에는 Levy의 사회복지실천윤리(Social Work Ethics)가 출판된다. 사회복지실천의 관심을 중요한 가치와 윤리적 원칙의 연구로 전환시키는 데 도움을 주게 된 것이다.

한편, 1970년대 후반까지 사회복지전문직은 사회복지실천의 가치와 가치기반에 주로 초점을 두었다. 이 시점에서 사회복지전문직은 가치와 윤리적 이슈에 관한 관심에서 다른 중요한 변화 즉, 현 단계의 전환을 경험하게 되었다. 그리하여 응용적, 전문적인 광범위한 가치에 대한 관심의 극적인 물결이 일어났다. 의학, 법률, 기업, 저널리즘, 엔지니어링, 간호, 사회복지실천, 사법 등과 같은 다양한 전문직이 이 과제에 대해서 한결같은 관심을 기울이기 시작했다. 학부나 대학원 과정의 대부분의 프로그램에는 응용적, 전문적 윤리를 교과과정에 추가했으며, 전문직의 회의에서는 이 과제에 관한 발표가 실제적으로 증대되었고 아울러 전문직 윤리에 관한 출판물이 급격하게 증가했다

1980년대에는 사회복지실천 윤리에 관한 다수의 비판적인 저술들이 출현하였다. 전문직의 역사상 최초로 사회복지실천에서의 윤리적 딜레마와 의사결정 간의 어렵고 복잡한 관계를 탐구했다. 전문직의 초기 저술과는 달리 1980년대의 사회복지실천윤리에 관한 출판물은 사회복지사가 직면하는 윤리적 딜레마에 대한 도덕철학과 윤리학 이론의 관련성을 탐구했다. 거의 모든 전문직에서도 이와 유사한 발전이 있었다. 이 시기는 확실히 윤리적 이슈들에 대한 사회복지사들의 이해와 접근방법을 극적으로 변화시킨 분기점이 되는 시기였다.

4. 사회복지의 가치성과 전문직 가치

1) 사회복지의 가치성

인간의 행동에는 반드시 일정한 목표가 있다. 그 목표는 가끔 자신이 속해 있는 집단이나 조직의 목표와 일치할 수도 있고 그렇지 않을 수도 있다. 인간은 누구나 오랜 시간과 특정한 공간을 거쳐 성장해 온 사고방식과 생활양식을 기준으로 자신의 행동이 나타나게 된다. 이와 같은 사고방식과 생활방식은 자신이 속해 있는 기존의 가치

체계와 관련이 있다. 서구사회에 있어서 인간과 사회를 보는 가치관의 근원을 몇 가지로 정리할 수 있다(천정웅 · 김용환 · 김승돈 · 박선희 · 박주현, 2016).

① 인간의 기본적 가치로서 이웃에 대한 책임성을 원칙으로 하는 기독교적 가치관
② 모든 인간은 평등하며, 자유와 행복추구의 권리를 강조하는 민주주의 이념
③ 환경을 무시하고 인격만을 주장하며, 근면한 사람은 도덕적 인간이며, 쾌락을 죄악시하는 청교도적 가치
④ 자연의 진화과정에서 강자는 생존하고 약자는 도태할 수 밖에 없어 강자의 사회가 출현한다는 사회진화론

이상의 가치체계에서 인간 존엄성, 자유와 평등을 긍정적인 가치로 인정하는 대신에, 청교도의 논리나 사회진화론 등의 가치는 부정적인 것으로 생각하기 쉽다. 오늘날 이러한 가치는 서방국가의 발달적 원동력이 되고 있다. 즉 적극적이든 소극적이든 어떤 가치체계가 강하게 뒷받침함으로써 국가발전은 물론, 인간과 사회관계가 지속되며, 사회질서와 사회정의가 구현되는 것이다. 따라서 사회복지의 가치는 인간을 존중하며 인간의 복지를 어떻게 중요시하고 있는가를 결정하는 각 국가의 유력한 철학과 불가분의 관계에 있다. 이러한 맥락에서 유럽과 미국의 사회복지 철학을 네 가지로 제시하면, 인간의 존엄성, 자기결정권, 균등한 기회, 사회적 책임 등에 대한 확고한 신념으로 나타나고 있다(전재일, 1999).

Friedlander(1980)는 사회복지사업의 기본적 가치성을 다음과 같이 제시하고 있다.

① 개인 존중원리: 모든 사람은 인간으로서의 가치 · 품위 · 존엄 등이 있다.
② 자발성 존중원리: 개인이 무엇을 요구하고 그것을 어떻게 충족할 것인가는 개인 스스로 결정할 권리가 있다.
③ 기회균등원리: 모든 인간에 대해 균등한 기회를 제공해야 한다.
④ 사회연대원리: 사람들은 자기 자신, 가족 및 사회 등에 대해 책임을 진다.

이상에서 제시한 사회복지의 가치는 우선적으로 '모든 인간의 가치와 존엄'이고, 다음으로는 '자기결정, 자기충족 및 자기실현' 등으로 점차 구체화하고 있다. 따라서 사회복지의 가치는 개인주의적인 측면을 강하게 반영하고 있으며, 사회복지가 사회의 복지이기 이전에 개인의 사회적 복지임을 깊이 인식해야 한다고 강조하고 있다.

2) 사회복지전문직의 가치

사회복지전문직 가치의 뿌리는 ① 모든 인간의 존엄과 가치에 대한 신념과 ② 민주적이고 보호적인 사회에 대한 욕구의 인정이다. 여기서 말하는 민주주의란 직접 또는 선거를 통해 선출된 공직자들에 의해 다스려지고, 권리와 평등이 부여되는 참여정치를 말한다. 사회복지전문직의 이 두 뿌리는 인간과 환경 및 그들의 상호관련성을 강조한다. 그 두 기본 가치는 상호 얽혀있어서 별개의 것으로나 서로 다른 것으로 간주될 수 없다(오창순 · 윤경아 · 김근식, 2001).

사회복지사들은 기독교적 가치체계를 바탕으로 하여 모든 인간은 절대적인 잠재력을 가지고 있지만 또한 환경으로부터 보호와 지지를 포함하는 욕구들을 가진 다양한 존재라는 것을 인정한다. 보호적 사회는 개방성을 지닌 풍부한 자원체계일 뿐만 아니라 책임있는 개인들에 의한 지도와 통제를 필요로 하는 취약한 조직이기도 하다. 사회복지사들이 인간과 환경의 양면에 대한 이해와 잠재력을 증진시키는 활동에 헌신하는 것은 모든 사람의 위험과 가치에 대한 신념과 보호적인 사회에 대한 가치로부터 발원하고 있다. 지금까지 사회복지사들은 개인과 사회가 함께 삶의 질을 높일 수 있도록 하기 위해 개인의 능력과 사회의 자원을 개발하는 일에 전념해 왔다(오창순 · 윤경아 · 김근식, 2001).

사회복지사가 사회복지실천의 현장에서 지역사회의 다양한 상황과 환경에 적절히 대응하기 위한 입장을 견지할 때 가져야 할 전문직으로서의 중심적인 가치는 다음과 같다.

첫째, 클라이언트 체계에 대한 가치이다. 모든 클라이언트는 자신의 문제 상황에 따른 이유를 불문하고 존중되어야 하며, 독립된 개체로서의 그들의 특성을 포함한 문화가 인정되어야 한다.

둘째, 전문지식과 기술의 소중한 가치가 있다. 사회복지실천가로서 끊임없는 지식과 기술습득은 중요하다.

셋째, 사회복지사의 활동은 열악한 클라이언트의 환경에 대한 문제해결을 요구하기 때문에 그 자체로서 가치가 있다(양옥경 외, 2000).

전문가로서의 윤리와 가치를 강조하는 실무현장에서 사회복지사의 가치관에 대한 규정은 미국사회복지사협회의 전문가윤리강령에 잘 나와 있다(최옥채, 1999).

① 개인은 이 사회의 관심의 근원이다.
② 이 사회의 개인들은 상호의존적이다.
③ 개인들은 서로 간에 사회적 책임을 갖는다.
④ 각 개인에게는 공통적인 욕구도 있으나 독특한 욕구도 있다.
⑤ 민주적인 사회의 본질적인 특성은 각 개인의 완전한 잠재력을 발견하고 그 개인의 사회에서 능동적이고 활발한 참여를 통해 사회적 책임을 갖는다는 것을 사회가 인정하는 것이다.
⑥ 사회는 자기발견, 즉 개인과 환경 간의 불균형에 대한 방해요소를 극복하거나 예방할 수 있는 방법을 제공할 의무가 있다.

한편, 사회복지전문직 훈련과정에서 가장 먼저 점검해 보아야 할 것이 사회복지사 개인의 가치다. 사회복지실천은 사회복지전문직에서 요구되는 가치, 클라이언트가 갖고 있는 가치 그리고 사회복지사 개인이 갖고 있는 가치 등이 서로 혼합된 상황에서 전문지식과 기술 기법들이 활용되는 것이기 때문이다. 이들 가치의 조화 또는 상충은 사회복지실천의 과정과 결과에 모두 영향을 줄 수 있다. 개인의 가치는 오랜 시간에 걸쳐 가족, 집단, 사회, 문화 등의 영향을 받아 형성된 것이기 때문에 쉽게 변하지 않는 속성을 가지고 있다(엄명용 · 노충래 · 김용석, 2016).

표준적 가치 또는 합의된 사회규범이 존재하지 않는 사회 속에서는 누구의 가치는 옳고 다른 누구의 가치는 바람직하지 않다고 판단하는 것도 역시 가치의 문제다. 다양한 클라이언트의 가치를 일상적으로 접하면서 그들의 가치를 모두 있는 그대로 받아들여야 하는 사회복지전문직에서는 가치 판단에 대해 더욱 조심해야 할 것이다. 타인의 가치를 판단하지 않는다는 것은 타인의 가치를 존중한다는 것을 의미한다. 사회복지사는 타인의 가치를 존중하는 만큼 자신이 갖고 있는 가치체계를 존중하고 유지할 권리를 갖고 있다(엄명용 · 노충래 · 김용석, 2016).

사회복지사는 자신의 개인적 가치와는 구분되는 전문직으로서의 가치를 갖게 되는데, 다음은 중요한 몇 가지를 제시한 것이다.

첫째, 개인의 존엄성과 독특성에 대한 존중이다. 인간은 어떤 조건과 위치에서 태어났든지 상관없이 인간 그 자체로서 존엄한 존재다. 또한 어떤 독특한 특성을 갖고 있고 독특하게 행동을 한다고 하더라도 그것이 타인이나 전체 사회에 해를 끼치지 않는다면 그 사람은 있는 그대로 인정하고 받아들여져야 한다. 사회복지 윤리강령에서도 모든 사회구성원들이 인간의 존엄성을 유지하면서 자기실현을 할 수 있도록 사회 전체가 공동으로 책임지며 사회복지사는 복지대상자의 권익을 최우선으로 한다고 명시되어 있다. 사회복지사는 개인과 개인이 처한 환경의 폭넓은 다양성을 인정하면서 인간적이고 개인적이며 개성적인 클라이언트의 삶의 방식을 수용, 격려, 고무해야 할 의무를 진다.

둘째, 자기결정의 원리이다. 자기결정권이라 함은 클라이언트가 자신과 관계된 일에 대한 결정을 자신이 스스로 내려야 한다는 것을 의미한다.

셋째, 사회적 형평성의 원리이다. 모든 개인은 자신의 신분, 지위, 계층, 배경 등에 관계없이 개인의 잠재력을 최대한 실현하기 위해 필요하다고 생각되는 모든 기회와 자원에 접근할 수 있는 기회를 동등하게 가질 수 있어야 한다. 이 원리가 보장되는 사회는 기회의 균등 또는 형평성의 원리가 지배하는 사회이다. 사회복지사는 업무 수행 중 클라이언트에 대한 사회적 형평성의 원리를 실천할 뿐만 아니라, 클라이언트가 사회에서 사회경제적으로 성장, 발달해 가는 과정에서도 이 권리가 구현될 수 있도록 노력해야 한다.

넷째, 개인의 복지에 대한 사회와 개인 공동의 책임이다. 사회복지전문직 가치체계들은 사회구성원 개인 각자가 그 자신은 물론, 타인 그리고 전체 사회에 대한 책임을 전제로 하고 있다. 즉, 각 개인은 전체 사회의 요구와 개인적 요구의 균형 속에서 자신의 복지향상을 위해 최대한 노력할 책임을 갖고 있다는 것이다.

5. 사회복지의 핵심가치와 토착적 사회복지가치

1) 사회복지 핵심가치

사회복지의 핵심가치에 대해서는 다음과 같은 내용으로 정리할 수 있다. 먼저, Varley(1963)는 사회복지의 핵심가치로서 동등한 권리, 서비스, 보편주의, 정신역학적 관심을 제시한다.

① 동등한 권리란 민주적 원칙에 기초하는 사회복지전문직은 모든 클라이언트가 인종, 피부색, 종교적 신념, 믿음, 또는 다른 어떠한 특성에 상관없이 서비스에 대한 동등한 권리를 갖는다는 깊은 확신을 가져야 한다는 것을 의미한다.

② 서비스란 사회복지는 사회복지직의 혜택이나 이득보다 우선적으로 클라이언트의 복지에 헌신하도록 돕는 전문직이라는 것을 강조하는 것이다.

③ 보편주의란 전문적인 관계는 기술적, 분절적인 것이므로 사회복지사는 그들이 책임을 효과적으로 이행하기 위해서 과업지향적이고 문제중심적이어야 한다는 것을 말한다. 이는 전문적인 행동은 그의 개인적 특성보다 역할에 의해 행해져야 함을 의미한다.

④ 정신역학적 관심이란 사회복지사는 클라이언트를 보다 효과적으로 치료하기 위

해서, 사람은 보편적인 인간적 욕구는 물론 개별적인 욕구가 있다는 점을 반드시 인정해야 한다는 것을 의미한다. 그리고 모든 사람이 사회복지를 필요로 하는 동등한 상황에 있는 것은 아니지만, 기관에 오는 클라이언트들은 스트레스와 같이 풀리지 않는 문제를 가지고 있고, 이것은 대부분의 클라이언트가 성격 이상의 문제를 가지고 있을 수 있음을 의미한다.

Gordon(1965: 32)은 사회복지실천의 핵심이 되는 가치를 다음과 같이 제시하였다.

① 최우선적으로 관심을 두어야 할 대상은 개인이다.
② 모든 개인은 상호 의존적이기 때문에 상호 도움을 주고 받으며 살도록 되어 있다.
③ 모든 개인은 상호 간에 사회적인 책임을 지고 있다.
④ 모든 개인은 인간이 공통적으로 원하는 기본적인 욕구를 가지고 있다. 그러나 모든 개인은 서로 다르며 개개인의 독특한 특성을 가지고 있다.
⑤ 개인들 모두는 잠재력을 가지고 있다. 이는 민주사회의 기본적인 속성이다. 동시에 각 개인을 사회에 적극적으로 참여하게 함으로써 개인 모두가 사회적인 책임을 수행하고 있다는 점을 가정할 수 있어야 한다.
⑥ 사회는 개인의 자기실현에 저해가 되는 장벽을 제거해야 할 책임이 있다. 또한 사회는 개인 각자가 자신이 속한 환경 내에 존재하고 있는 장애 요소들을 극복할 수 있는 방법을 제공해야 할 책임이 있고, 동시에 사회는 개인이 경험하는 불평등을 예방할 책임이 있다(오혜경, 2015 재인용).

Vigilante(1974)는 인도주의를 기초로 한 사회복지실천에 관해 소개하며 “사회복지실천의 가치는 인도주의”라는 큰 제목 아래에 개인의 존엄성과 가치라는 항목을 두었다(p.109). 사회복지실천을 사회적 목표라는 맥락 속에서 집단과 개인들 사이의 상호관계를 다루는 작업으로 보는 것이다. 그것은 훌륭한 사회적 책임인 것이다. 인도주의는 철학적 정당화이며, 이것이 전문적 개입으로 전달된 것이 사회복지사의 기능에 있어

가치부과적이고 "사회적인 성격을 창조하는 것이다"라고 밝히고 있다(오혜경, 2015 재인용). Friedlander(1976)는 사회복지의 핵심가치로서 인간의 존엄성, 인간의 자율성, 기회의 균등성, 기회적 책임성을 강조했는데, 그가 강조한 핵심가치는 사회복지의 기본가치로서 미국사회복지사협회의 윤리강령 또한 이를 기반으로 하고 있다.

또한, Zastrow(1995)는 사회복지의 핵심가치로 인간의 존엄성과 개인의 독특성에 대한 존중, 클라이언트의 자기결정에 대한 존중, 비밀보장 등을 제시하였다. McMahon(1996)은 사회복지전문직 가치의 뿌리로서 모든 인간의 존엄과 가치에 대한 신념, 민주적이고 보호적인 사회에 대한 욕구의 인정을 주장하는데, 두 가지 기본 가치는 인간과 환경의 상호관련성을 강조하며 서로 다른 것으로 간주될 수 없다고 말한다. 사회복지전문직의 가치는 행동과 상호작용으로 설명해야 하고 이러한 두 개의 기본가치를 발판으로 기본적인 실천원리와 윤리강령이 규명되어 왔다고 본다. 즉, 가치는 전문직의 궁극적 목표를 반영하는 한편, 실천 원리와 윤리강령은 전문직의 목표를 성취시킬 전문적 활동을 방향 짓는 분류기준으로 작용한다는 것이다.

Reamer(2000)는 사회복지의 핵심가치를 사회복지전문직과 클라이언트의 관계, 사회복지사의 역할과 자세 등을 중심으로 폭넓게 제시하였다. 그는 구체적으로 사회복지의 핵심가치는 개인의 가치와 존엄성, 개인존중, 개인의 변화가능성 중시, 클라이언트의 자기결정, 개인에게 잠재력을 실현할 수 있는 기회 제공, 모든 사람에게 공통적인 인간적 욕구 충족, 개인의 기본적 욕구를 충족시키기 위해 적절한 자원과 서비스 제공, 클라이언트의 임파워먼트, 평등한 기회, 비차별, 다양성의 존중, 사회변화와 사회정의에의 헌신, 비밀보장과 프라이버시 보호, 전문적 지식과 기술을 기꺼이 타인에게 전달하려는 의지 등이라고 보았다.

Hepworth와 동료들(2010)은 사회복지실천과정에서의 네 가지 중심가치(cardinal values)를 다음과 같이 제시한다.

① 모든 사람들은 자신들의 잠재성을 계발하고 문제를 해결하기 위해 자원에 공평

하게 접근할 수 있어야 한다.

② 사회복지사들은 인간의 천부적인 존엄과 가치를 존중해야 한다.

③ 믿음이 가는 행동으로 진실성을 담보해야 한다.

④ 전문성을 발전시키는 전문가 역량이 있어야 한다.

사회복지실천의 핵심가치에 대해 Congress(1999)는 인간이 추구하는 가치는 개인이 가지고 있는 개인적 가치뿐만 아니라 전문가가 추구하는 가치, 한 사회가 지향하는 가치, 클라이언트가 가지고 있는 가치, 기관이 가지고 있는 가치 등 다양한 관점에서 존재하며 따라서 사회복지사는 이러한 가치의 다양성에 내재된 차이점을 이해해야 한다고 강조한다. 이러한 다양한 가치는 서로 지원할 수도 상충할 수도 있다. 또 상충하는 가치들로 인해 일어날 수 있는 윤리적 딜레마를 사회복지사는 이해하고 다루어야 한다. Congress(1999)가 분류한 사회복지가치는 다음과 같다.

① 개인적 가치: 일반적으로 가족, 문화, 그리고 사회의 가치에서 비롯된다. 가족은 교육, 직업, 그리고 일상생활에 신념체계를 가지고 있다. 이는 개인적인 가치형성에 영향을 미친다. 또 개인적 가치는 종교적, 문화적 가치로부터 많은 영향을 받는다. 따라서 사회복지사는 자신의 개인적 가치와 클라이언트의 개인적 가치가 상충되는 상황에 봉착할 때가 있다.

② 사회적 가치: 개인적 가치에 영향을 미치며 시대의 큰 변화를 겪어 왔다. 예를 들면, 혼외 출산아를 기르는 것은 과거의 사회적 가치로는 떳떳하지 못한 것으로 비난 받았으나 현재 미혼모는 다양한 사회적 서비스를 통해 보호받고 있다. 사회적 가치는 무엇이 바람직한가에 대한 그 사회의 일반화되고 정서적으로 공유하는 개념으로 볼 수 있다.

③ 기관의 가치: 각 사회복지기관의 역할과 기능, 책임에 따라 기관은 나름의 고유한 가치체계를 갖고 있다. 아동복지기관은 흔히 가족유지(family preservation)가치를 명시한다. 이는 다른 기관과 갈등을 유발할 수 있다. 클라이언트 가치와 기관의

가치 사이에서 사회복지사는 갈등을 겪을 수도 있는 것이다.

④ 전문가 가치: 전문가의 가치가 반드시 사회복지사 자신의 가치와 일치하는 것은 아닐 수 있다고 본다. 예를 들면, 전문적 가치로 미국사회복지사협회(NASW)의 윤리강령 중에서 요구가 있는 사람에게 서비스를 제공한다는 가치가 있는데, 사회복지사는 사회복지서비스의 가치를 자신의 이익보다 우위에 두어야 한다는 의미를 갖는다. 그러나 사회복지사 자신의 이익을 항상 부정적으로 해석해야 하는가라는 물음과 함께 서비스를 제공하는데 있어서 기대수준과 관련해서 갈등을 겪을 수도 있다는 것이다. 이런 예는 윤리강령의 다른 전문가 가치(사회정의 등)와 관련해서도 유사하게 생각할 수 있다.

사회복지실천의 핵심적 가치에 대한 또 다른 설명은 NASW의 사회복지실천의 분류를 위한 기준에도 나타나 있다. 다음과 같은 기본적 가치가 포함된다.

- 사회에서 개인이 갖는 일차적 중요성에의 헌신
- 클라이언트와의 관계에서 비밀보장 원칙의 존중
- 사회적으로 인식된 욕구를 충족시키기 위한 사회변화에의 헌신
- 개인적인 감정과 욕구를 직접적 관계로부터 분리시키고자 하는 의지
- 지식과 기술을 타인에게 전달하고자 하는 의지
- 개인이나 집단간의 차이에 대한 존중과 이해
- 클라이언트가 스스로를 돌볼 수 있는 능력을 개발하기 위한 헌신
- 실패에도 불구하고 클라이언트를 위해 끝까지 노력하려는 의지
- 모든 사회성원들의 경제적, 신체적, 정신적 복리와 사회정의에의 헌신
- 개인적, 직업적 행위에 있어 높은 기준을 지키려는 헌신

한편, 사회복지의 가치는 전문직의 궁극적 가치를 반영하며, 윤리강령과 실천원리에 공식적으로 반영되어 왔다는 점에서 각국의 윤리강령을 비교분석하여 사회복지사

가 전문직으로서 지향해야 하는 핵심가치가 무엇인지를 파악할 수 있다.

우선, 국제사회복지사연맹(International Federation of Social Workers: IFSW)에서 지향하는 핵심가치는 인간의 권리와 존엄성, 사회정의 두 가지로 나타난다. 미국사회복지사협회(Natoinal Association of Social Workers: NASW)는 서비스, 사회정의, 인간의 존엄과 가치, 인간관계의 중요성, 성실, 역량 등을 들고 있으며, 호주사회복지사협회(Australian Association of Social Workers: AASW)는 인간존엄과 가치, 사회정의, 인도주의적 서비스, 성실, 역량이며, 일본사회복지사협회(Japan Association of Social Workers: JASW)는 사회정의, 인간의 존엄, 인간의 존엄과 사회정의 실현을 위한 전문직의 공헌, 윤리강령 준수를 위한 성실성, 전문직의 전문적 역량으로 표현하고 있다. 한국사회복지사협회(Korea Association of Social Workers: KASW)의 경우는 인간존엄성의 가치 및 클라이언트의 권리 옹호, 클라이언트의 주체성과 자기결정권, 사회정의와 평등, 자유와 민주주의의 가치, 사회복지사의 성실성 및 공정성 등으로 나타나고 있다.

특히, 미국사회사업가협회(NASW)의 윤리강령에서 제시한 사회복지실천의 전문가 가치에 대해 보다 구체적으로 제시하기로 한다.

① 서비스(service): 사회복지사의 주된 목적은 곤궁에 처한 사람들을 돕고 사회문제를 다루어야 한다는 것이다. 사회복지사의 가장 중요한 목적은 도움이 필요한 사람을 위해 보상의 기대없이 자신의 지식과 가치, 기술을 동원하고 도우며 사회문제 해결에 최선을 다하는 것이다. 이에 따른 윤리원칙은 "사회복지사의 첫째 목표는 욕구를 갖고 있는 사람들을 원조하고 사회문제를 해결하는 것이다."로 제시된다.

② 사회정의(social justice): 사회복지사는 사회의 불의에 도전해야 한다는 것이다. 빈곤이나 실업, 차별, 여러 형태의 사회적 부정의에 초점을 맞추고 취약하고 억압받는 개인과 집단을 위하여 그들과 함께 사회변화를 추구한다. 이에 따른 윤리원칙은 "사회복지사는 사회적 불의에 도전한다."는 것이다.

③ 인간의 존엄과 가치(dignity and worth of the person): 사회복지사는 인간의 고유한 존엄성과 가치를 존중해야 한다는 것이다. 클라이언트의 개인적 차이와 문화적 · 인종적 다양성을 고려하고 자기결정을 독려하며 그들의 이익과 전체 사회의 이익 간 갈등을 전문직의 가치와 윤리적 원칙, 기준에 맞는 방식으로 해결해야 한다. 이에 따른 윤리원칙은 "사회복지사는 인간의 천부적인 존엄과 가치를 존중한다"는 것이다.

④ 인간관계의 중요성(importance of human relationships): 사회복지사는 인간관계가 클라이언트의 변화를 이루어내는 중요한 수단임을 이해해야 한다는 것이다. 사회복지사는 원조과정에서 파트너로서 관여하며 개인, 가족, 집단, 조직, 지역사회의 복지를 증진, 회복, 유지 및 향상시키기 위하여 인간관계를 증진시켜야 한다. 이에 따른 윤리원칙은 "사회복지사는 인간관계의 중요성을 인식한다."는 것이다.

⑤ 성실(integrity): 사회복지사가 신뢰할 수 있게 행동해야 한다는 것이다. 전문직의 사명과 가치, 윤리적 원칙과 기준을 항상 인식하고 믿음직스러운 태도로 행동해야 한다. 이에 따른 윤리원칙은 "사회복지사는 신뢰받을 수 있는 행동을 한다."는 것이다.

⑥ 역량(competence): 사회복지사는 자신이 능력을 갖춘 한도 내에서 실천을 하며 전문직의 지식을 개발하고 향상시켜야 한다는 것이다. 사회복지사는 전문적 지식과 기술을 증진시키고 그것을 실천에 적용하고자 부단히 노력하며 전문직의 지식기반을 넓히는 데에도 적극적으로 기여해야 한다. 이에 따른 윤리원칙은 "사회복지사는 능력의 범위에서 실천하고, 그들의 직업적 전문성을 증진시키고 발전시킨다."는 것이다.

2) 토착적인 사회복지가치

사회복지의 관점에서 우리나라의 전통적인 상부상조 · 인간존중 · 경노효친(敬老孝

親)의 가치관은 지속적으로 계승・발전시켜 나가야 하며, 서구의 평등사상, 복지사상, 효율성 등의 가치관은 적절히 수용하여 토착적인 가치로 승화시켜 나가야 한다. 우리가 계승해야 할 전통적인 사회복지의 가치관은 다음과 같다(천정웅・김용환・김승돈・박선희・박주현, 2016).

첫째, 인간존중의 사상이다. 전통사상 가운데 홍익(弘益)인간 이념과 도(道)로서 나라를 다스린다는 뜻의 이도흥치(以道興治), 신라의 밝은 빛으로 세상을 다스린다는 뜻의 광명이세(光明理世), 화랑도의 세속오계 중 살생유택(殺生有擇), 불교 및 유교의 인간 존중사상과 동학의 인내천사상(人乃天思想)에서 인간존중의 정신을 엿볼 수 있다. 인간존중사상은 헌법 제10조에 "모든 국민은 인간으로서 존엄과 가치를 가지며, 행복을 추구할 권리를 가진다. 국가는 개인이 가지는 불가침의 기본적 인권을 확인하고 이를 보장할 의무를 진다."고 명시되어 있다.

둘째, 상부상조의 공동체의식이다. 한국사에서 상부상조(相扶相助)의 유형으로는 두레・품앗이・계(契)・향약 등이 있다. 두레란, 고래(古來)로 촌락단위로 조직된 농민들의 상호협동체이며, 품앗이는 부락 내 농민들이 노동력을 서로 교환하는 노동협력의 양식이고, 계는 부락주민들이 전통적 빈곤을 극복하기 위한 자생적 조직이다. 향약(鄕約)이란, 지역주민들의 순화(醇化)・덕화(德化)・교화(敎化)를 목적으로 한 지식인들 간의 자치적인 협동조직이다. 이러한 상호부조의 공동체의식은 우리나라의 전통적 가치관으로서 현대의 사회복지의 가치체계에도 잘 반영되어야 한다.

셋째, 자유와 평등사상이다. 헌법에 명시된 바와 같이 자유와 평등은 사회복지 체계의 기본이 되는 정신이다. 이것은 국가존립이 개인의 자유와 평등을 보장하는 것을 기본으로 하고 있다. 자유는 경제적・정치적으로 어떠한 구속이 없이 자발적으로 활동하는 것이면서 반면, 사회적인 측면에서 타인의 경제적・정치적 자유에 침입하지 않는 의무를 지닌다. 평등이란 헌법 제11조 1항에서 "모든 국민은 법 앞에 평등하다. 누구든지 성별・종교 또는 사회적 신분에 의하여 정치・경제・사회・문화적 생활의 모든 영역에 있어서 차별을 받지 아니한다."와 같이 모든 개인이 동등한 대우를 받는다는 의미이다. 사회복지는 자유와 평등의 정신 위에 성립될 수 있으므로, 자유와 평등의 이념은 사회복지 체계의 핵심적 기반이 될 수 있다.

chapter 03

사회복지가치와 윤리의 이해

사회복지사는 전문지식의 향상과 인간과 사회현상을 폭넓게 이해하려는 노력이 필요하다. 특히, 바른 가치와 윤리를 지닌 사회복지사가 되기 위한 의식과 덕목을 함양하는 것은 지식과 기술의 습득보다 선행되어야 할 과업이 될 수 있을 것이다. 여기서 중요한 것은 사람의 의식구조는 그가 지닌 가치관에 뿌리를 두고 있으며 가치관의 핵심은 윤리의식이라는 점이다. 따라서 사회복지실천현장에서 사회복지윤리와 가치에 관한 개념 확립은 매우 중요하다. 사회복지는 가치중립이나 가치 편향적이 아니라 가치 지향적이다. 사회복지사는 다양한 상황과 사건에 관련되어질 수 있으며, 실천현장에서 윤리적 이슈와 딜레마에 적절하게 대처할 수 있어야 한다.

1. 전문직 가치의 유형화와 위계

가치를 연구한 학자들은 가치를 분류하기 위한 노력을 하였다. 우선, Meglino와 Ravlin(1998)에 따르면 이론가들은 가치를 두 가지 방식으로 개념화해 왔는데 하나는 어떤 사물이나 결과물이 다른 사물이나 결과물과의 상호작용을 통해서 스스로 얻게 되는 고유의 가치이며 다른 하나는 인간에 의해서 획득된 가치로서, 이는 다시 목적적 가치(terminal value)와 도구적 가치(instrumental value)로 구분된다. 목적적 가치는 개인이 추구하는 최종의 존재상태(end-state of existence)에 대한 가치이며, 도구적 가치는 정직함이나 선행과 같은 행동양식에 대한 가치이다(신중환, 2014 재인용).

Reacher(1969)는 가치 분류의 기준을 다음과 같이 제시하였다.

① 가치의 주체에 따라 개인적 가치, 전문적 가치, 국가적 가치로 구분한다.
② 가치의 대상에 따라 상황적 가치, 환경적 가치, 개인적 가치, 집단적 가치, 사회적 가치 등으로 구분한다.
③ 이익의 종류에 따라서 물질적 가치, 심리적, 경제적, 도덕적, 사회적, 정의적, 심미적, 종교적(영적), 지적, 전문적, 정서적 가치로 구분한다.
④ 자원의 배분 또는 주장에 대한 설득과 같이 중요하다고 판단되는 상황을 구현하려는 목적에 따라 분류한다.
⑤ 제공자와 수혜자 간의 관계에 따른 분류로 자기 지향적 가치와 타인 지향적 가치로 분류한다.
⑥ 가치와 다른 가치와의 관계에 초점을 맞추는 관점에서 다른 가치에 종속되는 가치가 존재하는데, 이때 도구적 또는 방법적 가치가 종속되는 가치에 해당하고 종속되지 않은 가치가 본질적 또는 궁극적 가치로 분류된다.

이처럼 다양한 사회복지실천과정에서 중시해야 할 가치들이 있으며, 많은 학자들이 그 분류를 제시하여 사회복지사가 윤리적 딜레마에 직면할 때 윤리적 결정을 내릴 수 있도록 하고 있다. 그러나 이상과 같은 다양한 가치들을 횡적으로 유형화하는 것만으로는 가치들이 서로 충돌할 때 사회복지사가 가치갈등을 어떻게 해소해야 할 것인지 우선순위를 판단할 수 있는 기준으로 삼기에 부족할 수 있다. 이러한 측면을 보완하기 위해 개별 가치의 중요성에 따라 궁극적 가치, 차등적 가치, 수단적 가치로 구분하는 위계적 가치체계를 제시하고 있다(양옥경, 2014). 이는 가치의 유형화 개념(typology of values) 또는 가치의 위계(hierarchy of values) 개념과 관련된다(김상균, 2018).

먼저, Loewenberg와 Dolgoff(1996)는 다양한 가치들을 종적으로 분류한 위계 모델을 제시하여 사회복지사가 가치의 우선순위를 결정할 때, 최선의 윤리적 선택을 할 수 있도록 해야한다고 주장했다. 일반적으로 많이 활용되는 것은 미국사회복지사협회(NASW)에서 제시한 가치위계 분류이다(NASW, 1995, 이문국 외 편, 1999: 946).

첫째, 최고위치를 점하고 있는 것이 궁극적 가치(ultimate values)이다. 궁극적인 가치란 널리 인식된 가치로서 사회나 시대 상황에 관계없이 불변하고, 가장 추상적이고 대다수의 사람들이 가장 쉽게 동의하는 가치를 의미하며 사회복지의 정체성 확립에 기반이 되는 핵심가치들로서, 집단의 목표에 대한 일반적 지침을 제공해 주는 가치이다. 사회복지실천에서 자유, 인간 존엄, 진보, 정의, 인간에 대한 존경, 평등, 비차별 등이 궁극적 가치를 구성한다. 이는 널리 인정받는 가치로서 사회복지사들에게 일반적 지침이 된다(Pumphley, 1959: 43-44; Reamer, 1995, 28-29 재인용).

둘째, 가치위계에서 중간에 위치한 것은 근사적 가치(proximate values)이다. 특수하고 더 단기적인 목표를 제시하는 중간수준의 가치들이다. 근사적 가치는 제한적이다. 사회복지실천에서 근사적 가치로 볼 수 있는 것은 정신과 환자가 특정 치료를 거부할 수 있는 권리, 사회복지 클라이언트가 일정 수준의 혜택을 받을 수 있는 권리, 인종적 소수집단이 양질의 의료서비스를 받을 수 있는 권리 등으로 특정 정책의 형태를 취할 수 있다. Johnson과 Rokeach에 의하면, 근사적 가치는 궁극적 가치에 비해 훨씬 더 구체적인 내용을 다루게 되는데 예를 들면 사회복지사가 제시한 특정의 치료법에 대해 클라이언트가 거부할 수 있다고 믿는 것, 그리고 급여수준이나 서비스 질을 높여달라고 요구할 수 있는 권리를 인정하는 것이다.

셋째, 도구적 가치(instrumental values)는 궁극적 가치를 달성하기 위한 수단이나 방법으로 일종의 행동 방식을 의미한다. 문자 그대로 목적성취를 위한 수단에 관계되는 것들이다. 예를 들면, 클라이언트가 갖는 비밀보장권, 자기결정권 및 고지에 입각한 동의(informed consent)를 요구할 수 있는 권리를 존중하는 것이다. 이는 구체적인 행동지침이나 윤리로 나타나며 개인의 자기결정권이나 비밀보장을 인정하는 가치와 같이 인간의 존엄성이라는 궁극적 가치를 달성하기 위한 수단으로써의 가치에 해당한다.

사회복지가치의 유형화의 또 다른 접근은 사회복지사의 전문활동 대상을 기준으로 하여 제시되었다. Pumphrey(1959)는 실천가들이 맺는 관계의 방식에 따라 사회복지실천의 가치들을 사회문화적 범주, 전문가 집단 내부 범주, 클라이언트 개인 및 집단 범주 등의 세 가지로 구분하였다(김상균 · 오정수 · 유채영, 2018 재인용).

첫째, 전문직의 가치를 전체 사회성원들에게 관련시키는데 초점을 맞추는 범주이다. 이 영역은 사회정의나 사회변화, 일반적인 인간 욕구의 충족 등과 같은 전문직의 사명과 전체 사회의 가치들 간의 양립가능성에 관심을 두는 것이다. 여기에는 복지개혁이나 보편주의적 의료제도 등과 갈등을 일으킬 수 있는 가능성의 검토 등과 같은 광범위한 사회의 가치도 포함한다.

둘째, 전문직 성원들 간의 내부적 관계에 초점을 맞춘 범주이다. 예를 들면 전문직 종사자들이 가치를 해석하고 실행하는 방식이라든지 윤리적 행위를 장려하는 방식에 주의를 기울인다. 여기에는 사회복지사들이 성원 상호 간의 의사소통과 정책결정과정을 통하여 전문직의 기본적 가치와 윤리적 원칙을 명확히 하려는 노력을 포함한다.

셋째, 특정집단이나 서비스를 받는 개인과의 관계에 초점을 두는 범주이다. 사회복지실천의 핵심가치에 준해서 클라이언트의 욕구에 반응하고 이해함을 말한다. 개인의 가치와 존엄성의 존중, 개인의 변화가능성과 자기결정권의 인정, 클라이언트의 임파워먼트 증진 등과 같은 실천가와 클라이언트의 관계에서 중요한 가치들이 포함된다.

사회복지가치의 유형화와 위계에 대해서 Levy는 두 번에 걸친 작업을 통해 공헌하였다. 1973년 연구에서는 세 가지 유형을 제시하였으며, 1984년 네 개의 유형으로 다시 구분하였다. 먼저, 3유형의 구분에 따른 유형화는 ① 인간에 대한 선호하는 개념(preferred conceptions of people), ② 인간을 위해 선호하는 결과(preferred outcomes for people), 그리고 ③ 인간과 관계맺을 때의 선호하는 수단(preferred instrumentalities for dealing with people)이라고 명명하였다.

제1유형에는 인간의 존엄성, 변화가능성, 상호책임성, 소속감, 고유성, 그리고 공통 욕구를 지닌 존재라고 믿는 신념이 포함되었다. 제2유형에는 개인의 성장 및 발전을 위한 기회를 제공해야 할 사회적 의무, 사회구성원들로 하여금 욕구를 충족시킴과 동시에 기아, 교육결핍, 무주택, 질병, 차별 등의 사회문제를 해결함에 있어 필요한 자원과 서비스를 제공해야 할 사회적 의무 그리고 사회구성원들로 하여금 사회형성에 참여할 수 있는 기회를 골고루 제공해야 할 사회적 의무에 대한 신념이 거론되었다. 제3유형에는 인간은 누구나 인간답게 처우받아야 하며, 자기결정권을 가지고 있고, 사회변혁에 참여하도록 장려받아야 하며, 고유한 개별성을 지닌 존재로 인정받아야 한다는 사실을 신봉하는 것이 제시되었다.

또한, 1984년에 제시한 두 번째 분류는 첫 번째와는 완전히 다른 가치담지자의 소재지를 기준으로 하여 ① 사회적(social) 가치, ② 조직 및 제도(organizational and institutional)에 관한 가치, ③ 전문가적(professional) 가치 그리고 ④ 휴먼서비스 실천(human servie practice)의 가치 등의 네 종류로 구분하였다.

첫째, 사회적 가치의 실례로서 14가지가 제시되었는데, 그 중에는 인권, 이타주의, 인간의 존엄성, 기회평등 및 최대한의 기회제공 같은 가치가 포함되어 있다.

둘째, 조직 및 제도에 관한 가치에는 시의적절하고 편견없는 민주적 서비스 제공, 서비스에 대한 평등한 접근, 참여와 자기결정권의 실현 그리고 조직 및 기관의 활동에 대한 책임 등 9가지 가치가 예시되었다.

셋째, 전문가적 가치에는 이윤추구보다 대인서비스 위주의 서비스 제공, 전문활동에 대한 책임성, 그리고 클라이언트와 관련한 공공 또는 사회정책의 옹호 등 총 4가지 가치를 제시하였다.

넷째, 휴먼서비스 실천 가치는 총 7개의 가치를 보여주고 있는데, 클라이언트 악용, 착취의 금지, 개인의 사생활 존중, 정직과 신용 등이다.

이상에서 제시한 사회복지가치의 유형화 작업은 사회복지계에서 중시되는 가치를 숙지하는데 큰 도움이 된다. 그러나 두 가지 이상의 가치가 충돌하거나 사회복지사에 따라 신봉하는 중요한 가치가 다를 수 있기 때문에 그러한 윤리적 딜레마 문제를 해결함에 있어서는 단순한 유형화작업 이상의 가치 위계도를 작성할 필요가 발생한다.

사회복지의 가치위계에 기여한 또 다른 학자는 Lewis이다. 그는 사회복지의 가치와 실천원리 사이에는 직접적 연계가 존재하는데 그것은 전자로부터 후자가 도출된다는 것이다. 루이스는 사회복지의 핵심가치를 둘로 나누었는데, 제1핵심가치는 신뢰(trust)이며, 제2핵심가치는 분배정의(distributive justice)라고 주장하였다.

2. 사회복지실천 가치 지향의 변화들

사회복지실천의 기본적 가치와 윤리에 대한 6가지의 두드러진 지향이 시기와 지속 기간을 달리하며 나타났으며 이들은 전문가의 가치와 윤리로서 사회복지사의 역할과 개념 형성에 영향을 미치는 중요한 요인이 되었다(Reamer, 2000; 고미영 · 최경원 · 황숙연, 2002).

① 온정주의적 지향(parternalistic oreintation): 19세기 후기에서 20세기 초반에 나타난 관점이다. 우호 방문과 자선조직가 협회가 번성하였던 시기로 빈곤한 클라이언트들이 도덕성을 회복하고 성실성을 고양시키도록 하여 원조 없이도 스스로의 삶을 살아가도록 자립시키는 것이 전문직의 사명이라고 보았다. 주된 목표는 굶주리거나 집이 없는 사람들, 직업이 없는 사람들, 빈민들이 자기 내부의 자원을 불러모아서 보다 생산적인 삶을 영위하도록 돕는 것이다. 인생의 좁은 통로에서 길을 잃고 방황하는 사람들을 다시 제 자리로 돌아오도록 도와줘야 하는 것이다.

② 사회정의 지향(social justice orientation): 사회에서 가장 혜택받지 못한 사람들의 의존성이나 비도덕성의 문제는 1차적으로 사회·문화·경제·환경의 구조적 결함에서 야기된 것이며, 차별은 심리적 손상과 낙인을 가져오기 때문에 근본적인 사회변화를 위한 노력이 요구된다고 보았다. 따라서, 이런 인식에서 벗어나 일차적으로 그들을 둘러싸고 있는 문화, 경제적 환경의 구조적 결함에 대한 관심으로 옮겨가는 것이 필요하다. 빈곤문제와 관련한 주택, 의료, 건강관리, 보건위생, 고용, 교육 등 사회문제에 대한 법률적이고 제도적인 개입에 대한 필요성이 인식되면서 사회제도의 형성을 강조하는 개혁적인 실천으로 전환되었다. 역진적인 세금, 고삐풀린 자유기업들, 노상강도 같은 귀족들의 태도는 공평함과 관대함, 그리고 동정심의 가치가 인도하는 보호의 입장으로 대치되어야 한다. 인보관운동(20세기 초반), 뉴딜정책(1940년대), 빈곤과의 전쟁(1060년대), 사회운동에 관여하는 것은 이러한 관점을 반영한다. 차별철폐조치(affirmative action), 평등한 기회, 부의 재분배, 비차별적이고 인도적인 복지급여와 서비스의 추구 등이 강조된다.

③ 종교적 지향(religious orientation): 사회복지전문직의 중심 사명은 종교적 확신을 의미있는 사회적 서비스로 옮기는 것으로 인식하였다. 온정주의적 지향과 사회정의 지향의 특징들이 나타나는 것도 이러한 종교적 입장과 관련된다고 본다. 이 관점에 의하면 사회복지전문직의 중심사명은 사회복지실천과 교회의 역사적 연계에 근거하여 그들의 종교적 확신을 의미있는 서비스로 제공하는 것이다. 예를 들어 자선은 인간과 하느님 사이의 그리고 이웃들 간의 기독교도적 사랑을 나타내는 것으로 이것은 반드시 온정주의에 근거한 것이라기 보다는 종교적 의무감에서 비롯된 것으로 볼 수 있다.

④ 임상적 지향(clinical orientation): 개인이나 가족, 집단을 다루는 케이스워크에서 나타나는 윤리적 딜레마에 대한 강조는 사회복지실천 가치와 윤리 분야에 대한 임상적 입장을 반영하는 것이다. 1970년대 말부터 강조된 가치로서 현재까지도 미국 사회복지실천의 특징적인 측면이 되고 있다. 이 입장은 윤리적 의사결정,

직업적 의무에서 생기는 갈등의 해결에 대해 강조한다. 가치의 갈등과 윤리적 딜레마에 대한 강조는 부분적으로 클라이언트와 사회복지사의 가치들 간의 관계에 대한 사회복지실천의 지속적인 관심에 근거를 두고 있다. 이러한 논의의 중심에는 클라이언트의 비밀보장(예를 들어 제3자를 보호해야 하는 의무), 특권적인 의사소통(privileged communication), 다른 서비스 제공자에게 정보를 주는 일 등을 비롯하여 충분한 정보에 근거한 동의(informed consent), 서비스의 종결, 진실 말하기, 경계의 문제, 이해와 갈등, 동료에 대한 내부고발(whistle blowing), 법과 기관규칙에 대한 준수 등의 중요한 이슈가 존재한다.

⑤ 방어적 지향(defensive orientation): 이는 일차적으로 클라이언트(개인, 가족, 소집단, 지역사회, 보다 규모가 큰 사회)의 이익을 위하여 사회복지실천의 윤리적 측면의 고양을 강조하는 임상적 지향과는 대조적인 입장을 취한다. 즉 방어적 지향은 전문가 보호적 지향으로 실천가의 보호에 초점을 맞춘다. 이는 다양한 형태의 직무태만이나 업무상의 과실을 둘러싼 해명에 관심을 가지며, 책임의 문제와 점점 증가하는 소송의 위험에 대한 염려가 이 지향을 지배한다.

⑥ 도덕과 무관한 지향(amoralistic orientation): 이 입장의 주요 특징은 가치에 기초한 개념이나 규범적인 개념이 없다는 것이다. 전통적인 사회복지실천의 가치라고 인정되는 것들에 의해 좌우되지 않으며 사회복지실천에 기술적으로 접근하는 즉, 기술에 사로잡힌 실천가들의 특징이라고 할 수 있다. 예를 들어 1920년대 "정신의학의 홍수(psychiatric deluge)"에 참여했던 실천가들은 가치와 윤리라는 말 대신 심리역동적인 용어에 몰두하며 이것이 인간행동의 신비를 밝혀줄 것으로 기대했다. 이러한 입장은 도덕과 가치가 배제된 과학으로서 전문화된 사회복지를 강조한다. 이는 1920년대 정신의학, 심리치료 기술, 프로그램 평가, 손익분석과 같은 가치중립적 기술을 전략으로 삼는 실천가들에게 나타나는 특징이다. 그러나 이러한 그들의 행동조차도 가치로부터 자유롭지는 못했다. 심리역동적 개념이나 기타 다른 이론에 대한 몰두도 그 자체의 가치적 입장을 만들어 내는 것이다.

전통적으로 강조되어 온 사회복지가치는 이상과 같은 지향을 중심으로 지속성과 비지속성을 가지며 변화해 왔다고 할 수 있다. 이는 추상적인 형태를 가지기 때문에 최근과 같은 계약 전문화나 탈 전문화현상 속에서도 지속적인 영향력을 발휘하거나, 구체적인 실천 맥락에 따라서 시간(역사장)과 공간(지역성)에 따라 지속되지 않기도 하는 등 다양한 면모를 보여준다(Dominelli, 2007). 한편, 사회복지사가 직면하는 윤리적 딜레마의 심각성을 이러한 여섯 가지 지향을 통해서도 알 수 있을 것이다. 다양한 정향이 존재한다는 사실만으로도 합의 도출을 어렵게 만들겠지만, 더욱더 상황을 어렵게 만드는 것은 각기 상이한 정향들 사이에 반대와 반목이 존재할 수 있다는 사실이다. 예를 들면, 임상적 지향과 방어적 지향은 우선 순위가 다르다. 온정주의적 지향과 사회정의 정향은 충돌가능성이 높다. 비도덕적 지향은 사회복지를 처음부터 윤리적 문제가 아닌 기술적 문제로 간주한다(김상균 · 오정수 · 유채영, 2018).

사회복지가치 발달에서 최근의 변화도 중요하지만 1970년대 이후의 주목할 만한 변화는 반억압적 실천이 1980년대 초반 페미니스트나 반인종주의자에 의한 급진적인 사회복지에서 주요한 가치로 논의되어 왔다는 점이다(Banks, 2001). 이는 인간의 자유는 사회에서 실현되는 사회적 존재임을 가정하고 인간의 사회적 삶을 존중하는 것을 중요하게 여기는 가치로 다양성 존중, 불평등에의 도전, 개별적이며, 집합적인 임파워먼트 실천 등을 강조하는 것이다. 개인의 자유라는 가치에 기반하여 개개인의 삶의 존중을 강조해 온 전통적 사회복지실천을 넘어선 입장이다. 또한 1980년대에 나타난 변화는 공공영역의 입법과 정책에서 신우익 이데올로기의 영향이 강조되면서 서비스의 소비자로서 개인의 권리가 중시되고 전문가 그룹이나 복지국가의 역할이 약화된 것을 들 수 있다.

이와 같이 사회복지에서 주요하게 지향하는 가치는 사회복지실천 현장의 시간적, 공간적 변화에 따라서 달라져 왔다. 그리고 이는 사회복지전문직의 가치 형성에 영향을 미침으로써 사회복지사에게 요구되는 역할이나 실제로 수행하게 되는 역할의 변화를 야기하였음은 물론, 각 시대별 주요한 사회복지정책 형성에도 영향을 미치게 되었다(홍선미, 2011).

3. 사회복지전문직과 가치에 대한 논의들

1) 가치에 대한 논의들

사회복지실천은 가치기반의 전문직(value-based profession)으로 알려져 있으며 가치야말로 사회복지전문직을 다른 것과 구별짓게 하는 것이다. 실천의 모든 측면이 사용되거나 버려지거나 수정되게 하는 것은 가치에의 적합성 여부에 달려있으며 사회복지사로 하여금 실천을 선택하고 실행할 수 있게 하는 근본으로 여겨진다(Skerrett, 2000). 사회복지실천을 포함한 사회복지학 자체가 가치학문이고 규범학문이라는 점에서 사회복지의 "가치"의 "확고부동한" 위치를 확인할 수 있다.

사회복지실천이 가치에 기반해 이루어져야 한다는 말은 실천의 대상인 인간관계와 인간 간 유대 문제 등의 과제는 과학성에 의해 해결될 수 있는 것이 아니라 기본적 가치에 대한 규범적 논의 속에서 해결되어야 함을 말한다. 즉 어떤 복지에서 일하든 어떤 이론에 의지하든 간에 지향해야 할 것은 문제 해결을 위해 "과학"에 의존할 것이 아니라 "가치"에 의존해야 한다는 의미이다. 여기서 문제는 "가치에 기반한 전문직"이 "전문화"를 추구할 때 충돌되는 지점이 바로 "가치"라는 것이다(김인숙, 2005).

전문직은 높은 학문적 지식체계를 바탕으로 한 전문적 기술을 보유함으로써 상당한 사회적 권한과 지위를 누리는 특징을 지닌 형태의 직업이다(송유미, 2008). Flexner(1915), Friedlander와 Apte(1980), Greenwood(1957)에 나타난 전문직의 특성은 전문가가 되기 위해 체계적인 지식이 필요하고 체계적인 이론에 바탕을 둔 기술이 필요하며 지역사회로부터 승인을 받을 수 있어야 한다. 또한 전문가 자신의 활동을 자율적으로 통제할 수 있는 가치 및 윤리강령을 가지며 전문가들을 지지해 줄 전문가 조직이 있다. 전문가 개개인에게 전문 직업적 활동을 함에 있어서 독자적인 판단을 할 수 있는 자율성이 주어져야 하며 법적으로 인정되는 자격증을 가지고 있어야 한다(김경희, 2000 재인용). 사회복지 또한 전문화된 전문적 실천이야말로 올바른 실천이며 사회 내에서 높은 위상과 특권과 독자적 자율성을 가질 수 있다는 점에서 전문화가 추구의 대상이 되고 있다.

김인숙(2005)에 따르면 그간 사회복지에서 가치의 문제가 드러나는 방식은 사회복지실천의 목적이 무엇이며 사회 내에서 어떤 역할과 기능을 담당해야 하는가라는 것과 관련되어 있는데 선행연구들을 통해 이에 관한 논의를 정리해 보면 "사회개혁 대 개인치료(혹은 사회정의 대 개인보호)"라는 두 가지의 서로 상반된 듯한 가치의 이분법적 구도로 정리할 수 있다. Lynn(1999)은 이분법적 구도에 따라 사회복지실천에서 클라이언트를 병리화하여 개인치료적 가치가 주류가 되면 치료의 효과성만을 강조함으로써 전문화 추구를 통해 전문직으로 제도화되어 전문직 권위는 강화될지 모르나 인권과 사회정의, 임파워먼트, 인간의 해방을 강조하는 실천의 지향가치는 사회변화를 위한 개혁적이고 운동적인 기능을 수행하기 어렵게 될 수 있다는 것이다. 즉 사회복지실천의 전문화 지향은 결과적으로 개인치료 패러다임의 지배를 가져와 사회복지실천가를 사회변화의 주변에 머무르게 할 것이라는 점을 언급하고 있다(김인숙, 2005 재인용).

2) 사회복지실천 가치의 주요 문제들

사회복지실천 가치와 관련해서 몇 가지 문제들을 특별히 강조할 필요가 있다(Reamer, 2013).

첫째, 개인적 · 전문적 가치의 조화이다. 사회복지사는 때때로 자신의 개인적 가치와 클라이언트나 고용주, 혹은 전문직 자체의 가치 사이에서 갈등을 겪는다. 이러한 갈등은 불가피한 것이다. 비도덕적인 가치관과 행동을 보이거나 가치와 관련한 윤리적 딜레마로 어려움을 겪는 클라이언트를 만나는 경우를 생각할 수 있을 것이다. 이러한 상황의 해결은 상당부분 사회복지사의 실천을 인도하는 가치, 그리고 그 실천이 목표로 하는 개인적, 사회적 변화에 대한 클라이언트의 반응을 주도하는 가치와의 상호관계에 달려 있다(Levy, 1976). 따라서 Reamer(2000)는 클라이언트에게 도움이 되기 위해서는 사회복지사는 문제를 임상적 눈으로뿐만 아니라 윤리적 눈으로도 볼 수 있어야 하며, 윤리의 언어로 말하는 법을 배워야 한다고 주장한다.

둘째, 문화적 · 종교적 가치와 관련되는 문제이다. 가치의 갈등은 특히 사회복지사가 전문직의 가치나 자신의 개인적 가치관에 반대되는 행동을 지지하는 문화적 · 종교적 신념을 가진 클라이언트에게 서비스를 제공하는 경우에 발생하기 쉽다. 임신중절에 대한 클라이언트의 결정이나 인종주의적 태도를 가진 클라이언트에 대한 실천가의 해석과 대응적 사항을 그 예로 볼 수 있을 것이다. 따라서 사회복지사는 자기 자신과 클라이언트의 종교적 · 문화적 가치와 신념의 영향을 인식하고 있어야 한다. 가치의 갈등은 사회복지사의 개인적 가치와 사회복지전문직의 가치 사이에서도 발생할 수 있다. 이런 경우 실천가는 클라이언트와 자신을 고용한 기관, 사회복지전문직 그리고 자기자신에 대한 의무의 본질에 대해서 어려운 결정을 내려야 한다.

셋째, 가치와 원조의무에 관한 것이다. 클라이언트가 갖고 있는 문제의 원인에 대한 사회복지사의 가치와 신념도 강조해서 살펴볼 만한 주제이다. 사회복지사들은 끊임없이 클라이언트 문제의 원인에 대해서 가정을 세우고 그에 따라서 개입계획을 세워왔다. 빈곤을 불공평한 사회의 산물로 보기도 하고, 개인적인 나태나 게으름의 결과로 볼 수도 있는 것이 예가 될 수 있다. 사회복지사가 갖고 있는 가치는 어떤 변화가 가능하고, 이런 변화가 어떤 방식으로 일어날 수 있으며, 클라이언트가 어떠한 종류의 원조를 받을 만한 가치가 있는가에 대한 믿음에 영향을 미치는 것이다.

넷째, 사회복지실천 가치에 대한 도전의 문제가 있다. 또 하나의 주요 이슈는 오늘날 사회복지실천의 가치로 보고 있는 것에 대한 정당성 논쟁과 관련된다. 전문직의 발전과정을 통해 실천가치들이 인정되어 왔지만, 여전히 도전을 받고 있는 가치들이 있다. 기본적으로 사회복지실천을 도덕적인 것으로 보는 규범적인 입장에 대해 의료적 모델이나 소유적, 기업가적 모델의 입장은 비규범적이고 자유주의적 견해를 갖는 것을 예로 볼 수 있을 것이다. 사회복지실천의 도덕성과 윤리적 헌신에 대한 입장 차이가 존재하고 있다. 사회복지실천의 핵심가치를 규정하고 지지하는 행위에는 필수적으로 정치적인 측면이 존재하고 있는 점도 관련된다. 사회복지실천은 서구 자본주의의 배경하에서 출현했으며 개인의 가치나 존엄성, 자기결정, 분배적 정의 같은 전문직의 가치들은 서구의 정치적 관점의 영향을 받았다. 자기결정권을 중시하는 자본주의 사회의 사회복지사와 집단주의를 강조하는 사회주의 사회복지사의 방식의 차이를 생각할 수 있으며, 프라이버시 보호와 정보공유의 권리 등에 대한 문화적 시각차이도 예로 볼 수 있을 것이다.

3) 사회복지사의 가치관 인식 훈련

(1) 가치관에 대한 자기인식 증진

Brill(1985)은 사회복지사가 가져야 하는 가치관에 대한 명확한 인식의 중요성에 대해서 다음과 같이 요약하고 있다.

① 자신의 가치관이 깊숙이 내면화되어 있음을 깨달아 그 기준에는 자신의 감정적 요소가 다분히 개입되어 있음을 인식해야 한다.
② 자신의 편견이 무엇인지 의식하는 데 최선을 다해야 한다.
③ 자신과 스스로의 가치관을 객관적이고도 현실적으로 평가하도록 노력해야 한다.
④ 이러한 평가에 근거하여 변화가 필요한 가치관은 변화하도록 노력하며, 클라이언트의 욕구를 충족시켜 줄 수 있다면 클라이언트 자신의 자유로운 생활양식을 허용하고 사회복지사 자신의 생활양식과는 서로 다르다는 사실을 분별해야 한다.
⑤ 사회복지사는 문학・예술・음악과 개인의 생활경험을 통해 가능한 한 여러 부류의 사람들과 접해 보고 그들의 생활양식・가치관을 이해하도록 노력해야 한다.

(2) 사회복지사의 가치관 인식 훈련

사회복지사는 실천활동을 할 때, 자기 자신을 실천의 도구로 활용하게 되므로 자신의 가치관을 인식하기 위해서는 자기 자신에 관한 이해 및 가치관 형성 훈련이 필요하다.

우선, 사회복지실천과정은 사회복지사 자신의 전문지식, 자세, 기술을 활용하여 클라이언트의 문제를 해결하는 것이다. 사회복지사는 자신의 삶의 다양한 상황에 대해 어떤 태도와 마음가짐을 가지고 있는지를 상담가 · 슈퍼바이저 · 전공교수를 통해서나 역할극을 통해서 점검하거나 성격유형검사(MBTI)를 통해서 점검해 볼 필요가 있다.

Cournoyer(2000)는 사회복지사가 자신을 이해할 수 있는 방법으로 주위 상황의 평가 · 자존감 점검 · 타인 수용정도 · 책임이 있는 자기주장 · 자기통제의 정도 · 원가족 분석을 통한 점검 등을 제안하였다. Brill(1997; 손광훈, 2009 재인용)은 휴먼서비스에 종사하는 전문가의 신체적 · 정신적 · 사회적 · 영적 · 지적 욕구를 강조하였으며, 다음과 같은 질문에 응답하면서 자기 분석을 통한 자신의 장단점 · 한계점, 극복해야 될 과제 등을 점검해 볼 수 있도록 하였다.

① 자신에 대해 어떻게 생각하고 느끼고 있는가?
② 자신의 기본적 욕구(신체적 · 정신적 · 사회적 · 영적 · 지적 욕구)를 어떻게 다루고 있는가?
③ 나의 가치관은 무엇이며, 이것이 나의 행동 및 타인과의 관계에 어떤 영향을 미치는가?
④ 내가 살고 있는 사회 · 직장과 어떻게 관계하는가?
⑤ 나의 생활양식은 어떠한가?
⑥ 나의 기본적인 철학관은 무엇인가?
⑦ 내가 상대하는 사람에게 나 자신을 어떻게 보여주고 있는가?

또한, 사회복지사의 자기인식은 선입견, 편견, 자신의 경험을 이해하고 클라이언트에게 서비스를 제공하는데 있어서 자신이 어떤 방해가 되는지 이해하는 것이다. 자기인식은 사회복지사의 업무능력을 향상시키며, 필요 이상으로 클라이언트에게 개입하는 것을 예방하며, 전문적인 관계형성에 도움이 된다. 사회복지사의 주변상황 파악, 타인수용, 비차별적 · 비심판적 행동과 태도, 자기주장, 자기통제, 직관력, 자기노출하기, 전문적인 경계선 유지하기는 사회복지사의 자기인식을 위한 점검요소이다. Corey와 Corey(1998; 손광훈, 2009 재인용)는 자기인식을 위한 질문을 제시하고 있는데 그 내용은 다음과 같다.

① 사회복지사가 가치상의 심판 없이 클라이언트와 솔직하게 상호작용이 가능한가?
② 사회복지사는 클라이언트가 사회복지사 자신의 신념과 가치를 받아들이기를 바라는가?
③ 사회복지사는 자신에게 스스로 진솔하며 동시에 클라이언트가 자신의 가치관과 다른 가치를 가질 수 있도록 자유를 허용하는가?
④ 사회복지사는 자신과 클라이언트 사이에 일어난 가치갈등으로 인해 다른 전문가에게 의뢰를 해야 할지를 어떻게 결정지을 것인가?
⑤ 사회복지사가 자신의 솔직한 관점을 클라이언트에게 내보이는 것은 클라이언트가 사회복지사의 가치관을 수용하도록 교묘하게 안내하는 것과는 어떻게 다른가?
⑥ 사회복지사는 가치와 삶의 경험에 있어 클라이언트와 어느 정도 유사성을 필요로 하는가?
⑦ 특정 사안(낙태 · 아동학대 등 가치 수반적 문제)과 관련된 사회복지사의 입장은 무엇인가?
⑧ 사회복지사로서의 관점은 어디에서 발전된 것인가?
⑨ 사회복지사로서의 가치는 수정의 여지가 있는가?
⑩ 사회복지사 자신의 가치를 강요하지 않고 클라이언트에게 어떤 식으로 의사전달을 할 것인가?
⑪ 사회복지사의 가치와 신념체계가 클라이언트와 활동하는데 어떤 방식으로 영향을 미치고 있는가?

4. 사회복지실천윤리의 대두

1) 가치와 윤리의 관계

(1) 윤리의 개념과 가치와의 관계

사회복지가치에 관한 논쟁은 일반적으로 다음과 같은 개념을 강조한다. 각 개인의 존엄과 가치에 대한 지지, 클라이언트의 자기결정권의 촉구, 다양성의 존중, 사람들이 자신의 현실을 이루는 데 필요한 기회와 자원의 제공, 클라이언트의 역량강화, 사회정의 증진, 클라이언트에 대한 비밀보장, 동료들에 대한 존경, 자신의 전문직 행동에 대한 책임 등이다. 그러나 이런 가치를 구체적으로 실천하는 방법은 확실하지 않다.

윤리는 사람들에게 그들이 추구하는 가치와 일관되게 행동하도록 지시하는 행동규범을 뜻한다(Lewis, 1982). 윤리(ethics)는 그리스어인 ethos에서 유래되었고, 그 의미는 관습(custom), 습관(habit)을 뜻한다.

윤리는 어떤 행동이 도덕적으로 올바르며, 옳은 판단과 행동은 어떠해야 하는지를 다루는 개념이며, 사람들이 지켜야 할 행위규범 중 가장 기본적인 것이다. 다시 말하자면, 윤리란 사람이 사회관계에 있어서 사람으로서 마땅히 행하거나 지켜야 할 도리이며(문인숙, 1991), 인간이 관계하고 있는 여러 맥락 속에서 근간을 이루고 있다. 윤리란 어떤 행동의 옳고 그름에 대한 판단으로, 사회복지가치기준에 맞는 실천을 하였는가에 대한 판단기준을 제시한다(양옥경 외, 1995).

윤리를 언급할 때, 유사한 개념은 '가치'이다. 때로 사람들은 윤리에 대한 개념정립에서 가치와 혼돈하여 생각하는 경향이 있다. 그러나 윤리와 가치는 구분되는 개념으로써 '가치'는 하나의 추상적 개념이며, 윤리는 실천상의 가치로 볼 수 있다. 즉 가치는 윤리와는 다르게 바람직한 행동을 선택하는 데 있어 항상 지침으로서 작용하지는 않는다. 왜냐하면 개인의 행동이 개인의 가치와 모순되거나 사회가치를 반영하지 않기 때문이다(윤기영, 1997). 그러나 윤리란 인간의 행동을 통제하거나 규제하는 기준이나 원칙까지 포함하는 개념으로 일반적으로 타인에 대한 책임감에서 우러나오는 인간에 대한 기대를 말한다(문인숙, 1985).

즉, '가치'와 '윤리'라는 용어는 흔히 바꾸어 쓰기도 하지만, 서로 다른 개념적 특성을 갖는다. "윤리는 무엇이 '맞고 옳은가'를 다루는 반면에 가치는 무엇이 '좋고 바람직한가'에 관련한 것이다(Loewenberg & Dolgoff, 2000: 21)." 비록 가치가 사회복지전문직의 핵심적인 특성 중 하나이지만, 이는 구체적인 실천을 지시하기 보다 일반적으로 선호하는 보다 폭넓은 사회의 가치를 반영한다. 반대로 전문직 윤리는 직업에 몸 담고 있는 사람이 어떻게 자신의 가치를 행동으로 옮기는가에 관한 지침을 제공한다. 다시 말하면, 이것은 어떻게 전문가가 '행동해야 하는가'에 관한 보다 구체적인 지시이다. 따라서 전문직 윤리는 가치에 비해 매우 구체적이며, 더 많은 것을 요구하고 더욱 논쟁의 여지를 담고 있다. 실천현장에서 윤리적 원칙들을 정립하는 지침을 제시하는 전문직 가치가 비록 사회복지사에게 지시와 "바람직한 것에 대한 개념"(Kluckhohn, 1951: 403)을 제공하지만, 이는 흔히 보편적인 수준이기 때문에 사회복지사에게 충분하게 행동을 지시하지는 않는다.

사회복지사에게 있어 이 규범은(NASW) 사회복지사 윤리강령에 구체화되어 있는데, 이 윤리강령은 1979년에 채택되어 1990년, 1994년, 1996년 등 지속적으로 개정되었다. 여기에서는 전문가의 기본가치와 윤리원칙, 윤리기준을 규정하면서 "전문 사회복지사의 일상행동에 지침이 되도록"(NASW, 1996) 고안되었다. 전문직의 근본 가치에 기초하면서, 사회복지사의 클라이언트에 대한 윤리적 책임, 동료에 대한 윤리적 책임, 실천현장에서의 윤리적 책임, 전문가로서의 윤리적 책임, 직업에 대한 윤리적 책임, 그리고 더 나은 사회에 대한 윤리적 책임에 관한 행동기준을 상세하게 기술하고 있다. 이 강령은 또한 윤리적 부정행위로 추정되는 사건에서 사회복지사의 행동을 판단하는 전문직 기준의 근거자료가 되기도 한다.

한편, Levy(1976)는 사회사업 윤리란, 시행하는데 있어서의 가치로서 행동의 비공식적 인정에 의해서 또는 전문직과 관련된 공식적 행동에 의해 사회사업가가 합의적으로 채택하는 가치의 행동적 차원이라고 하였다. 앞서 언급한 바와 같이 윤리는 어떤 행동의 옳고 그름에 대한 판단으로 사회복지가치 기준에 맞는 실천을 하였는가에 대한 판단 기준이 된다(양옥경 외, 1995). 따라서, 사회사업 전문직의 윤리는 전문인으로서 행하거나 지켜야 할 도리이며, 전문직의 행동 기준과 원칙이 되는 것이다(문인숙, 1991). 이렇게 볼 때, 윤리란 선과 악을 구분하는 원칙을 정하고 그 원칙을 적용하는 기법이라고 말할 수 있다. 사회복지전문직 윤리는 사회복지가 추구하는 핵심가치인 '인간존엄성, 자기결정권, 자율성, 사회정의, 평등'으로부터 합의된 행위 기준이 되어야 한다. 사회복지가 궁극적으로 추구하는 가치에 따라 사회복지사의 윤리적 실천은 보편적이고 객관적인 원리를 갖게 되며, 이것은 전문직 윤리가 보편적으로 타당한 삶의 형식, 어떤 준칙이 만인에 의해서 인정될 수 있는 한 정당화되는 규칙의 절대 구조를 지향하는 것을 의미한다(신충식, 2014). 가치와 윤리개념을 비교하면 〈표 3-1〉과 같다.

〈표 3-1〉 윤리와 가치의 개념

내 용	가 치	윤 리
개념	• 무엇이 '좋고 바람직한가?'에 관심 • 가정적인 개념으로 인간의 생각에 그침 • 인간이 마땅히 규범으로서 선호되어야 할 바람직한 것, 선한 것으로서 지향해야 될 신념이나 믿음 • 이상적, 추상적 목적이나 고수준의 상징성을 지님	• 무엇이 '옳고 그른가?'와 관계된 올바른 행위에 대한 물음 • 좋은 사고로 그치는 것이 아니라 행위로 실천될 때 의미가 있음 • 사회관계에서 마땅히 행하거나 기대되고 지켜야 할 도덕규범 및 도리로서 실천적이며, 행동의 구체적, 현실적 목표에 대한 실천상의 기준

출처: Loewenberg & Dolgoff(1996)

(2) 윤리의 등장

사회복지실천의 윤리가 본격적으로 시작된 것은 1970년대이며, 이때 윤리가 각광받게 된 이유를 아래와 같이 요약할 수 있다.

첫째, 과학기술의 발전으로 다양한 형태의 윤리적 결정을 해야 하는 상황(장기이식 · 안락사 · 성감별을 통한 유산 등)에 놓이게 되자 이러한 문제들을 해결하기 위해서 사회복지사들의 개입이 필요하게 되었다.

둘째, 사회가 성숙함에 따라 환자의 권리·피의자 권리·죄수의 권리를 인정하는 사회분위기에 힘입어 사회복지 대상자의 권리를 인정하자는 사회분위기의 영향을 받게 되었다. 사회복지 대상자의 권리인정으로 인한 다양한 형태의 윤리적 갈등이 발생하게 되자 이를 해결하기 위해서 윤리지침의 필요성이 대두되었다.

사실, 사회복지전문직을 위한 교육은 1970년대까지 전문가의 주체성과 실천을 강조하는 사회복지가치의 기본지식을 강조하였다. 자원은 부족했고, 사회복지실천의 과오에 대한 소송은 증가했으며, 잘잘못을 분명하게 구별할 수 있는 능력 이상으로 기술이 훨씬 많이 발전함에 따라, 사회복지사는 점차 클라이언트를 대상으로 하는 자신의 행동이 옳은 것인지에 대해 어려운 판단을 내려야 하는 일에 직면하게 되었다. 다음은 이와 같이 윤리문제에 새롭게 관심을 갖게 된 여러 이유 중 몇 가지를 제시한 것이다.

① 전문직에 새로운 가치 딜레마를 부과한 급속한 사회, 기술의 변화
② 다른 대인 서비스 분야의 전문가들의 윤리문제에 대한 관심의 고조, 예를 들면 병원에서의 생명윤리학(bioethics)의 채택과 의대의 필수과목으로 윤리학을 지정함
③ 전문가들에게 부여되었던 권위에 대한 소비자들의 도전
④ 사회복지 및 다른 대인서비스 전문직에 대한 공공기금과 법정의 더욱 엄격한 규제
⑤ 여러 전문직들이 저지른 클라이언트에 대한 권리침해 사례가 미디어를 통해 널리 알려짐
⑥ 서비스의 관료체계와 그들이 봉사해야 할 사람들 즉, 클라이언트 간에 내재한 이해의 충돌과 정치적 복잡성
⑦ 다른 형태의 지식의 활용과 발달에서조차 전문직 가치 선택을 반영하는 방법에 대한 인식의 증가

2) 사회복지가치와 윤리의 발전과정

최근 Reamer(2013)는 사회복지가치와 윤리의 역사를 시대구분하면서, 다음과 같이 4시기로 제시하였다.

① 도덕성의 시기(The morality period): 미국에서 사회복지 활동이 시작되는 19세기 말부터 사회복지가 전문직으로 태동하는 1940-50년대의 시기이다. 이 때는 사회복지 전문직의 윤리나 도덕성보다는 클라이언트의 도덕성에 더 많은 관심이 있었다. 초창기 사회복지사들은 대부분의 사회복지문제가 기본적으로 클라이언트 및 지역사회의 도덕성, 특히 기독교 윤리와 청교도 윤리의 부재 혹은 악화에서 기인한다고 생각하였다. 조직적 구호와 이른바 "curse of pauperism"(Paine 1880; Reamer, 2013 재인용)에 반응하는 것이 당시 전문직의 주요한 임무였다. 그러나 이러한 생각은 20세기 초반에 시작된 인보관 운동의 영향으로 빈곤한 개인의 문제와 사회적 문제에 대해 점차 구조적이고 환경적인 원인에 관심을 돌리게 된다. 20세기 초에 발생한 미국의 경제대공황은 이러한 개인수준의 도덕성 문제에서 벗어나 사회 전체의 구조적 문제에 눈을 돌리게 하는 주요 계기가 되었다. 미국에서는 1933-1941년 동안의 New Deal 기간 동안 많은 사회정책과 프로그램들이 나타났으며, 이 일에 사회복지사들은 많은 영향을 주게 된다.

② 가치의 시기(The value period): 1950년대 이후 1970년대 중반까지 사회복지전문직의 '가치'에 대해 관심이 집중되었다. 사회복지의 윤리에 대한 관심은 클라이언트와 사회전체의 도덕성이라는 주제에서 전문직으로서의 사회복지와 사회복지사들의 실천과 연관된 가치로 옮겨졌다. 비록 철학이나 윤리학의 토대 위에 학문적 논의가 이루어진 것은 아니지만, 사회복지윤리가 체계적으로 틀을 잡아가는데 도움이 되는 의미있는 성과들이 있었다. 1947년 미국사회복지사협회(NASW)가 최초로 사회복지사 윤리강령을 채택하였고, 여러 학자들에 의해 사회복지 핵심가치에 대한 논쟁이 전개되었다. 특히 1960년대와 1970년대에는 미국 사회를

뒤흔들었던 각종 사회운동 역시 사회복지 분야가 가치에 관심을 갖도록 하는데 기여하게 되는데, 사회정의, 인권, 개혁 등과 관련한 윤리적 문제에 상당한 관심이 나타나게 된다. 1976년에 발간된 Levy의 저서 '사회복지윤리(social work ethics)'는 사회복지가치와 윤리에 관한 가장 눈에 띄는 관심을 나타낸 것이었다. 이러한 연구성과들은 사회복지사들의 관심을 범가치(overarching value)와 윤리적 원칙(ethical principles)에 관한 연구에 관심을 돌리도록 하는데 기여하게 된다.

③ 윤리이론과 의사결정의 시기(The ethical theory and decision-making period): 1970년대 후반부터 1980년대로 볼 수 있으며, 사회복지영역에서는 사회복지전문직의 가치와 윤리에 대해 체계적으로 이론화하는 작업과 함께 현장에서 일어나는 윤리적 딜레마와 이를 해결하고자 하는 윤리적 의사결정에 대해 역동적인 성과(dramatic maturaltion)들이 나타났다. 당시는 규범윤리학의 한 분야로서 전문직 윤리(professional ethics)로 불리는 응용윤리학(applied ethics)이 발달하여 법률, 의료, 간호, 언론 등의 다양한 분야에 많은 영향을 끼치게 된다. 장기이식, 유산, 안락사 문제 등과 같은 생명윤리 분야에서 민감한 이슈들이 발생하면서 응용윤리학이 발전하게 된 것이다. 사회복지학자들은 처음으로 '윤리적 의사결정(ethical decision-making)'에 대한 개념과 방법을 소개하고 연구하게 되는 의미를 갖게 된다. 본격적으로 가치와 윤리에 대한 논의를 실천현장과 결합시키고, '사회복지윤리이론'과 '실천 윤리'를 사회복지윤리의 중요한 두 축으로 자리매김하게 된다. 사회복지현장에서 경험하는 사회복지사들의 비윤리적 행위(unethical behaviors)와 부정행위에 대해서도 다루게 되었다.

④ 윤리적 표준화와 위기관리의 시기(The ethical standard and risk-management period): 1990년대 이후부터로 볼 수 있으며, 1980년대 이래 특히 미국의 사회복지사들에 대한 윤리적 불만과 윤리관련 소송(ethtic-related lawsuits)이 증가한 것을 배경으로 한다. 사회복지사들의 윤리적 이슈에 대한 이해 수준이 높아지고 윤리의식도 많이 향상된다. 미국사회복지사협회(NASW)는 기존의 윤리강령을 1996년에 대폭 개정하

여 그동안의 윤리적 논의와 성과를 종합하고 사회복지윤리를 표준화하게 된다. 미국에서 발생하는 사회복지사들의 업무상 과실은 단순한 실수에서부터 복합적인 윤리 원칙을 충분히 지키지 못해 발생한 불가피한 과실, 그리고 고의적인 부정행위 등 매우 다양하였다. 따라서 적극적인 위기 관리를 통해서 이러한 과실이나 부정행위를 사전에 예방하고 법적 소송에 휘말린 사회복지사들을 보호할 필요가 생기게 된 것이다. 이제는 변화하는 시대적 상황에 맞추어 윤리적 원칙과 기준들의 내용을 점검하고, 사회복지사들의 비윤리적 행위로 인해 입게 되는 사회복지전문직의 피해를 최소화하는 위기관리가 더욱 중요하게 다루어질 것으로 전망된다(서미경 · 김영란 · 박미은, 2015).

5. 사회복지실천윤리의 내용

1) 사회복지윤리의 구성요소

김기덕, 최소연, 권자영(2012)은 Leiby(1985)의 연구와 Clark(2000)의 연구를 토대로 사회복지윤리의 세 가지 요소를 ① 개인에 대한 존중과 개별적 서비스 제공(클라이언트 자율성), ② 전문가의 온정적 개입주의(전문성), ③ 공적 책임성(공공성)으로 구분하고 그 핵심가치를 정리한 바 있다(김용석, 2015 재인용).

첫째, 개인 존중과 개별적 서비스 제공은 개개인 혹은 개별 집단이 가진 특성과 소질을 존중하고, 그들이 꿈꾸는 행복을 구현할 수 있도록 적절한 서비스를 제공하는 것을 의미한다. 이러한 윤리의 근거가 되는 핵심가치는 자유와 자율이다. 개별 인간이 가진 본래적 가치가 무엇보다 존중되어야 하며, 그러한 가치를 가진 인간이 자신과 관련한 문제를 스스로 결정하고 판단할 수 있어야 하며 이에 따른 결정이 타인과 사회에 의하여 절대적으로 존중되어야 한다는 것이다.

둘째, 전문가의 온정적 개입주의는 사회복지 초기부터 강조된 내용으로 온정주의는 일반적으로 "억압당하는 사람이 자신의 복지, 행복, 욕구, 이익, 가치 등을 배타적으로 위한다는 근거로 해서 정당화될 수 있는 개인의 자유로운 행위에 대한 간섭"으로 정의된다(Dworkin, 1971; 김기덕 외, 2012 재인용). 이는 개인의 삶에 대해 외부에서 간섭하는 것과 이타주의적 온정 표현의 두 가지 개념을 포함한다. 이에 해당하는 핵심가치는 서비스, 역량이다. 서비스는 사회복지사의 궁극적 목표가 도움을 필요로 하는 사람을 돕고 사회문제들에 대응하는 것임을 드러내는 가치이고 역량은 사회복지사가 클라이언트나 일반시민에 비하여 전문적인 측면에서 역량이 상대 우위에 있다는 것을 의미하며, 전문가 개입의 윤리적 근거를 제공하는 가치이다.

셋째, 공적 책임성의 원칙은 개인의 행복과 함께 사회복지에서 전통적으로 고려해 온 분야로서 사회복지사는 제3자, 지역사회, 가족 등에 대한 복합적 책임성을 가지기 때문에 자신의 클라이언트만을 위한 배타적인 행동은 정의롭지 못하며 평등의 가치에 위배된다는 것을 의미한다. 이는 평등, 사회정의 등의 핵심적 가치와 연결된다. 이때 평등은 모든 클라이언트는 서비스에 대한 동등한 권리를 갖는다는 것을 전제로 전문가로서 개인, 그룹 등이 다양성을 인식하고 차별하지 않으며 자원과 기회가 동등하게 배분되도록 하는 것을 의미한다. 또한 사회정의는 전문가로서 빈곤, 박탈, 차별, 학대, 착취 등과 같은 사회적 부정의를 용인하지 않고 그것을 변화시키는 것을 지향함을 의미한다. 이는 개인과 그의 환경 간의 불균형을 방해하는 장애물을 극복하거나 예방할 수 있는 방안을 제공할 사회의 책임이라는 철학적 기반이 반영된 개념이다(Bartlett, 2003).

2) 사회복지실천의 주요 윤리

사회복지실천에서 요구되는 윤리는 곧 사회복지사가 준수해야 할 규칙이므로 이들 규칙을 구체적으로 살펴볼 필요가 있다. 이를 위해 1980년, 최초로 한국사회복지사협회가 제정한 사회복지사 윤리강령을 살펴보면 인간의 존엄성・정의・공평 등의 가치를 추구하면서 균등하고 차별이 없는 서비스를 받을 클라이언트의 권리, 사회복지사 개인의 이익을 배제하고 전문적 지식과 기술개발을 위해 계속해서 노력할 것, 그리고 팀워크(teamwork), 전문인으로서의 책임성 등을 강조하고 있다(천정웅 · 김용환 · 김승돈 · 박선희 · 박주현, 2016).

그 내용에 맞춰서 사회복지사 실천의 주요 윤리를 살펴보면 다음과 같다(최옥채, 2006).

① 전문가로서의 품위 · 자질 · 책임: 사회복지사의 활동은 사회로부터 신임을 받고 있으므로 이에 걸맞은 인격을 갖추어야 한다. 나아가 자신이 실천한 업무에 자신감을 가지고 임해야하며 그 업무에 대하여 책임을 질 수 있어야 한다.

② 전문직의 가치 · 지식 · 기술: 사회복지사의 품위와 자질을 높이는 길은 우선 사회복지사가 갖추어야 할 지식과 기술이라 할 수 있다. 이 지식과 기술의 함양은 사회복지사로서의 가치관을 바탕으로 이루어져야 하고, 이러한 기반에서 전문가로서 자신감을 가질 수 있어야 한다.

③ 공공복지를 위한 성실성: 사회복지사의 활동은 매우 다양할 뿐만 아니라 다양한 전문 분야의 성원들과 접촉하고 함께 일하기도 한다. 이때 사회복지사는 자신의 영리를 위해 한 치의 부정한 행위를 할 수 없으며 오직 클라이언트의 삶의 질 향상과 공공복지 향상을 위해 힘써야 한다.

④ 클라이언트 권익 우선: 대부분의 클라이언트는 자신의 문제와 처해 있는 상황을 이유로 권리와 이익을 침해받고 있다고 해도 과언이 아니다. 따라서 사회복지사는 여러 관계 속의 활동에서 먼저 클라이언트의 권익보호와 옹호에 힘써야 한다.

⑤ 클라이언트의 자기결정권 존중: 사회복지사는 클라이언트의 문제를 해결하는 데 해결사로 군림하는 것이 아니고 문제해결을 할 수 있도록 돕는 것이다. 그러나 클라이언트는 스스로 자신의 문제해결을 위해 판단하고 결정할 수 있는 능력이 결여되어 있는 경우가 많다. 따라서 사회복지사는 클라이언트가 최선의 결정을 내릴 수 있도록 배려해야 한다.

⑥ 클라이언트에 대한 평등한 대우: 사회복지사는 클라이언트의 환경, 즉 그의 성 ·

나이 · 사상 · 종교 · 지위 · 계층뿐 아니라 지역적 특성을 불문하고 클라이언트에게 합당한 서비스를 제공해야 한다.

⑦ 클라이언트의 생활에 대한 비밀보장: 클라이언트는 이웃과 정부를 포함한 사회로부터 도움과 서비스를 받아야 하는 처지에 있으므로 자신들의 사생활과 관련 정보가 노출되는 것을 용납하지 않는다. 그러므로 사회복지사는 이들과 관련하고 있는 실상들에 대한 비밀을 보장해야 한다.

⑧ 동료에 대한 존중과 신뢰: 사회복지사는 자신이 근무하고 있거나 관계하고 있는 기관의 동료 · 하급자 · 상급자와 신뢰할 수 있는 관계를 형성해야 한다.

⑨ 동료나 기관의 부정에 대한 합법적 대응: 사회복지사는 동료나 기관의 부정한 행위에 대해서는 합법적 절차를 통해 해결해야 한다.

⑩ 사회복지 발전을 위한 협력적 참여: 사회복지사는 클라이언트와의 활동에 능동적이어야 할 뿐만 아니라 사회복지 발전을 위해 관련기관이나 단체와 협력하는 데에도 적극적으로 참여해야 한다.

3) 윤리적 판단기준과 윤리적 딜레마

(1) 사회복지와 윤리적 판단기준

사회복지에서는 윤리적 판단을 위한 공동선, 정의, 존엄성 등 다양한 기준이 존재한다. 이것은 기존의 기업윤리와는 공통점과 차이점을 둔다. 사회복지의 윤리적 판단기준으로서는 다음과 같은 윤리적 잣대를 고려할 수 있다(황명구 · 홍영준, 2014).

첫째, 공동선과 사회정의로서의 사회윤리이다. 사회윤리는 인간다운 삶을 위하여 개인을 포함한 사회제도나 정책구조의 도덕성을 통하여 공동선을 추구하는 것이라 정의할 수 있다. 사회의 다양한 문제를 어떻게 바라보고 판단할 것인가, 이와 동시에 해결점에 있어서도 어떻게 접근하여 문제의 해결점을 찾아갈 것인가 하는 것은 모두 사회윤리의 개념과 연결된 것이라고 판단된다. 즉, 사회윤리의 의미는 인간다운 삶과 사람다운 모습을 추구하기 위한 개인과 집단의 기본선을 의미한다. 따라서 사회윤리의 대상은 개인・집단・조직체의 행위 집단, 조직체, 공동체 등을 모두 포함한다.

둘째, 인간존엄성 향상을 위한 복지윤리이다. 사회복지윤리는 인간의 존엄성과 더불어 인간자율성, 기회균등성, 사회적 책임성을 기본 가치로 한다. 하지만 사회복지윤리는 사회복지의 수혜대상자를 사회적 약자 또는 불우계층 등 국민의 일부에 국한하는 협의의 개념과 국민전체를 수혜대상자로 포함하는 광의의 개념에 따라 좌우된다. 광의의 개념으로만 인식한다면 사회정의 달성이라는 포괄적인 개념에서 사회적 윤리와도 많은 공통점을 지닐 것이다. 사회복지실천과정에서 매번 선택의 순간이 발생하며 그 선택의 기준선이 윤리인 것이다. 옳고 그름을 판단해 주는 가장 바람직한 것은 선 즉, 윤리이며, 사회복지에서 가장 필요한 것이면서 당연시 되는 것이다. 결국 사회복지윤리는 이러한 인간의 궁극적인 목적 달성을 위하여 가장 바람직한 최선의 선택을 하도록 만드는 것이다.

셋째, 사회복지실천의 사회적 가치와 윤리적 의사결정에 관한 문제이다. 사회복지실천현장에서 윤리적 문제는 잘 드러나지 않는다. 전문직으로서의 윤리를 강조하지만 윤리적 민감성으로 인해 충돌하기 보다는 회피, 무마, 봉합의 수준에서 결과가 나타나기 마련이다. 갈등은 윤리적인 문제의 양산이 커질 때 발생하는데, 윤리적 의사결정이 중요한 도구가 된다. 윤리적 의사결정을 할 때에 중요한 원칙은 생명보호, 자기결정, 비밀보장, 진실성, 기회균등, 최소손실, 효율성, 규칙준수 등이 포함된다. 이러한 원칙은 존엄성, 자율성, 균등성, 책임성 등 전통적인 사회복지가치와 결부된다. 윤리적 의사결정원칙은 각 개별적으로 의사결정의 중요한 기준이 되는데, 딜레마는 원칙과 원칙이 충돌할 때 발생한다. 제한적이지만 예를 들어 클라이언트의 비밀보장이나 자기결정의 원칙이 생명보호에 위배될 때 생명보호가 클라이언트의 비밀보장에 우선할 수 있다.

(2) 사회복지실천의 윤리적 딜레마

① 윤리적 딜레마의 개념

사회복지실천현장에서 대부분의 사회복지사는 클라이언트의 문제를 해결하는 데 있어서 다양한 가치갈등을 겪게 되고, 윤리적 결정을 해야 하는 상황에 직면하게 된다. 클라이언트의 문제를 해결하는데 있어서 나타날 수 있는 가치 딜레마와 윤리적 갈등상황은 매우 다양할 수 있다.

윤리적 문제들은 다음과 같은 질문을 갖는다. 즉, 주어진 상황에서 도덕적으로 마땅히 해야 할 옳은 일은 무엇인가? 그 상황에서 사회복지사는 비윤리적 행동을 어떻게 피할 수 있는가?

한편 윤리적 딜레마(ethical dilemmas)는 두 가지 이상의 가치가 상충하는 윤리적 갈림길에서 한 방향을 선택해야 할 때, 혹은 선택하고자 하는 각 대안들이 한 사람 혹은 여러 사람들에게 바람직하지 못한 결과를 초래하게 될 때 발생한다. 이때 사회복지사는 어떤 것을 우선할 것인지를 결정할 수 있어야 한다. 특정 사례와 관련된 윤리원칙과 법적 의무가 무엇인지 확인하는 것은 윤리적 의사결정의 첫 단계이다. 그러나 여러 개의 윤리원칙과 법적 의무가 적용될 수 있고 때로는 갈등을 일으킨다는 것을 확인하는 것만으로는 불충분하다. 이처럼 윤리적 의무가 서로 갈등적인 상황에서 사회복지사는 어떤 원칙이나 법적 의무를 우선해야 되는지를 스스로 결정해야 한다(김용환 외, 2013).

② 사회복지실천에서의 윤리적 딜레마

사회복지사가 실천현장에서 두 개의 상충되는 가치에 직면하여, 공정성을 갖고 각각의 가치에 대해 그 의무를 수행할 수 없을 때 윤리적 딜레마는 발생한다. 즉, 동시에 달성될 수 없는 두 개 이상의 행동 양식 중 하나만을 선택해야 하고, 선택한 행동은 잠재적으로 좋을 수도 나쁠 수도 있는 상황이 있다. '미국사회복지사협회(NASW) 윤리강령'은 서로 상충되는 경우에, 어떤 가치 · 원칙 · 기준이 가장 중요한지 또는 다른 것보다 더 비중이 있는지에 대해서는 명시하지 않는다. 서로 상충될 때 가치, 윤리 원칙, 윤리기준의 순서를 정하는 방법은 사회복지사들 간에 합리적인 의견 차이가 존재할 수 있다. 주어진 상황에서의 윤리적 의사결정은 개별 사회복지사의 지식에 따라서 판단, 적용되어야 하고, 또한 전문직의 윤리기준을 공유하고 있는 동료들의 판단도 고려해야한다.

social work ethics and philosophy | part

02

전문직 윤리

CONTENTS

chapter 04
윤리이론에 대한 이해

1. 사실과 가치의 관계

사실과 가치에 대한 문제는 현대 윤리학의 주요 논쟁의 주제이다. 인간의 주관적인 평가를 개입하지 않고 경험적인 근거에 의해 증명할 수 있는 것을 사실이라고 하며, 경험적인 근거에 의해 증명할 수 없는 주관적인 평가를 가치라고 한다. 사실과 관련된 진술은 어떤 현상이 실제로 존재하는지를 말하지만, 가치와 관련된 진술은 어떤 현상에 대한 미적인 판단이나 도덕적인 판단을 제시한다. 사실에 강조점을 두는 학자들은 가치를 객관적인 입장으로써 설명하려고 하며 규범에 대한 객관적인 탐구를 가능하게 해 보려는 것이다. 즉 윤리의 본질에 대한 윤리학의 성립 가능성을 확보하기 위해 가치를 사실에 환원하고자 한다. 이렇게 사실로부터 가치나 당위성을 끌어내고자 하는 입장을 “자연주의”라고 부른다.

자연주의론자들은 자신들이 설정한 가치와 사실의 정의적(defined)관계에 근거해서 무엇이 ‘좋다’ 혹은 ‘옳다’라는 도덕적 개념을 개인이나 집단의 ‘사실관계’만을 확인하면 성립되는 것이라고 주장한다(김기덕, 2002). 사실을 가치로부터 분리하려 했던 경험주의자 흄(Hume)을 시작으로 '사실로부터 가치는 도출되지 않는다'고 결론을 내린 무어(G.E.Moore), 이후 비트겐슈타인(Wittgenstein)은 '자연주의의 오류'를 지적하였다.

사실과 가치를 완전히 분리하고 가치는 '참'과 '거짓'을 구별할 수 없으므로 학문의 대상이 될 수 없다고 주장하는 논리실증주의는 '검증원리'(verification principle)를 통해 사실과 가치를 명확히 구분할 수 있다고 믿었다. 검증원리는 '한 진술의 의미는 그 진술의 검증 방법이다'라고 보는데, 이는 하나의 진술이 경험적으로 검증될 수 있을 때에만 학문으로써 의미를 갖는다는 주장을 담고 있다(에이어, 2010). 예를 들어 "이 그림은 매우 좋다"라는 말은 그 그림을 그려서 표현한 것이 아니라, 그림에 관한 개인의 평가를 표현한 것이라는 점에서 개인의 감정과 태도를 나타내는 것이다.

사실에 관해서는 객관적이고 합리적 논의가 가능한 반면, 가치는 주관적인 정서나 태도의 문제이므로 철학적으로 무의미해진다고 하였다(노양진, 2005). 다시 말해 가치에 대해 객관성을 찾는다는 것은 불가능하다는 것이며 사실을 표현하는 문장은 원칙적으로 경험적 관찰을 통해 검증 가능하기 때문에 의미를 갖고, 그렇지 않을 경우 그것이 분석명제가 아닌 이상, 인지적으로 무의미한 명제가 된다는 것이다(Hume, 1978). 이에 가치를 중요시하며 반론을 제기한 프랑케나(Frankena)는 사실 진술 안에 평가 진술이 암묵적으로 들어 있다고 하였다. 서얼(Searle)은 사실진술들에는 평가나 명령적 요소들이 포함되어 있으므로 사실에서 가치를 도출할 수 있다고 주장하였으며, 게워스(Gewirth)는 '행위자로서의 인간'을 구체화하고 강조하였다(최병환, 2007, 재인용).

또한 퍼트남은 '사실과 가치의 얽힘'(entanglement of fact and value)에서 일상적인 언어 안에서 논제를 제시하는데, 사실에는 가치가 전제되어 있다는 것이다. 퍼트남은 우리가 사실로 간주하는 과학적 지식을 얻는 데에 '정합성'(coherence), '그럴듯함'(plausibility), '합당함'(reasonableness), '단순성'(simplicity), '아름다움'(beauty) 등의 인식적 가치가 불가결하다는 점을 지적하였다. 사실의 세계는 원칙적으로 모든 인간에게 동일하게 인식될 수 있기 때문에 사실에 대해서는 증명이 가능하지만 일반적으로 평가할 때 사실은 객관적이고 '참'과 '거짓'이 양립할 수 없는 특성을 가지고 있다.

또한 가치(value)는 당위성과 관련되어 있으며, 그 당위성이 주관적 확신에 의해 좌우되는 특징이 있다. 특정한 표현이 개인의 주장이나 사고에 입각하여 사안이 옳고 그름이 개인적인 확신에 속하는 경우 가치판단에 해당된다. 사실과 가치를 구분하는 몇 가지 있을 수 있는 관점 중 하나는 인간이 살고 있는 모든 자연현상들이 '사실'이며 중요한 것은 '사실'에 대해서는 가치판단을 하지 않는다는 것이다.

2. 윤리 인식론

'윤리(倫理)'라는 단어는 그리스말에 어원을 둔 영어 ethic, 불어 ethique, 독어 Sittlichkeit라는 어원으로, 라틴어에 어원을 둔 영어 morality, 불어 moralite, 독어 moralitat라고 쓰는 '도덕(道德)'이라는 단어의 동의어로서 한자(漢字)로 표시한 것이다. 또한 윤리학 이론에서 가치는 어떤 행동의 좋고 나쁨, 바람직하고 바람직하지 못하다는 어떤 행위에 대한 "바람직스러운 기준"이 되는 것을 설명하는 것이다. 윤리의 개념은 인간관계로부터 발생한 행동에 제한되는 것으로 타인에 대한 혹은 타인을 위한 개인적 내지는 집단적 책임에 대한 정의에서부터 나온다. 행동이 윤리적이라고 할 때에는 오직 그것이 타인에게 영향을 주고 사회적 맥락에서 가치적일 경우이다(Linzer, 1999). 따라서 "윤리"라는 용어는 보다 특정한 행위의 기준, 일반적인 도덕적 판단의 기준, 그리고 체계에 대한 지역공동체와 집단 그리고 전문직 등의 도덕규범이나 전형을 의미하게 된다(Speicher, 1998).

전통적으로 윤리 인식론은 지식에 대한 이론으로 지식론과 동일한 것으로 간주되어 왔다. 그래서 인식론은 지식을 분석하거나 어떤 것이 지식으로 간주되기 위해서 우리가 무엇을 아는지 결정하는 것과 우리가 그것을 어떻게 아는지를 설명하는 것과 관련이 있다(한장기, 2011).

윤리 인식론에서는 '지식개념에 대한 분석', '지식의 범위', '인식적 정당화 개념에 대한 분석' 등 인식론의 물음은 이처럼 일반적 분석이나 기준을 제시하고 있다. 실제로 윤리학의 가장 기초적인 문제들 역시 인식론적 문제이기도 하다. '도덕적 믿음의 정당화', '윤리적 지식의 본성' 그리고 '실천의 합리성' 등에 관한 문제는 윤리학의 관심사이면서, 동시에 인식론적 영역에서 다루어지는 문제이기 때문이다.

지식이나 실천적 삶과 관련하여 인식론에서 제기되는 물음들이 도덕이나 윤리의 영역에 적용이 될 때 윤리 인식론이라는 분야의 질문이 만들어진다. 넓은 의미에서 윤리학은 어떤 행위가 도덕적으로 올바르고 어떤 행위가 잘못된 것인지, 어떤 종류의 것들이 원칙적으로 좋거나 나쁜지 등에 관련이 되어 있으며, 윤리 인식론은 윤리적 지식이나 윤리적 믿음에 관한 물음에 많은 관심을 가지고 있다. 이처럼 윤리학과 인식론의 영역에 공통점이 있다는 것은 누구나 인정할 수 있을 것이다.

그러나 이 두 영역이 서로 전환하는 것이 가능한가? 특히 윤리학의 개념들을 인식론의 영역에 도입하여 인식론적 문제를 설명하려는 전환이 가능한가? 나아가 윤리학이 인식론의 한 부류인 도덕 인식론으로 전환되거나, 인식론이 윤리학의 한 부류인 믿음의 윤리학으로 전환될 수 있는가? 이러한 질문들에 대하여 답을 찾는 것이 윤리 인식론에 대한 목적이다.

최근에 인식론자들은 윤리학적 용어들의 도움을 받아 인식론적 문제를 논의하고 있다. 그러나 이것이 인식론의 전체적인 포괄적 견해를 윤리학을 통해서 논의할 수 있다는 주장으로 나아가서는 안 된다. 인식론자들이 윤리학의 용어를 사용한다고 해서, 윤리학이 인식론을 이끌어 간다고 말할 수는 없기 때문이다. 오히려 인식론이 윤리학을 이끌어 간다고 말할 수 있다. 인식론이 윤리학을 이끌어 간다면, 윤리학은 인식론의 모든 논의를 포괄할 수 없는 것이 되고 만다. 따라서 윤리학의 개념들을 도입하여 인식론적 논의를 전체적으로 이끌어 갈 수 있다는 주장은 지나친 것처럼 보인다.

그러나 윤리학의 문제와 인식론의 문제가 여러 핵심적인 부분에서 중첩된다는 점에서, 서로 상당한 유사성을 가지고 있다고 말할 수 있다. 물론 윤리학과 인식론의 상호 간의 환원은 가능하지 않을 수도 있다. 윤리학은 도덕과 관련된 학문으로 이해할 수 있으며, 어떤 행위가 옳은 행위이며, 어떤 결정이 올바른 결정인지, 이를 위해 무엇이 옳고 그른지에 대한 근거를 설명하는 것이다. 이는 전통적으로 규범윤리학(normative ethics)을 의미하기도 한다.

윤리학은 도덕과 관련된 학문으로 이해할 수 있다, 그러나 오늘날 학자들은 실제적으로 도덕에 대한 과학적인 기술이나 설명을 주로 하는 기술 윤리학(descriptive ethies)에서 도덕적 규범이 시대에 따라 변해 왔다는 사실과 도덕은 문화와 민족과 사회이념에 따라 다르며, 도덕에는 절대적인 것이 있을 수 없다는 상대주의를 언급한다(이효선, 2003). 규범 윤리학은 도덕의 본질, 판단의 의의 및 타당성을 철학적으로 연구하는 것으로 오늘날 새롭게 각광을 받고있는 생의 윤리학, 사회 윤리학 등이 응용규범 윤리학의 중심이 되어 가고 있다. 20세기 영국과 미국에서 주목을 받았던 분석 윤리학의 분야는 도덕 언어로 "좋다(good)", "나쁘다(bad)" 등과 같은 언어들이 도덕적 문장에서 사용될 때 논리적이며 형식적 기능을 발휘한다.

넓은 의미에서 윤리학은 도덕적 현상을 다소 지적이고 학문적인 측면에서 강조한 개념이라 할 수 있다. 현실적으로 법률과 도덕은 서로 분리될 수 없는 불가분의 관계에 있으며 일반적인 견해와 달리 법률과 도덕은 일치하거나 중복되지 않는 경우도 있다(김정오 외, 2012). 다음은 도덕이 모든 인간이 태어나기 전부터 존재하며, 선과 악, 옳고 그름을 마땅히 실천해야 한다고 보는 윤리적 절대주의와 사회문화적 맥락에 따라 그 기준이 다르다고 보는 윤리적 상대주의에 대해서 자세히 살펴보기로 한다.

3. 윤리적 상대주의와 절대주의

1) 윤리적 상대주의

윤리적 상대주의에 의하면 우리가 속한 문화에서 가치가 있다고 여기는 것을 다른 문화에 속한 누군가에게 강제하는 것은 도덕적으로 올바르지 않은 일이며, 가치라는 것은 주어진 사회와 문화로부터 형성된 특징을 가지며 그것이 속한 사회 안에서 수행하는 역할과 의미를 지니고 있다(김영환 외, 2006).

윤리적 상대주의는 고대 철학자의 프로타고라스(Protoogoras)와 같은 소피스트로부터 시작되었다. 17세기 이후에는 콩트와 한 개인의 최대행복과 최대의 선만을 평가하는 윤리개인주의와 공리주의 그리고 실용주의가 있으며, 19세기와 20세기에 걸쳐 문화 상대주의가 나타났다. 문화 상대주의는 미국의 인류학자 베네디트(Benediet)와 허스코비츠(Herskovits) 등에 의한 것으로 서양문화의 우월성을 추구하는 진화주의에서 각자의 문화가 지닌 독특한 가치기준을 강조하는 문화를 인식하는 과정에 주목하였다(박동천 역, 2017). 예를 들어 비가 오랫동안 오지 않아 가뭄이 들었을 때 신의 분노나 노여움으로 받아들이는 문화와 그것을 과학적으로 설명하는 문화가 있다면 우월한 문화를 후자 쪽으로 생각할 수 있다. 그러나 문화 상대주의 입장에서는 문화의 우월성을 따질 수 없으며 문화는 발명하는 것이 아니라 접촉을 통해 전파되는 사실을 바탕으로 문화에 대한 배타적인 평가를 거부한다.

래드(Ladd)에 의하면 문화적 상대주의에 관한 논의는 종속이론과 다양성이론으로 나누어진다. 종속이론에 의하면 사회의 도덕적 신념, 규범 등은 변함없이 그 사회의 제도경제, 언어 등 문화의 모양이나 태도에 의해 타당성이 결정된다고 하였다. 그리고 다양성 이론에 의하면 역사적으로 환원할 수 없는 문화적 패턴, 조직, 제도, 언어, 경제, 인격 등의 다양성이 있을 뿐만 아니라 도덕적 신념, 규칙, 실천 등에서도 환원할 수 없는 다양성이 있다는 것이다. 윤리적 상대주의에서 논의되고 있는 도덕이란 근본적으로 여러 가지 사실들에 의해 좌우가 되며 사회와 문화에 따라 다양하고 시대나 모든 사람들에게 상대적이며 사회마다 상이하다.

테일러(Taylor)는 '윤리학의 원리'에서 상대주의의 경우 어떠한 규범에도 얽매이지 않으며 순수한 사실이나 증거를 근거로 하여 모든 문화권에 공통된 도덕적 규범은 없다고 하였다. 그는 윤리학에 관하여 상대주의를 크게 세 분야로 나누어 생각할 수 있다고 주장한다(김영진, 1982).

첫째, 기술적 상대주의는 어떠한 규범에 얽매이지 아니하면서 순수한 사실이나 증거를 근거로 하여 모든 문화권에 공통된 도덕적 규범(moral norms)은 없다고 주장하는 것이다. 또한 문화적 다양성과 변수의 사실과 관련하여 역사학자와 사회학자, 인류학자 등의 구체적인 경험이나 연구 조사결과에 의해 발표한 것으로 동서고금을 막론하고 공통된 도덕적 신념이나 원리가 없다는 것이다. 그리고 문화권에 따라 원래부터 공통된 도덕적 신념이 없기 때문에 개인의 문화적 배경이나 시대적 배경에 따라 도덕적 신념도 달리하고 있다. 진정한 도덕체계는 하나밖에 없고 자기들의 것이라고 주장을 하며 관용적인 태도를 거부한다.

둘째, 규범적 상대주의는 도덕적인 규범은 규범을 택한 사회나 문화권 내에서만 타당해야 하고 그 사회나 문화권을 벗어나서 타당해서는 안 된다고 주장한다. 즉, 이 주장에 의하면 도덕적인 규범은 그 규범을 선택한 사회나 문화권 내에서만 타당해야 하며 다른 문화나 사회권을 벗어나서는 타당해서는 안 된다는 것이다. 이 말은 도덕적 규범에서는 보편적인 타당성이 성립한다는 것을 받아들일 수 없다는 것이다. 예를 들어 우리나라에서 받아들여지는 것은 우리나라에서만 타당할 뿐이지 미국에서까지 타당하다고 생각되어서는 안 된다는 주장이다.

마지막으로, 분석 윤리학적 상대주의는 두 상대주의와 달리 개념이나 방법론상으로 다루어지는 것이다. 우선 개념적으로 생각해보자면 구체적인 예로 "옳다"라는 언어는 문화권이나 어떤 환경에 따라 그 의미를 달리 한다. 공리주의가 지배적인 영국에서는 개인에게 최대한의 효용(utility)을 가져다주는 행동이나 법칙은 '옳다 또는 옳은'이 된다. 그러나 기독교에서의 '옳음'의 의미는 성경에 쓰인 말씀을 따를 때 발생한다. 이러한 점에서 우리는 분석 윤리학적 상대주의가 기술적 상대주의와 규범적 상대주의와 다르다는 것을 알 수 있다.

정말 문화는 그렇게 상대적인가?

문화가 발달되지 않은 사람들을 원시인이라 하기도 하고 야만인이라 하기도 한다. 원시인은 시간적으로 옛날에 산 사람이란 뜻을 풍기고, 야만인은 시간과 관계없이 문화 생활을 하지 않을 뿐 아니라 행동도 세련되지 못한 사람들이라고 생각한다. 그렇게 생각할 때 우리는 인류의 모든 문화를 같은 표준에 의하여 평가할 수 있다는 것을 은연 중 전제하고 있다. 그러나 만약 문화를 재는 잣대가 문화마다 다르면 어느 문화가 더 선진적이고 어떤 문화가 후진적이라고 할 수 없을 것이다. 그런데 정말 모든 문화를 다 재어볼 수 있는 공통의 잣대가 있는가? 즉 문화 발달 정도를 가늠하는 보편적인 기준이 있는가? 서양에서는 19세기까지 그런 잣대가 있다고 생각했다. 즉, 과학이 어느 정도 발달되었으며, 자연을 어느 정도 더 정복할 수 있는가에 따라 문화의 발전 정도를 측정하려 했던 것이다. 같은 서양에서라도 옛날에는 자연 과학이 덜 발달되었고 사람들의 삶이 자연에 의하여 더 많이 지배되어 사람들이 행사할 수 있는 힘과 자유가 훨씬 제한되어 있었다. 따라서 과거의 자기들과 비슷한 수준에 있는 문화는 자기들의 문화보다 더 뒤떨어졌다 할 수밖에 없는 것이다. 그런 표준에 의하면 말할 것도 없이 서양 문화가 가장 앞서 있고 아프리카의 문화가 가장 후진적인 것으로 나타날 것이다.

그러나 20세기에 들어와서 문화인류학에서는 그런 서양 우월주의 혹은 문화 절대주의를 비판하기 시작했다. 여러 문화를 연구해 본 결과 문화의 종류가 워낙 다양하고 풍부해서 한 가지 잣대로 모든 문화를 다 잰다는 것은 무리란 결론을 내린 것이다. 그래서 오늘날 문화인류학은 전반적으로 문화 상대주의(文化相對主義 : Cultural Relativism)를 받아들이고 있고, 최근에 와서는 이런 생각이 다른 많은 분야에도 다원주의(多元主義 : pluralism)란 이름으로 확산되고 있다.

프랑스의 유명한 문화 인류학자인 레비 스트로스(Levi-Strauss)는 아프리카에 연구차 여행하면서 아프리카인의 과학은 서양의 과학과 종류가 다를 뿐 결코 서양 과학보다 뒤떨어지지 않는다는 사실을 발견하였다고 주장하였다. 그것은 과학뿐만 아니라 예술이나 관습, 제도에 있어서도 마찬가지란 것이다. 모두 그 나름대로의 합리성이 있고, 수월성이 있는 것이다. 같은 종류의 문화 안에서 선진, 후진이 있을 수 있으나, 다른 문화와의 비교는 불가능하다는 것이 오늘날 지배적인 견해이다.

- 손봉호 <문화와 예술>에서

2) 윤리적 절대주의

윤리적 절대주의는 윤리 보편주의적 시각에서 절대적인 행위의 법칙들이 절대적으로 존재한다는 믿음을 가지고 목적이나 도덕규범에 따라 인간의 행위와 인격의 옳고 그름, 좋고 나쁨을 평가할 수 있음을 전제하고 있다. 윤리적 절대주의는 행위의 결과

보다는 행위를 하게 된 의지나 동기에 주목하는 동기론을 따르는 것으로, 이는 의무론적 윤리설이라고도 한다. 의무윤리이론에서는 도덕적 규범에 근거하여, 의무를 다해야 한다고 본다(Reamer, 1999). 윤리 법칙이나 명령, 선(善)의지에 따르는 것은 인간의 의무로써 그 행위의 결과가 나쁘더라도 옳은 행위라고 보고 있다. 이를 주장하는 대표적인 학자인 칸트는 무조건적인 명령(정언명령)인 윤리의 법칙 또는 도덕적 의무에 따르는 행위가 옳은 행위라고 본다. 또한, 윤리적 절대주의는 도덕규범의 다양성을 인정하나, 다양한 도덕규범의 평등한 타당성은 인정하지 않는다. 즉, 다양한 도덕규범이 존재할 수는 있으나, 그중에서 절대적으로 타당한 도덕규범은 하나로 정해져 있다는 것이다. 이러한 윤리적 절대주의는 절대적 도덕규범을 강조함으로써 규범의 구속력을 강화해 실천수준을 상승시킬 수 있다는 긍정적인 측면을 가진다.

절대주의는 다양한 난점들을 가지고 있는데 윤리적 절대주의는 다양한 도덕규범이 존재할 수 있다는 점은 인정하나 그 모두를 절대적인 타당성을 가지는 도덕규범으로 인정하지 않는다는 점이다. 윤리적 절대주의의 대표적인 학자 칸트는 실천이성의 법칙으로 절대적인 도덕적 가치를 지닌 의무적 행위를 정언명령(定言命令)이라고 불렀다. 언제나 타당한 것으로 정언적이라고 하는 것은 가언적임에 대비되는 개념으로 무조건 적용되는 지상명령이라 하였다(이효선, 2002: 31-33).

한편, 윤리적 절대주의의 장점은 가치판단이 명료하여 방황하지 않고 도덕적 권위가 확고해 사회질서가 정연하게 유지될 수 있다는 것이다. 하지만 윤리 절대주의론자들은 절대적인 규범에 대한 근거의 부족으로 절대적 도덕규범을 정당화하거나 입증하지 못한 한계점을 갖고 있다. 즉, 절대론을 제시하는 어떤 목적이나 법칙이 반드시 따라야 할 절대적인 목적이나 법칙을 연역적인 방법이나 경험적인 사실에 의거하여 증명할 수 없다는 것이다. 또한 인간의 자유의지의 자율적 활용과 창조성과 관련한 논란의 여지를 문제점으로 내포하고 있다.

〈표 4-1〉 윤리적 상대주의와 윤리적 절대주의 비교

구분	윤리적 상대주의	윤리적 절대주의
개념	윤리적 규범의 필요성을 인정하지 않으며, 인간 행위의 결과에 의해서 판단하는 행위	절대적 윤리규범의 필요성을 구속적, 당위적 입장에서 받아들이는 행위 예: 칸트의 정언명법
윤리원칙	심리상태에 의한 행위의 결과로서 욕구, 행복, 실용성 등을 중시	의무의식에 의한 행위의 동기 및 결과로서 양심, 이성, 신의 등을 중시함
옳은 행위	한 사회의 목표, 구성원들의 욕구 충족에 도움을 주는 행위	보편타당한 절대적 행위의 법칙에 따르는 행위
행위 기준	상대적, 주관적, 특수적, 상황적 기준	절대적, 객관적, 보편적 기준
관련 이론	• 목적론적 윤리이론 - 도덕적 목적론, 결과주의에 해당 - 윤리적 이기주의 - 윤리적 공리주의	• 의무론적 윤리이론 - 도덕적 의무론에 해당 - 행위 의무론 - 규칙 의무론
학자	콩트, 다윈, 스펜서	플라톤, 아리스토텔레스. 칸트, 헤겔

태국의 고산족 중에서 카렌족과 이수족, 타이야이족을 만났는데, 우리가 이들에게 관심을 갖게 된 데는 태국 북부 지방에 살고 있는 고산족의 대부분이 태국 원주민이 아니라 라오스나 미얀마, 중국 등지에서 피난 온 난민이라는 데 있다. 이들이 고국을 버리고 태국으로 넘어와 사는 이유는 정치적으로부터 경제적 이유까지 다양하다. 국경을 넘어온 난민들을 태국이 받아들여 일정한 거주지를 주고 그곳에서 살게 하고 있는데, 이들은 제한된 지역에서 살 수는 있지만 거주 이전의 자유가 없어 자기가 사는 마을을 벗어날 수가 없다. 이들은 태국 정부의 관광 정책에 의존하여 그 부족의 여인들이 만든 수공예품을 관광객에게 팔아서 생계를 유지하고 있다.

우리가 방문한 카렌족 중에는 여성들의 목이 긴 부족이 있다. 이 부족의 여인들은 한국의 텔레비전 프로그램에도 방영된 적이 있다. 이 부족의 여성들은 어릴 때부터 목에 금빛으로 된 굴렁쇠를 감고 산다. 해가 가면서 하나씩 개수를 늘려간다고 하는데, 한 나이 많은 여자는 26개를 하고 있었다. 일정한 굵기의 굴렁쇠를 목에 감고 있으니, 목이 가늘어지면서 길게 늘어났다. 얼마만큼 많은 개수를 하고, 얼마만큼 목이 늘어났느냐가 미의 표준이라고 한다. 목은 길게 늘어날지 모르지만, 일정한 굵기의 굴렁쇠로 목을 고정시키고 있으니, 목의 움직임이 자유롭지 못해서 이들의 움직임에는 한계가 있을 수밖에 없다.

이 여인들 중에 그림엽서에 소개된 이를 만날 수 있어 이야기를 나누었다. 카렌족 여성들은 다섯 살이 되면 목에 굴렁쇠를 끼기 시작한다. 지금은 의무가 아니라 선택할 수 있다고 하는데, 다섯 살에 굴렁쇠를 꼈다고 하더라도 2년 후인 일곱 살이 되면 다시 한번 의사를 물어 계속 낄지 안 낄지 기회를 준다고 한다. 그 여인보고 왜 굴렁쇠를 하겠다고 선택했느냐고 물었더니, "어릴 때 머리를 장식하고 목에 번쩍거리는 금붙이가 멋있어 보여서"라고 대답했다. 목이 불편하지 않느냐고 물었더니 "익숙해져서 괜찮다. 오히려 편하다"고 대답했다. 그 말을 듣는 순간 나는 길들여진다는 것이 얼마나 무서운 일인지 절감할 수 있었고, 전율이 왔다. 익숙해져서 괜찮다? 그러나 이들은 목에 굴렁쇠가 없는 사람들의 자유로움에 대해서 경험한 바가 없으니, 진정 무엇이 편한지 알 길이 없는 사람들이다. 막상 이 굴렁쇠를 끼고 있는 사람들은 그 폐해에 대해서 모르지만, 이걸 끼도록 만든 사람들은 그 폐해를 잘 알고 있었다. 왜냐하면 이 여인들 중에 바람을 피거나 문제를 일으키면 남편이나 가족이 목에서 굴렁쇠를 벗겨내는 벌을 주었기 때문이다. 굴렁쇠를 낀 여인들에게 일정 기간이 지난 뒤 받침대 역할을 하던 굴렁쇠를 벗기면 목을 제대로 가누지 못해 고통스럽게 지내야 하고 심지어 목이 부러져 죽는 경우도 있다고 한다.

- 어느 네티즌의 여행기에서

4. 윤리 개인주의와 집합주의

1) 개인주의

개인주의는 집단의 목표보다는 개인의 이해관계가 우선시되며 자기행동의 결정권을 타인에게서 찾지 않고 자신 속에서 찾는다. 자유개념을 옹호하는 사람들은 사적 소유권이 개인의 자유권이므로 국가가 침해할 수 없는 불가침의 자유권이라고 주장하는 반면 사회주의적 자유개념을 옹호하는 사람은, 어떤 자유가 국가 내에서 보호받기 위한 권리가 되려면 국민전체가 주권자의 승인을 받아야 한다고 주장한다(김상윤, 2008).

Hofstede(1980)는 개인주의란 집단, 조직 그리고 그 외의 다른 집합체들에서 정서적으로 독립되어진 상태를 의미한다고 했고, 대부분의 경우에 있어 개인의 주체성, 흥미, 그리고 독립성 등을 강조한다. 독특한 자신의 개성을 강조하고 다른 사람들로부터 독립하는 경향이 강하며 집단의 목표보다는 개인의 목표를 더 중요시하기 때문에 개인 간의 경쟁, 개인의 성취욕, 자기만족, 자유, 그리고 개인의 쾌락 등을 강조한다.

상황이나 사회적 집단의 관심들과 관계없이 개인의 관심들을 선호하는 주의라는 뜻으로 사용되어 왔다(한경미 · 나영주, 2004).

개인주의는 서구 자유주의를 기반으로 하여 발생한 것으로 '인간의 이성'을 중시하며 개인의 권리를 지키기 위해 법과 규율이 만들어지고, 그 결과 개인주의 문화권의 구성원들은 자율적, 자주적이며 개인의 주장이 강하고 사생활과 선택의 자유를 중시하는 경향이 높아졌다. 개인주의 문화권의 자아는 독립적 표상과 개체로서의 자기실현에 주로 관심을 두고 있기 때문에 대부분의 상황과 장면에서 자신의 감정이나 생각을 솔직하게 표현하도록 장려 받는다. 또한 그들은 자기표현을 통해 개인의 고유한 자아나 정체성을 보여줄 수 있다고 여기기 때문에(김영식 · 서용원, 2015), 정서의 표현이 억제보다 상대적으로 더 가치 있다고 생각한다. 개인주의는 또 하나의 기본적 관념으로 프라이버시(privacy)라는 용어로 정의된다. privacy란 공적 세계 내에서의 사적 생활이며 개인이 타인에 의해 간섭받지 않고 또는 간섭받아서는 안 되는 영역을 말한다(이상구, 1994).

일반적으로 privacy의 개념은 타인에게 적절한 관심을 기울이지 않는 영역을 의미하기도 한다. 개인권리에 대한 신념은 강한 자아의식이나 개인자율의식과 밀접한 관계가 있다. 권위에 대한 건전한 회의주의의 태도도 역시 중요한 개인주의의 한 측면이다.

개인주의는 보수주의(conservatism)의 가장 핵심적인 요소들 가운데 하나라고 할 수 있는데 보수주의자들은 최적수준의 복지는 사적 행위와 사적 이익으로부터 얻어지며, 기업가 정신이야말로 일자리를 만들어 내고 부(wealth)를 창출할 뿐 아니라 모든 사람들을 위한 경제적 안정을 끌어낼 수 있는 기제라고 본다. 한편, 개인주의는 정부의 역할에 대하여는 매우 회의적인 입장을 취한다. 정부가 어떤 행동을 취할 경우, 바로 그것이 시장 기능을 방해하고 사적 책임을 약화시킬 수 있다고 보기 때문이다.

오늘날의 시장은 자본주의적 소유권제도에 기반하고 있으며, 재산이 없는 사람에게는 더욱 불리한 곳이 될 수 있기 때문이며 생산수단을 소유한 사람과 임금노동에 의존한 사람들로 나누어지게 된 현재의 자본주의적 소유권제도가 공평한 시장의 규칙에 위배되므로 이를 비판하고 있다. 분배기준을 가치중립적이기보다는 가치가 개입된 문제로 보고 있으며 이는 사람들의 기본적인 욕구가 해결되어야 독립적이고 자유롭게 행동할 수 있다고 생각하기 때문이다(김상윤, 2008). 따라서 개인주의(individualism)는 아무런 인위적 개입이 가해지지 않는 사적 시장에서 각자가 마음대로 자신의 물질적인 이익을 추구할 수 있을 때, 전체 사회는 가장 발전할 수 있다는 입장을 갖는다.

2) 집합주의

집합주의는 개인적인 견해보다는 소속된 집단 내의 규범에 동조하기를 요구하며 또한 개인주의 사람들보다 사회적 평가에 더 신경을 쓰고 주위사람들로부터 칭송을 얻고 싶어 한다. 인간은 국가·회사·학교·가족 등 한 개 이상의 집단에 속하여 생활을 영위하고 있는데, 집합주의는 이러한 집단 안에서 개인의 생존을 지속시키려고 하는 주의이다. 집합주의는 '집단주의'(集團主義)라고도 번역된다. 집단이라는 것을 개인이 모여서 이룬 통일체라고 할 때, 사회는 자체 보존책을 강구하여, 개인에게 적응과 사회적인 기능 수행, 또는 희생까지를 요구하게 되며, 가치있는 것을 모색하거나 그 의지를 개인에게 강요할 수도 있게 된다.

인간의 자기 인식은 동족 자체를 통하여 또는 협동적인 인격을 통하여 이루어진다. 개인의 의식이나 행동은 그 집단이 갖고 있는 윤리적 규범이나 이상에 구속받고 양식화(樣式化)되어, 어떤 집단적인 통일적인 특성을 나타내게 된다. 집합주의는 원시부족과 고대의 제국(帝國)에 있어서 기본적인 형태가 되었다. 그 집단 내 사람들의 애착심으로 그 구조가 보존되어지며, 특히 '우리의식'이 두드러지게 나타난다고 하였다. 자신이 속한 집단의 사회적 규범을 중시한다. 사회의 중심단위를 개인보다는 집단으로 파악하여 집단의 행동을 통해 집단의 이익을 추구하는 지각 등을 의미한다.

또한, 집합주의는 정부 등 공공기관을 사회개입의 기초로 보고 있으며, 사회의 모순 등에 대하여 개혁을 통하여 점진적으로 해결해 나가는 이념인 진보주의, 사회민주주의 등과 맥을 같이 한다. 사회문제의 원인을 사회경제적 환경, 기회의 부족 등으로 보고 있다는 점에서 사회의 책임을 강조하고 있으며, 사회구성원의 이익을 보호하는 것이 사회기관이라고 보기 때문에 전체구성원을 위하여 성장, 고용 등을 유지하기 위한 적극적인 시장 관리를 지향하고 있다는 점에서 시장의 규제는 극대화가 되어야 한다는 논리를 내세운다.

Hui와 Triandis는 집합주의를 대인적 관심에 관련되는 감정, 정서, 신념 및 행동들의 복합으로 정의하였다. 이러한 복합은 타인에 대한 자기 자신의 결정의 효과에 대한 고려, 물질적 자원에 대한 공유, 덜 물질적인 자원의 공유(예: 자신에게 흥미로운 활동을 유보하기), 타인의 의견을 기꺼이 받아들이기, 자기표현과 체면상실에 대한 염려, 자신의 결과가 타인의 결과와 일치한다는 신념, 타인의 생활에 대하여 투여하고 기여한다는 느낌 등 7가지 측면으로 요약할 수 있다. 이러한 집합주의에 입각한 민주시민의 기본적 윤리요소로는 신뢰 · 관용 · 타협정신, 공공정신 · 공익, 민족주의, 화합 등을 들 수 있다(이상구, 1994).

집합주의(collectivism) 관점은 공동의 목표를 이루기 위한 공동의 행위를 강조하는 관점이다. 이 관점에 의하면 사회의 복리에 있어서 가장 중요한 요소는 개인적 행위가 아니라 사회적 행위이며 무분별한 자기향상의 욕구 속에 내재된 불화적 성향은 반드시 통제해야 한다고 본다. 오랜 기간에 걸쳐 민주적 사회주의, 진보주의 및 사회적 자유주의와 관련을 맺어 왔던 집합주의는 사회 구성원은 사회 내에서 '공평한 몫'을 배분받을 자격이 있으며 이러한 자격을 권리라고 주장한다.

집합주의에서 정부는 다수의 이익을 소수의 이익으로부터 보호할 수 있는 권위를 가진 하나의 사회제도로, 그리고 다수의 공동체가 가진 민주적 의지의 표현으로 여겨지며 높은 가치를 부여받고 있다. 이들은 정부가 시장에 대응하여 균형을 이루고, 전체를 위해서 이기적인 세력의 힘을 약화시킨다고 본다. 길버트와 테렐의 경우 사회복지를 둘러싸고 벌어 온 오랜 정치적 논쟁을 바람직한 사회와 그러한 사회 속에서 정부의 역할에 대한 개인적 가치와 집단적 가치, 두 유형 사이의 대립으로 축소시켜서 보고 있다.

한편, 죠지와 윌딩(1985)은 사회 복지유형을 반(反)집합주의(anti-collectivism), 소극적 집합주의(중도노선), 사회민주주의(페비언 사회주의), 마르크스주의 네 가지로 분류하고 있다.

첫째, 반집합주의자들의 기본적인 사회적 가치는 자유와 개인주의, 그리고 불평등이다. 이들은 개인의 책임을 강조하는 자신의 운명을 개척하여 인간능력의 편차를 인정하고 그로부터 발생하는 불평등의 필연성을 강조하는 개인주의를 중시한다. 그 결과 반집합주의자들은 복지국가화 경향에 대하여 반발한다. 그들은 기본적으로 복지국가의 제반 정책들이 사회가치와 사회제도 즉, 가족, 근로동기, 경제발전 및 개인의 자유와 같은 중요한 사회적 가치와 사회시스템에 위협을 가하고 불리한 영향을 미치므로 최저수준 이상의 이익에 반대한다는 입장이다.

둘째, 소극적 집합주의자들은 자본주의가 최고의 경제체제라는 믿음에 변화는 없지만, 자본주의가 효율적이고 공정하게 기능하기 위해서는 사려 깊은 규제와 통제가 필요하며, 정부의 개입이 필요하다는 견해를 가지고 있다. 소극적 집합주의는 자본주의 경제가 실제로 어떻게 작용하는지에 대한 연구로부터 출발하기 때문에 이들은 문제제기에 있어서 이념보다는 실질적인 해결책에 더 중점을 두었다.

또한 소극적 집합주의는 임금 차별은 자유롭고 효율적인 노동 시장을 위한 필수조건이기 때문에 페비언 사회주의나 마르크스주의와 달리 불평등을 옹호하는 입장을 취한다. 그들에게 자유의 개념은 고전적인 자유주의자들의 자유개념보다 훨씬 광범위하다. 그들에게 자유란 정부의 자의적인 권력으로부터의 자유, 결핍으로부터의 자유 및 다른 사회적 악의를 의미한다. 그들은 그들의 가치와 사회질서에 대한 실용주의적 관심 때문에 복지를 인정하고 지지할 입장을 취하는 것이다.

셋째, 죠지와 윌딩의 사회민주주의는 의회주의를 통한 점진적인 개선을 통해 자본주의 국가를 개선시킬 수 있다고 믿는 온건한 민주 사회주의 입장이다. 반 집합주의나 소극적 집합주의의 경우, 가치의 우선순위에서 자유는 평등보다 우선되지만 사회민주주의 입장에서는 양측의 우선 순위에서 바뀌게 된다. 그들은 불평등이 비효율을 초래하고 자유시장 경제가 수요에 반응하기는 하나, 수요가 생산력을 잘못된 방향으로 이끌고 있다고 본다. 따라서 시장의 권력집중을 수정하고 점점 더 많은 사람들에게 권력을 분산시키기 위해서 정부의 행동이 필요하다고 생각한다. 민주적인 의회과정과 계획을 통제하여 정부와 관료들의 권력이 모든 사람에게 책임성을 인식할 수 있도록 하는 것이 중요하다.

넷째, 마르크스주의자들은 경제적, 사회적 분야에서 정부활동의 상당한 확대보다 참여적이고 민주적인 체계로의 전환을 선호한다. 그들의 전통적인 경제 전략은 생산 및 분배수단의 국유화와 효과적인 산업민주주의이다. 고전적 마르크스주의에서 자본주의 국가의 문제는 지배계급의 기득권과 관련된 사회의 계층에 그 뿌리를 두고 있으며, 본질적으로 문제는 해결할 수 없다. 그러나 마르크스주의자들은 수동적 태도, 합리화, 민영화, 일반 대중의 시장화에 반격을 받았다. 따라서 현재로서는 마르크스주의를 미래의 이념으로서 예측할 수 있는 좋은 징조는 거의 찾아 볼 수 없다고 해야 할 것이다.

근대적인 집합주의의 어떤 것은 전체주의적이라고 볼 수 있으며, 이 전체주의는 인간의 생활 속에 전제정치를 확대하기 위하여 근대적 기술을 사용하는 국가지상주의의 한 형태로 되었다. 그렇지만, 현대는 개인이나 사회나 그 건재성을 위하여 집단적인 폭정으로부터의 자유를 요구하고 있다. 개인은 집합주의, 혹은 개인주의 어느 한쪽 면에서만 이해되는 존재가 아니고, 쌍방에서 이해되는 하나의 책임적인 자유 안에서 살아가는 존재임을 인정하고 있는 추세이다.

〈표 4-2〉 개인주의와 집합주의 비교

	개인주의	집합주의	
		소극적 집합주의	적극적 집합주의
정책 목적	빈곤과 실업의 퇴치	자본주의에 내재하는 비효율성과 불의 극복	소득보장과 공평한 재분배
정책 목표	국민적 최저수준의 복지	불평등 옹호의 복지 (평등보다 자유가 우선)	신 중간계급 생활수준의 복지 (자유보다 평등이 우선)

	개인주의	집합주의	
		소극적 집합주의	적극적 집합주의
급여자격	저소득층 및 요보호자 중심	전 국민 대상	전 국민 대상
급여형태	공공부조 및 제한적 사회보험	중간형태	욕구에 따른 서비스
전달체계	지방정부, 민간	중앙 정부, 지방 정부, 민간	중앙정부
재정양식	조세, 민간기부금	조세, 사회보험료, 민간기부금	조세

5. 의무론과 권리론

1) 의무론적 윤리

의무론적이라는 영어의 deontological은 '의미'라는 뜻의 그리스 단어 'deon'과 '이론' 혹은 '학'을 나타내는 'tology'가 합해진 단어이다. 'deon'은 그리스어 조동사인 'dei'에서 파생된 단어이며, 그 뜻은 '반드시 의무를 이행하여야 한다'는 뜻으로, 이러한 윤리는 결과보다는 행동의 본질 혹은 행위자나 대상자의 본질에 관심을 두는 윤리이론이다(김영임, 2006).

의무론은 행위 자체의 특성으로 행위나 규칙의 내재적 가치이며, 결과의 선과 악뿐만 아니라 그것의 특성으로서 고유한 가치가 있다는 것을 말한다. 의무론 이론가들은 행동의 결과에 관계없이 옳은 행위와 그른 행위를 구분할 수 있는 도덕의 법칙이 있으며, 그 법칙은 언제 어디서나 절대적 권위를 가지고 있다고 믿는다. 그리고 행위의 옳고 그름에 도덕성을 적용함으로써 판단한다.

의무론적 윤리는 모든 사람에게 반드시 지켜야 할 행위의 법칙이 주어져 있으며 그 법칙은 인간의 편의에 따라 결정할 수 있는 것이 아니라, 인간의 의지를 초월하여 이미 결정된 절대불변의 것으로 존재한다. 의무론을 정립한 칸트는 『실천이성비판』이라는 저서에서 윤리에 대한 자신의 견해 즉 의무론적 윤리설에 대해 설명한다. 칸트는 상황에 따라 바뀌는 도덕 법칙들을 비판적으로 바라보면서 윤리의 절대법칙을 찾으려 했다(채사장, 2014). 그는 절대적 법칙을 찾아내는 방법으로 '정언명법'을 제시한다. 정언명법에 따르면 모든 사람들의 도덕적 행동은 필수적이며, 사회적 인습이나 자연환경에 관계없이 모든 상황에서 준수해야 하는 행동이라고 주장한다. 예를 들어 '거짓말을 하는 행위'가 모든 사람에게 보편적인 법칙이 될 수 있도록 행위하라는 것이다. 모든 사람들이 보편적인 법칙에 따라 거짓말을 하면 서로의 신뢰가 무너져 사회가 유지될 수 없으므로 거짓말을 하는 행위는 비윤리적인 것이다. 칸트는 이와 같이 정언명법으로 절대적 도덕법칙을 찾고 도덕법칙을 준수하며 따라가야 한다고 가르친다.

의무론적 윤리설의 대표적인 이론으로는 칸트의 도덕법칙과 롤즈의 정의론이 있다. 롤즈에 따르면 의무론적 이론은 "좋음을 옳음과 독립해서 규정하지 않거나 혹은 옳음을 좋음의 극대화로 해석하지 않는 입장이다." 그리고 이것을 좋음에 대한 "옳음의 우선성" 논제와 연결시킨다(롤즈, 2003). 롤즈의 정의론은 공리주의를 반대하는 입장을 취한다. 공리주의가 추구하는 원칙은 어떤 이가 현상유지 상황의 어떤 변화로부터 이득을 얻는다면, 그로부터 어떤 이도 손해를 보아서는 안 된다는 것으로, 바꾸어 말하면 현상 유지의 어떤 변화는 그로 인해 가장 형편이 나쁜 사람에게도 마땅히 혜택이 돌아가는 변화이어야 한다는 것이다. 절대주의를 표방하는 의무론은 인간의 도덕적 규범 속성이 행위 그 자체에 있는 것인지 아니면 특정한 규칙에 있는지에 따라 다음의 두 가지로 나누어진다.

(1) 행위의무론(act deontology)

행위의무론은 개별 행위자체가 독특한 윤리적 속성을 지닌 것으로 보고 이러한 개별 행위가 도덕적 규범의 기준이 되어야 한다고 주장한다. 예를 들어 거짓말을 할 것인지 아니면 진실을 말할 것인지의 선택상황을 가정해보자. 행위의무론은 어떤 의무규칙을 전제하지 않고 고유한 독특성을 반영함으로써 스스로 판단해야 한다고 주장한다. 행위의무론은 옳고 그름을 판단하는 방법으로 직관주의와 결단주의를 선호한다. 베르그송으로 대표되는 고전적 직관주의는 이성적인 인간이라면 추론 등 사유과정 없이 직접적으로 파악할 수 있다고 본다(박선목, 2002).

도덕적 인식에서 실존주의적 입장을 취하는 행위 의무론자들은 어떤 상황에서 어떤 행위가 가장 적절한 것인지를 보여줄 수 있는 객관적인 기준은 처음부터 존재하지 않는 것으로 어떤 행위가 도덕적인지는 당사자 스스로 주어진 상황에서 판단하여 가장 적절한 행위를 직관과 결단에 의해 선택하는 것이라고 본다.

샤르트르는(sartre, 1905-1980) "실존이 본질에 선행하며 실존이 주체성이다"라는 근거위에 실존주의적 휴머니즘을 주장하였던 대표적 행위의무론자이다. 그는 인간의 궁극적 목적은 오랜 세월을 바라보는 행복의 상태도 아니고 영적 세계를 추구하는 상태도 아닌, 오직 인간의 자유 그 자체의 욕구로 자유의 상태에서 자기 자신을 발견하고 그 행동에 전적인 책임을 져야 한다고 보았으며, 따라서 자유는 결단을 통해 모든 사람들 사이에 발생하는 사회적 갈등을 해소하는 것이 실존주의 모습이라고 했다.

행위의무론의 특징은 직관과 결단을 강조하는 것이다. 이러한 개인의 직관과 결단에 기초한 도덕적 판단은 대부분 주관적인 측면이 있어 보편성에 기반을 둔 도덕적 기준으로 보기 어렵다는 한계점이 있다.

(2) 규칙의무론(rule deontology)

규칙의무론은 인간이 마땅히 지켜야 하는 도덕적 규범에 따라 그 행동 자체가 옳고 그른지가 결정된다고 보는 입장이다. 그들은 특정한 행위에 대한 도덕적 판단은 행위 그 자체가 아니라 행위가 속하는 보다 상위의 원칙이나 규칙에 근거하여 판단해야 한다고 주장한다. 왜냐하면 모든 사람들에게 보편적으로 타당한 도덕 규칙을 핵심으로 하고 있기 때문이다.

근대 의무론적 윤리이론의 칸트는 도덕의 절대적인 가치는 인간을 수단이 아닌 목적으로 간주하고 있음을 강조한다. 어떤 인간도 다른 사람의 목적을 위한 수단으로서만 생각될 수 없으며 이용되어서는 안 된다. 모든 인간은 본질적으로 독특한 윤리적인 속성을 지닌 존재이기 때문에 반드시 규칙과 일치하지 않는다. 그러나 규칙은 그에 따르지 않는 사람이 있더라도 마땅히 실천되어야 하는 것이다.

칸트의 도덕체계에 있어서 "약속을 지켜라" 이것은 만약 약속을 깨지 않는 것이 어떤 사람에게 크게 해를 미치거나 살해되는 결과를 가져오는 경우일지라도 칸트에 따르면 그래도 그 사람은 약속을 지켜야 한다는 것을 의미한다. 결과와는 상관없기 때문에 약속을 지켜야 한다는 것이다. 그는 '한 인간으로서의 의무를 위한 의무'개념을 주장한다. 칸트의 의무론은 '동기'와 '형식', '자율'이라는 세 가지 특징을 가지고 있다.

첫째, 동기는 도덕을 내면의 문제로 보고 행위에 대한 평가를 내면적 의도나 동기에 의한 것으로 간주한다. 선의지는 옳은 행동 그 자체를 위해서 행한 의지만이 참된 도덕적 가치를 가진다고 말한다.

둘째, 형식은 정언명령의 형태로 도덕법칙이 주어진다는 속성이 있다. 정언명령은 가언명령과 다르게 조건 없는 절대적 명령이고 어떤 조건 아래서도 모든 인간에게 시간과 공간을 초월해 무조건적으로 적용된다. 또한 도덕 규칙의 보편화와 인간의 목적도 형식의 특징이다.

셋째, 자율은 외적 강제, 즉 타율로부터 벗어나는 것을 말한다. 진정한 자기 자신을 행위자로 받아들이는 상태이고 행위자의 진정성을 문제 삼는다는 점에서 자율은 책임질 수 있는 행위의 근거가 된다. 칸트의 규칙의무론은 보편타당한 도덕 법칙을 중심으로 일원적 의무론 차원에서 규칙을 중시하는 것이다. 의무판단에 있어 규칙을 기준으로 무조건적이며, 어떠한 경우에도 예외가 허용되지 않기 때문에 필연적으로 이행해야 한다는 규칙절대주의를 주장한다.

2) 권리론

권리론은 17 · 18세기 자연법론자로부터 이론을 정립하였다. 사전적 의미로 권리는 어떤 일을 주체적으로 자유롭게 처리하거나 타인에 대하여 당연히 주장하고 요구할 수 있는 자격이나 힘을 의미한다. 권리는 인간이 인간이라는 이유만으로 가지게 되는 권리와 권리획득을 위해 추가적 행위를 필요로 하는 권리로 구분된다. 이러한 구분은 모든 권리론의 출발점으로써 한 사회 내에서 선(善)이 무엇인가와 선한 것을 성취할 수 있는 사회 · 문화를 바라보는 관점이 다르다는 것을 인정한다. 중세 이후 다른 사람에게 양보하거나 포기할 수 없는 권리는 태어날 때부터 주어지는 것으로 출발한 권리의 의미는 계몽주의 철학자들에 의해 천부인권이라는 의미로 받아들여졌고 민주주의이념과 사상으로 자리를 잡으며 그 중요성을 더해왔다.

민주주의 정신은 권리와 의무가 함께 발전하여 고대에서부터 현대 사회를 거쳐 지속적으로 논의되었다. 홉스는 자연 상태에서의 인간을 이기적 불신의 소유자로 보아 '만인에 대한 만인의 투쟁'이 발생되므로 투쟁을 해결하기 위해 서로(왕과 시민) 계약을 맺을 수 있는 권리가 필요하다고 주장하였다. 이에 로크는 자연 상태에서 인간들은 무법천지가 아니며 이성적 자연법이 존재하나 인간 이성의 한계로 인하여 분쟁이 발생할 경우 이를 판정해 줄 국가기관이 필요함을 인정하였고(박동서, 1988), 본격적인 자유주의와 민주주의의 토대를 만들기 위해 노력했다. 칸트는 권리를 인간 개인의 자유와 지율성이라고 보았으며 그의 권리론은 도덕적 권리와도 연관이 있다. 사회에서 합의된 도덕법칙은 자신의 행동과 주장에 책임이 따르며, 인간에 대한 예의와 존경을 극대화하고자 할 때 사회적으로 의미있는 권리가 된다는 것이다.

드워킨은 권리를 정부가 개인에 대하여 그것을 거부하는 것이 전체적 복지에 플러스가 될 수 있는 것이라고 하여도 그와 같이 거부하는 것은 잘못된 것이라는 요구(claim)의 개념으로 정의하였다. 그는 권리의 특징을 다음의 세 가지로 들고 있다.

① 권리의 보유자는 개인이라는 의미에서 권리는 개별화된 정치적 목적인 것이다.

② 권리는 권리의 대상인 기회・자원・자유를 권리보유자 모두에 대해서 동등하게 일관하여 분배하도록 요청하고 있다.

③ 권리는 비중(weight)이 보다 큰 다른 권리와 긴급한 정책에는 종속하는 일이 있을 수 있지만, 사회 전체의 이익이나 고려와 같은 전체적 목표 일반에는 종속하지 않는다.

chapter 05
사회복지전문직과 윤리

1. 전문직과 전문직 태도

1) 전문직의 의미와 특성

전문직이란 영어로 'profession'의 번역어이며, 'profess'(공언하다, 신앙적 교리를 간증하다)라는 말에서 비롯된 것에 비추어 어의상 다른 사람은 할 수 없거나 할 수 있더라도 불완전하게 하는 것을 자신은 완전하게 할 수 있다고 공언할 수 있는 직업이라는 의미를 가지고 있다(서미경 외, 2017). 일반적으로 체계화된 지식기반과 기술, 전문적 권위, 전문직으로서의 사회적 승인, 고유한 윤리강령, 공유된 전문적 가치와 규범 등을 갖추고 있는 직종을 일컫는다(우국희 외, 2015).

Rothman(1987)은 전문직이란 직업분류상 한 하위범주로 자신들의 일에 대한 배타적인 권한을 갖는 독점과 업무 이행에 있어서 외부의 개입으로부터 자유롭다는 의미의 자율성이라는 두 가지 특징을 지닌 직업으로 보았으며(이홍직, 2007 재인용), 철학적인 덕 윤리의 입장에서 보면 전문직은 인간의 핵심적인 선, 즉 인간적으로 성숙된 삶을 살 수 있도록 하는데 결정적이고 중요한 역할을 수행하는 선에 따른 직업적 활동을 의미한다(장동익, 2012).

이러한 전문직의 특성을 Carr-Saunders(1982)는 ㉠ 특별한 기술과 훈련, ㉡ 최소한의 보수, ㉢ 전문가 단체 구성, ㉣ 윤리강령의 존재, ㉤ 전문직 지위 획득을 위한 최소한의 자격 등의 속성으로 제시하였으며, Barber(1963)는 전문직의 내적 속성상 구비해야 하는 요소들로 ㉠ 체계화된 지식, ㉡ 사회적 이익의 추구, ㉢ 윤리강령 및 자율적 규제, ㉣ 보상체계 등을 제시하였다(심상용, 2016 재인용).

〈표 5-1〉 전문직과 비전문직의 비교

기본요인	전문직	비전문직
이론과 지식	추상적 이론	실용적 이론
권위성	고객의 판단이 불가능	고객 판단 가능
직업적 동기	이타적 동기	이기적 동기
직업적 자율성, 공동체의식	높음	낮음
대중으로부터의 인정	높은 인정	낮은 인정
직업문화의 소유	독특한 직업문화	특수문화 없음
훈련기간, 방식, 내용	장기, 세분, 상징훈련	단기, 미세분, 사물훈련
직업에 대한 헌신도	장기적	단기적
윤리규정	매우 발달	미발달

출처: Ritzer(1972).

2) 전문직 태도

전문직업인이 지니고 있는 신념과 가치, 태도 등을 전문직 태도(professional attitude)라고 하며, 어떤 직업이 사회로부터 하나의 전문직으로 인정받는 것과는 별개로 전문직

구성원의 태도 및 행동은 전문직과 비전문직을 구분하는 중요한 요소로 여겨져 왔다(박종우, 1999). 예를 들어 Gross는 어떤 직업에 있어서 이미 갖추어져 있거나 또는 결여된 구조적 특성보다는 그 직업 종사자들의 태도가 지향하는 방향과 강도로 전문직이 구별된다고 보았다. 즉 전문직의 정의에서 가장 핵심적인 특성은 직업적 행위에 대한 인성(personality)의 관여정도로 전문가 개인의 인성이 직업행위에 고도로 관여할 때 이것이 전문가가 일관성 있게 최대의 관심을 가지고 행동한다는 믿음의 형태로 고객 또는 클라이언트에게 전달된다는 것이다(이지은, 2002 재인용).

연구자들은 전문직 태도라는 개념을 통해 전문직성을 측정하고자 하였다. 전문직 태도 척도를 처음으로 개발한 Hall(1968)의 경우 다른 일반직으로부터 전문직을 구분해 주는 일련의 중요한 속성들을 보여주는 준거인 전문직 모델(professional model)을 제시하면서 전문직의 태도적 측면을 5가지로 설명하기도 했다. 그의 전문직 모델은 [그림 5-1]과 같이 전문직의 속성을 구조적 측면, 태도적 측면, 조직적 측면으로 범주화한 것이다. 구조적 측면에서는 전임직 · 교육기관 · 전문직 종사자 단체, 윤리강령을, 조직적 측면에서는 위계와 분업화 · 규칙 · 전문화 절차를, 태도적 측면에서는 준거집단으로서의 전문조직의 활용 · 공공서비스에 대한 신념 · 자기규제에 대한 신념 · 직업에 대한 소명의식과 자율성을 강조하였다(조운희, 2011 재인용).

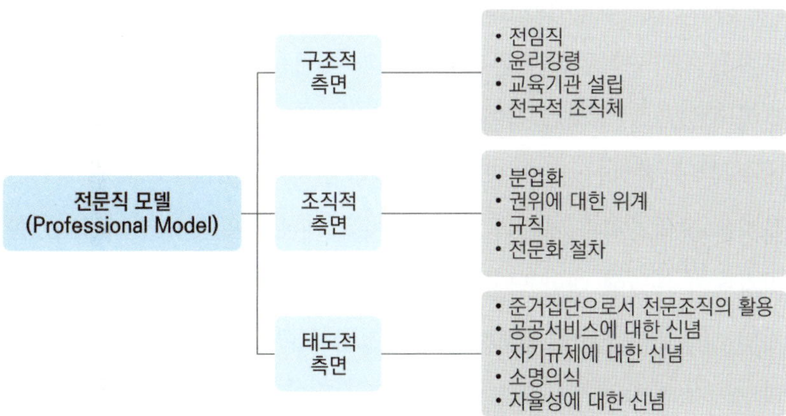

[그림 5-1] Hall의 전문직 모델

2. 전문직 이론

전문직에 대한 수많은 논의들을 정리하면 크게 네 가지 모델 즉, 속성모델, 과정모델, 권력모델, 할당모델로 제시할 수 있다(민경홍, 2010; 서미경 외, 2015).

1) 속성이론

속성이론은 구조이론이라고도 하며 전문직이 다른 직업과 구분될 수 있는 특성이 무엇인가를 밝히고 그러한 기준에 의해서 어떤 직업을 객관적으로 평가하려 한다. Greenwood(1957)는 전문직이 일반직과 다른 속성으로 다음의 5가지를 제시하였다(이효선, 2016 재인용).

① 전문직은 체계적 이론을 가진다. 이것은 전문직이 단순히 일반직이 갖지 못하는 특수한 기술만을 갖추는 것이 조건이 아니라 그 특수한 기술을 뒷받침할 수 있는 저변에 체계적인 이론이 필요하다는 것을 의미한다. 즉 전문직이 수행하는 기술(skill)의 바탕이 되는 체계적인 이론체계를 갖추어야 한다.

② 전문적 권위가 있어야 한다. 전문직에 의한 서비스의 대상은 Client이며 서비스의 내용과 양이 전문직에 의해 결정된다는 점에서 customer와는 다르다.

③ 전문직은 지역사회로부터 일정한 권력과 특권을 인정받아야 한다. 이는 사회가 전문직 공동체에 대해 전적인 자율권을 부여하는 것으로 전문직에 종사하는 인력에 대한 독점적인 통제 권한을 인정받는 것이다.

④ 전문직은 윤리강령을 가진다. 전문직 자체 내에서만 행위의 판단이 가능하므로 윤리강령이 특권에 대한 남용의 위험을 막기 위한 일종의 장치가 되며 다른 일반직의 강령보다 좀 더 명백하고 체계적이며 구속력이 있고 공공서비스 지향적이라 할 수 있다.

⑤ 전문직은 전문적 문화를 가진다. 그 전문직만의 고유한 가치와 규범, 상징들을

그 전문직 공동체의 성원들이 공유함으로써 일반직과 구분되는 속성으로 기능한다. 그러나 이런 속성이론은 지나치게 이상적인 형태의 전문직에 초점을 맞추고 있어서 비현실적이며 지나치게 이분법적이라는 한계를 가지고 있다. 다양한 직업들이 나름대로의 특수성을 지니고 있는 현대사회에서는 속성으로 전문직 여부를 가리는 것이 어렵다.

2) 과정이론

과정이론은 속성이론의 한계를 극복하기 위해 나온 이론으로 어떤 직업들의 전문직 여부를 그 속성에 부합하는가 그렇지 않는가하는 이분법적인 것으로 볼 것이 아니라 일련의 단계를 거쳐서 전문성의 정도가 진화해 간다는 점을 중요시한다. 즉 모든 전문직이 일련의 단계를 거쳐서 전문직으로 진화한다고 가정하고 연속선상에서 그 직업이 도달해 있는 위치를 통해 전문화의 정도를 판단한다. 모든 직업은 다음의 8단계를 거쳐 점차 전문직으로 발전해 간다(Wilensky, 1964).

- 1단계: 직업수행에서의 전일제 유급직원이 필요하다.
- 2단계: 직업수행을 위해 훈련할 대학이 필요하며 대학에서 교육을 받아야 가능해진다.
- 3단계: 그 전문직의 전국협회가 설립되어야 한다.
- 4단계: 그 직업에서 수행하는 독립적인 영역이 명확해진다.
- 5단계: 이전의 종사자들과 새로운 자격 획득 종사자들 간의 갈등이 발생한다.
- 6단계: 해당 직업과 유사한 인근 관련 직업들과의 갈등이 첨예화된다.
- 7단계: 그 직업에 대한 법적인 보호장치(면허, 등록, 자격제도 등) 등이 만들어진다.
- 8단계: 해당 직업의 윤리강령이 만들어진다.

현실세계의 많은 직업들이 그 속성상 이러한 단계를 반드시 거치지 않는다는 점에서 과정이론은 비판을 받고 있으며 어떤 직업이든 8단계를 거친다고 보기 때문에 이는 단계의 공통된 특성을 제시하고 있으므로 속성이론과 유사하다고도 볼 수 있다.

3) 권력이론

권력이론은 "비전문직이 전문직으로 되어가는 과정에서 어떤 요인이 핵심적인 역할을 하는가"에 초점을 두고 갈등주의 입장에서 독점권을 둘러싼 치열한 권력 투쟁에서의 승자가 그 영역을 독점하면 전문직이 된다고 본다. 즉 전문화는 곧 한 분야에 대해 지배권을 행사하는 것을 의미하는 것이다. 전문직과 비전문직의 절대적인 구분은 불가능하지만 전문직이란 용어가 표상하는 것은 권력과 특권이며 이를 통하여 직업집단의 행동에 영향을 준다고 보고 있다. 전문직의 형성은 여러 이익집단들 간의 권력갈등을 포함한, 역사적으로 특수한 과정의 결과이며 전문직이라는 인정을 얻고 유지하기 위한 끊임없는 투쟁이다. 사회가 복잡해질수록 사회에서 필요로 하는 일들이 복잡해지기 때문에 어떤 영역에서 전문직이 점차 필요해지게 되는데 이럴 때 어떤 직업이 그런 영역에서 일을 하게 하느냐가 관건으로서 한 직업이 전문적 권력을 획득하고 유지하게 되는 사회적 기제에 초점을 둔다. 해당 영역의 독점권을 둘러싼 치열한 권력투쟁에서의 승자가 그 영역을 독점하면 전문직이 된다는 주장이다.

4) 사회적 과제론

권력이론 이후 1980년대에 들어서면서 전문직의 사회적 기능을 강조하는 사회적 과제론이 나타났다. 할당모델(the assignment)이라고도 하는데 이는 전문직이란 사회적 욕구에 의해서 결정된다고 보는 것이다. 사회는 생존과 발전을 위하여 사회문제를 해결해야 할 필요성을 느끼고 사회는 이러한 문제해결을 맡길 만한 적정한 직업집단을 찾게 된다. 한편, 한 직업집단은 그 자체가 생존하고 발전하기 위하여 어떤 일을 사회로부터 부여받기를 원하고 이를 통하여 사회적인 안정과 지위를 얻고자 하고 있다. 이때 그 직업집단은 현재까지의 그들의 활동, 직업적인 가치관, 윤리강령, 사회적 책임수행의 공신력 등에 의해서 문제를 해결할 수 있는 적절한 직업집단으로 인정을 받는다. 결과적으로 사회는 문제해결과 질서유지를 획득하고 그 직업집단은 문제해결의 책임을 떠맡은 대신에 사회적 지위, 권력과 자율성 등을 얻게 되는 교환적 관계가 성립되는 것이다.

5) 체계이론

Abbott(1988)는 이전의 접근법 모두를 비판하면서 모든 전문직을 하나의 체계로서 보는 관점을 제시하였다. 그에 의하면 모든 전문직은 상호의존적 체계로 구성되어 있으므로 현대 전문직을 이해하려면 타 전문직과의 관계 속에서 보아야 한다. 현대 사회는 전문직이 지배하는 사회이고 모든 전문직들은 서로 경쟁하며 복잡하게 연계되어 있다. 이 연계의 어느 것도 절대적이거나 영구적이지 못하기 때문에 전문직은 상호작용적 체계를 형성한다는 것이다. 한 직종이 전문직으로 발전하는 과정은 단선적으로 이해하기에는 너무나 복잡한 성격을 지니고 있다. 전문직의 변화는 커다란 "직업체계"에서 생기는 변화의 일부분으로서 체계이론은 직업을 다른 직업과 상호의존하고 있는 하나의 체계로 이해하는 입장이다.

3. 전문직과 사회복지

1) 사회복지전문직 논쟁

사회복지직에서 전문직 논쟁을 불러일으킨 것은 1915년 Abraham Flexner가 "사회복지직이 전문직인가"라는 논문을 발표하면서이며 그는 이 논문을 통해 사회사업의 전문직업 여부를 평가하기 위한 6가지 기준을 제시하였다.

① 광범위한 개인의 책임성을 기초로 한 지적인 활동일 것
② 과학과 학습을 통해 그들의 기초자료를 이끌어낼 것
③ 자료는 실질적이고 명확한 결론을 이끌어낼 것
④ 전수 가능하며 고도의 전문화된 교육훈련을 통해서 구사하고 전수할 수 있어야 할 것
⑤ 직능집단을 결성할 수 있고 집단의식을 갖고 활동이나 의무 및 책임을 유지하면서 전문가 조직을 구성할 것
⑥ 전문가들은 이타성을 증가하게 하고 사회적 목적 달성을 위해 노력할 것

이 논쟁 이후 사회복지직에서는 전문직의 정체성을 확립하기 위해 노력하여 1921년 미국사회복지사협회(America Association of Social Workers)를 설립하는가 하면 전문가를 양성하기 위한 사회복지 전문학교를 설립하기도 했다. 사회복지현장에서는 업무의 영역을 좁혀 정신의학에 기반을 둔 미시적인 치료모델에 집중함으로써 전문적인 지식을 갖추는데 체계적인 노력을 기울였다. 당시에는 그동안 지속해 왔던 사회개혁이나 공공복지부문은 실천영역에서 배제하려는 풍조가 생겨나기도 했다(고수현, 2009).

이런 가운데 1957년 Greenwood는 사회복지직은 체계적인 이론, 전문적 권위, 사회적 승인, 윤리강령, 전문직업적 문화 등을 갖추었기 때문에 전문직으로 볼 수 있다고 평가했으며, 1969년 Toren은 사회복지직은 준전문직에 해당한다는 평가를 하기도 하였다. 1980년에 Gilbert는 사회복지직을 사회적 인정과 전문적 권위의 중간 정도에 위치한다고 평가하였다.

반면 또 다른 한편에서는 사회복지직을 전문화하는 것이 바람직한가에 대한 논란도 일었다. Jane Adams는 전문직 교육을 달갑게 생각하지 않았으며 대공황시대 이래로 공공복지 프로그램에 종사하는 사회복지사들도 전문직화에 비판적이었다. 이들은 사회복지직이 전문직화되는 것이 오히려 그 비전을 좁히고 사회복지의 근본이념이라고 여기는 사회정의 달성에 방해가 된다고 보는 시각을 가지고 있었다(이은주, 2003).

특히 사회복지실천은 본질적으로 이론적 관점의 다양성, 업무의 다양성, 경계의 광범위함과 모호함을 특징으로 하기 때문에 전 분야를 포괄하는 핵심기법과 지식을 개념화하는 것은 어려우며 따라서 전통적인 전문직 모델에 맞는 전문직이 되기에는 본질적으로 불가능하다고 보았다(Austin, 1983). 한편으로 사회복지의 지식 구축이 평범한 일반인과 전문가인 사회복지사를 구별 짓는 데 사용되며 결국 사회복지의 전문직화가 기득권과 체제유지에 일조하는 것에 대한 우려와 비판이 있었다(Popple, 1985). 이는 전문직주의가 사회복지사의 권력과 특권을 증가시키는 데 비해 클라이언트의 약점을 강화할 수 있다는 의미로 자칫 사회복지실천에서 윤리적 문제가 될 수 있다(Merdinger, 1985).

이러한 양분된 시각 차이를 보이는 가운데 전문직 모델을 추구하는 흐름이 주류가 되어 전문사회복지를 이끌어갔다고 볼 수 있다(서미경 외, 2017). 전문직화를 둘러싼 논란에도 불구하고 사회복지에 부여된 높은 사회적 책임을 고려할 때 사회복지는 전문직으로서의 책임감, 역량, 완성도를 동반한 실천이 필요하다. 사회복지가 얼마나 더 전문직화 되느냐의 여부보다는 누구의 이익을 위해서 사회복지전문직의 헌신과 전문성을 활용할 것인가가 중요하다(Epstein, 1970).

우리나라의 경우 미국에서 정착된 Flexner식의 사회복지를 고민없이 받아들이며 전문사회복지란 미국식 개별사회사업 위주의 접근으로 이해되었고 사회복지실천현장보다 앞서 생긴 대학교육을 받음으로써 사회복지사들이 현장으로 왔을 때는 교육과 실천 현실의 괴리로 혼란을 경험하는 상황을 초래하기도 하였다. 그간의 변화들을 살펴보면, 1970년에 제정된 사회복지사업법을 통해 '사회복지사업종사자' 자격제도를 명시하였으며 1983년 개정법에서 사회복지사 자격을 1·2·3등급으로 등급화하고 1985년부터 사회복지사 자격증을 교부하였다. 2003년 1급 사회복지사 국가고시를 실시하기 시작하였으며 이상의 활동을 통해 사회복지직에 대한 사회적 인정도 증가하였다고 볼 수 있다(우국희 외, 2015). 체계적 지식과 체계적 이론에 바탕을 둔 기술, 지역사회 승인, 가치 및 윤리강령, 전문가를 지지하는 전문조직, 독자적 판단이 허용되는 자율성이라는 전문직으로서의 요건을 충족하고 있다(송유미, 2008).

2) 사회복지에서의 전문직 사회화

(1) 전문직 사회화

일반적으로 사회화란 사람들이 사회의 효과적인 구성원이 되도록 만들어 주는 지식, 기술 및 성향을 습득하는 과정이다(이현주, 2012 재인용). 전문직의 사회화에는 그 구성원으로서 필요한 지식과 기술을 습득하며 이와 함께 전문직 정체성과 관련된 감각을 내면화시키는 과정이 포함된다(Shafter, 2006). 전문직 사회화는 평범한 일반인이 전문가의 역할을 수행할 수 있는 지식과 기술, 전문직 정체성을 확립하게 되는 과정으로, 이 과정을 통해 형성되는 전문직 정체성은 다른 사회적 정체성처럼 개인적 차이가 상당히 존재한다. 개인은 사회적으로 정의된 속성들을 독특한 방식으로 수용, 거부, 수정, 재조직하므로 전문직 정체성의 형성 또한 역동적인 과정으로 계속해서 진화한다(Weidman, Twale & Stein, 2001).

Miller(2010)는 전문직 사회화 과정으로 3단계를 제시하였는데 사회화 이전(pre-socialization), 공식적 사회화(formal socialization), 공식적 사회화 이후의 실천단계(practice after formal socialization)로 구성되어 있다. 사회화 이전 단계는 아동기의 일차적 사회화를 의미하는 것으로 이러한 초기 발달단계에서의 경험이 개인의 세계관 형성에 미치는 영향을 고려하는 것이다. 두 번째 공식적 사회화 단계는 전문직 교육 프로그램에 참여하는 시기로 이 과정은 내용과 구조로 구성된다. 내용은 사회복지의 지식과 기술을 포함하여 태도, 가치, 규범을 습득하는 것을 의미하며, 구조는 교육의 환경적 특성으로 학풍, 교수, 교과과정, 수업구조 등의 영향을 의미한다. 세 번째 단계는 공식 교육의 완결에서 은퇴까지의 기간으로 직업과 기관 환경에 대한 상황적 적응이 이루어진다. 사회복지사의 전문직으로서의 성장은 교육과정을 통해서 시작과 완료가 이루어지는 것이 아니라 그 이전과 그 이후의 경험들이 결합되어 이루어짐을 알 수 있다.

한편, 현장에서의 실천과 실천가의 자세, 태도가 중요한 사회복지 분야에서의 전문직 사회화 단계는 공식교육기간뿐만 아니라 그 이전과 이후의 기간이 모두 포함된다.

사회복지사의 전문직 정체성 형성과 관련하여 Bargal(1981)은 5단계의 전문직 사회화 모델을 제시하였는데 ① 전문직 교육 전 단계(antecedent factors), ② 예기적 사회화 단계(anticipatory socialization), ③ 전문직 훈련단계(professional training period), ④ 전문직 조직에서의 실천 단계(work in a bureaucratic professional organization), ⑤ 전문직 세계관 구체화 단계(crystallization of a professional world view) 등으로 구성된다(이현주, 2012 재인용).

각 단계별 특성으로 1단계와 2단계는 본격적인 전문직 사회화에 앞서는 단계이다. 전문직 사회화에 영향을 미칠 수 있는 개인의 특성과 경험이 존재하며, 전문직에 대한 인식 등이 이루어진다.

3단계는 전문직 훈련 기간으로 교육기관 및 교육 기관의 조직과 대인관계의 방식이 전문직 사회화에 영향을 미친다.

4단계인 전문직 조직에서의 실천 단계는 교육 과정에서 습득한 가치의 강화, 확장 및 심화가 일어나는 단계로 이 단계에서 개인은 기관의 가치에 대한 동일시와 이에 따른 행동을 하게 된다. 이 과정에서 개인은 조직의 가치와 개인 및 전문직 가치 간의 갈등을 경험하며 이직 및 전직을 하기도 한다.

마지막 5단계는 전문직 세계관의 구체화 단계로 실제적인 전문직 세계관이 형성되며 기관의 압력과 개인 및 전문직 가치 간의 내적 갈등과 불일치를 경험하기도 한다.

(2) 공식적 사회화

앞서 언급한 바와 같이 전문직 사회화의 한 과정인 공식적 사회화(formal socialization)는 선택된 직업에 대한 학술적인 공식 훈련이 이뤄지는 교육기관에서의 사회화를 말하는 것으로 이는 신참자가 직업적인 가치와 태도, 기술을 채택하는데 영향을 미치는 훈련기간 동안의 조직적인 준비과정을 의미한다(이지은, 2002 재인용). 대학에서의 전문직 사회화는 아직 속하지 않지만 속하기를 열망하는 집단의 가치를 지니게 하고 집단으로의 진입을 수월하게 함과 동시에 집단 일원이 된 이후 쉽게 적응할 수 있도록 도와주는 역할을 한다.

Taylor(1988)는 대부분의 전문직에서 확인된 공식적 사회화의 방법으로 6가지를 들었다. 첫째, 전문직의 실천에 있어서 요구되는 전문직업적 기술과 테크닉을 발달시킨다. 둘째, 역할 획득 또는 역할수행의 경험뿐만 아니라, 전문적인 역할모델을 제공한다. 셋째, 용인될 수 있는 전문직 행동과 태도에 대해 자기와 동료, 수퍼바이저의 지도와 평가가 이루어진다. 넷째, 시험이나 강좌의 이수 등 지위 획득을 위한 절차를 거친다. 다섯째, 직업에 대한 동일시를 경험하게 된다. 다섯째, 직업의 방향을 좀더 구체적으로 잡아나가게 된다.

사회복지직의 전문성에 영향을 미치는 공식적 사회화의 관련 요인으로는 공식사회복지교육년수, 사회복지교육의 실무 유용성, 교수 및 강사진, 커리큘럼, 실습 수퍼바이저 등으로 나타난다(김누리, 1999; Webb, 1988). 이외에 다른 전문직종과 달리 지식이나 기술보다는 가치를 우선시 하는 사회복지전문직의 특성으로 인해 공식적 사회화가 가치에 미치는 영향을 주로 연구한 결과들이 있다. 그 결과는 대학이라는 공간을 통한 전문 사회사업교육이 사회사업적인 가치습득에 유의미한 영향을 미치지 못한다는 결론(김혜령, 1995; Varley, 1963)과 학생들의 가치습득에 긍정적인 영향을 미친다는 상반된 입장을 보여준다(Merdinger, 1982; Moran, 1989).

(3) 조직사회화

전문직 사회화는 조직 안에서도 이루어진다. 조직사회화(organizational socialization)란 조직 외부자였던 개인이 조직의 내부구성원이 되어가면서 한 조직 내에서 기대되는 조직의 규범, 가치관, 요구되는 행위, 역할수행에 필요한 기술, 사회적 지식 등을 학습해 가는 과정이다(Louis, 1980). 조직간 동형화 모델(inter-organizational isomorphism model)에서는 서로 의존적인 3가지 힘인 규범적, 강제적, 모방적 힘들이 동형화의 경향을 강화시킨다고 보는데 특히 규범적 동형화는 조직의 전문화에 일치하는 방향으로 조직구성원들을 이끈다. 조직간 동형화에 의한 조직의 전문화는 조직내 동형화로도 이어져 조직구성원의 전문화를 이루게 되는 것이다. 조직 내에서 일종의 규범으로서 작용하는 전문직업주의가 사회화를 통해 조직구성원들로 하여금 전문직업적인 지식과 태도, 신념 등을 지니도록 해준다고 볼 수 있다. 사회복지직의 조직사회화의 관련요인으로는 근무경력, 슈퍼비전, 동료와의 관계, 상사와의 관계 등이 있다(박경규 외, 1998; 박종우, 1994).

〈표 5-2〉 전문적 능력의 제 영역

전문적 능력 (지식과 기술)	전문적 발달영역	• 자아인식 • 전문적 성장에 대한 책임 • 효과성 평가 • 사회복지실천 가치와 윤리에 대한 책임 • 다양성에 대한 이해와 그들과 함께 일할 능력 • 사회적·경제적 정의실현
	조직영역	• 기관의 사명과 철학, 정책에 대한 이해 • 기관의 공식적·비공식적 구조파악 • 관료조직 내에서 기능하는 능력 • 기록유지와 기록능력
	서비스 전달체계영역	• 기관에 영향을 주는 국가 및 지방정부의 정책이해 • 지역사회에 대한 이해 • 지역복지서비스 전달체계에 관한 지식 및 활용
	기본적 대인관계기술영역	• 대인관계에 필요한 의사소통기술 • 동료와의 관계형성기술
	개입영역	• 인간행동의 다양성에 대한 지식 및 적용 기술 • 면접기술, 사정, 개입계획 및 개입, 평가, 종결기술 • 집단사회복지실천 • 의뢰 및 사례관리 • 옹호

출처: Fortune(1994); 우국희 외(2013: 91) 재인용.

3) 사회복지전문직과 윤리

(1) 사회복지전문직 윤리의 필요성

모든 전문가들이 갖추고 지켜야 할 전문가윤리는 전문직이 중요하다고 생각하는 가치를 고려하여 전문가로서 마땅히 지키고 행해야 할 도리와 규범을 의미한다. 기술의 발달로 윤리적 선택들이 자꾸 생겨나고 제한된 자원을 분배하는 문제에 직면하게 되면서 전문직 윤리에 대한 관심은 더 증가해가고 있다. 윤리는 모든 전문직에서 중시되고 있지만 특히 사회복지직은 다른 직종보다 윤리성을 더 요구받는 전문직이라 할 수 있다(우국희 외, 2015).

Reamer(1999)는 사회복지직이 전문직으로서 윤리적 책임의 중요성을 명확히 인식할 필요가 있음을 제시한 바 있다. 그는 사회복지사의 전문직 윤리의 필요성을 5가지로 설명하고 있다.

첫째, 전문직 윤리는 전문가로서의 사회복지사 자신의 가치와 다양한 가치들의 공통점과 차이점을 체계적으로 확인하기 위해 필요하다. 전문직 윤리를 통해 사회복지사의 개인적 가치, 클라이언트의 가치, 사회적 가치, 전문직 가치 등 다양한 가치를 객관적으로 확인하고 그 영향에 대해 이해할 수 있다.

둘째, 전문직 윤리는 윤리적 딜레마를 이해하고 이에 대처할 수 있는 역량을 갖추기 위해 필요하다. 사회복지사가 지켜야 하는 윤리적 의무, 도덕적 원칙이 서로 충돌하는 상황에서 전문직 윤리의 기반에 따라 올바르게 선택하는 전문적인 역량을 발휘할 수 있다.

셋째, 전문직 윤리는 다양한 가치들 간의 위계설정을 위해 필요한데 윤리적 딜레마를 해결하기 위해 상충하는 윤리적 의무, 즉 도덕적 원칙이 어떤 특정한 가치에서 도출됐는지 확인할 때 위계설정을 가능케 하는 기반을 제공한다.

넷째, 전문직 윤리는 사회복지의 현행 주류 가치가 얼마나 정당한지를 성찰하고 사회복지전문직의 사회적 가치를 정립하기 위해 필요하다. 전문직 윤리는 현재의 사회복지윤리의 지배적인 패러다임, 주요 가치, 윤리적 원칙의 타당성을 비판적으로 고찰하고 변화의 방향을 찾는 사회복지전문직의 노력에 크게 기여한다.

다섯째, 전문직 윤리는 사회복지전문직이 실천활동의 방식을 새로이 개발하고 사회적 신뢰를 제고하기 위해 필요하다. 전문적 실천활동의 새로운 개발을 위해 그 원천이 되는 윤리적 측면에 대한 이해를 높이고 전문직으로서의 역량강화, 윤리적 책무성에 대한 확고한 확신을 통해 사회적 신뢰도를 제고할 수 있다(심상용, 2016 재인용).

사회복지전문직 자체의 전문직 윤리의 강조가 주요한 사항인 만큼 최근에는 윤리경영의 문제도 중요하게 다루어지고 있다(양옥경 · 최명민, 2010; 황명구, 2015). 사회복지조직은 사회복지사 개인차원에서의 실천이나 임상에서의 윤리적 실천 그리고 윤리교육과 윤리적인 쟁점에 대한 슈퍼비전을 강조해 왔다. 이와 함께 사회복지기관에서 윤리경영에 대한 내부 구성원의 윤리의식이 내면화되고, 윤리경영에 대한 조직문화가 형성되며, 환경과의 상호작용을 통해 윤리경영 시스템을 공고히 하는 것을 점차 요구받고 있는 상황이다(강병노 · 김한욱, 2012 재인용).

〈표 5-3〉 윤리경영 관련 개념의 비교와 의미

관점	용어	개념의 발전과정	현재의 정의
재무적 관점	투명경영 (Transparent Management)	재무상태 등 기업의 정보를 투명하게 공개	기업지배구조를 개선하고 기업경영 과정과 기업정보를 이해관계자들에게 투명하게 공개하는 경영방식
윤리성, 도덕성	윤리경영 (Ethical Management)	법규 준수 및 종업원의 윤리적 의사결정과 판단기준	투명경영과 기업의 사회적 책임 개념까지 도입되었지만 종업원의 윤리적 의사결정을 위한 준거기능 강화
책임성	기업의 사회적 책임 (Corporate Social Responsibility)	기업이 갖는 책임으로서 사회적 측면에 발전	사회적 측면 이외에 환경적 측면까지 수용하게 됨
지속 가능성	지속기능경영 (Sustainable Management)	지구환경을 보전하기 위한 '지속가능한 발전' 개념에서 출발	'지속가능한 발전' 개념을 기업경영방식에 접목시켜 '지속가능경영' 개념이 형성
도덕과 윤리	기업윤리 (Business Ethics)	윤리적 기업행위, 공리주의, 도덕적 이상주의에서 출발	기업의사결정차원에서 "옳은 것"과 "그른 것", "선한 것"과 "악한 것"에 관한 관심과 판단기준
품질 고객만족	고객만족경영 (Customer Satisfaction)	고객가치, 종업원 만족, 서비스 품질, 고객만족, 고객과 기업의 상생으로 발전	고객이 제공하는 고객만족 요소에 대하여 고객의 만족을 획득하기 위해 고객만족을 기업의 목적, 경영전략으로 하여 조직적으로 불만족을 개선하고 높은 만족을 만들어 나가는 경영활동

출처: 강병노 · 김한욱(2012: 110) 재인용.

(2) 사회복지전문가 윤리 교육

미국 사회복지교육협의회(CSWE, 1992)는 사회복지전문직이 사회복지윤리와 가치에 대해 다음과 같은 내용을 교육할 필요가 있다고 강조한다(고수현, 2015 재인용).

- 사회복지사의 전문적 관계는 개인적 가치, 존엄에 근거하여 세워지고, 상호 참여, 수용, 비밀보장(confidentiality), 정직, 그리고 책임감(accountability)을 가지고 갈등을 다룰 수 있는 능력을 갖추어야 한다.
- 사회복지사는 사람들이 독립적으로 결정을 내릴 수 있는 권리와 원조 과정에 참여할 수 있는 권리를 존중해야 한다.
- 사회복지사는 클라이언트체계가 필요한 자원을 얻도록 돕는 일에 참가한다.
- 사회복지사는 사회제도들을 더욱 인도적이고 인류의 필요에 민감하도록 노력해야 한다.
- 사회복지사는 다양한 민족, 인종의 각기 독특한 특성에 대해 존중하고 수용해야 한다.
- 사회복지사는 자신의 윤리적 행위, 삶의 질, 지식과 기술을 끊임없이 발전시키도록 노력해야 한다.

나아가 Loewenberg와 Dolgoff(1996)는 전문가 윤리교육의 목적을 6가지로 제시하였다(심상용, 2016 재인용).

- 전문적 실천상의 윤리적 이슈들에 대한 인식을 확대하고 윤리적 민감성을 갖추는 것
- 상충하는 주장들 각각의 장점과 한계를 신중히 조사하고 밝히는 것
- 실천 상황에 내재해 있는 윤리적 원칙을 인식하는 것
- 윤리적 의사결정의 복잡성을 충분히 이해하는 것
- 윤리적 원칙을 실천에 적용하는 능력과 신중한 추론을 통해 결론을 도출하는 역량을 키우는 것

• 자신의 개인적 가치를 명확히 객관화하고 사회복지전문직으로서 자신이 수행한 윤리적 의사결정을 반성적으로 평가하는 능력을 키우는 것

4. 사회복지사의 윤리적 민감성

1) 윤리적 민감성

Rest(1983)는 윤리성에 대한 통합적 접근을 시도하여 윤리적 의사결정과정에서 고려할 수 있는 능력인 윤리적 민감성(ethical sensitivity) 개념을 제시하였다. 윤리적 민감성은 특정 상황 속에 내포된 문제들을 윤리적인 문제로 지각하고, 상황을 해석하며, 자신의 행동이 타인의 복지에 어떠한 영향을 미칠 수 있을지를 미리 헤아릴 수 있는 능력이다. 윤리적 민감성은 타고난 재능이기 보다는 획득되고 개선할 수 있는 발달 가능한 능력으로 간주되며 타고난 자연적인 민감성과는 달리 대부분 도덕적 문제들에 대한 경험과 노출에 의해 얻어지며 윤리교육과 훈련 등을 통해 길러지는 것으로 보고 있다(김민수, 2013; 김효정, 2015). 연구자들은 〈표 5-4〉와 같이 윤리적 민감성의 개념을 조금씩 다르게 정의하였다.

〈표 5-4〉 윤리적 민감성의 정의

연구자	정 의
Rest(1983)	윤리적 민감성은 윤리에 관한 이슈를 지각하고 이를 윤리적 의사결정과정에서 고려할 수 있는 능력
Rabouin(1996)	윤리적 민감성은 윤리적 문제의 존재를 인식하고 상황을 해석하여 어떠한 대안이 가능한지 결정하는 과정
Mcshane(2001)	윤리적 민감성은 윤리적 이슈의 존재를 인식하면서 상대적인 중요성을 결정하는 능력
Chan & Lcung(2006)	윤리적 민감성은 개인의 행동이 타인에게 어떤 영향을 미칠지 인식하는 것
최명민(2007)	윤리적 민감성은 윤리적 의사결정과정에서 관련 이슈를 지각하고 이를 실천과정에서 고려할 수 있는 능력

연구자	정 의
주석진 · 조성심(2012)	윤리적 민감성은 윤리적 문제 상황에서 실천가의 의사결정 과정이자 능력, 기술임

출처: 김민수(2013) 재구성.

Rest에 따르면 윤리성 및 도덕성은 단일과정이 아니라 다양한 측면이 작용하는 현상으로서 4가지 심리요소인 윤리적 민감성, 윤리적 판단, 윤리적 동기화, 윤리적 행동으로 구성되어 있다. 즉 인간이 윤리적 행동을 하려면 순서에 관계없이 이러한 4가지 심리적 과정을 거친다고 보았다. 윤리적 민감성은 어떤 상황을 윤리적으로 지각하고 처리하는 상황에서의 과정으로 인식, 평가, 해석이라는 인지적 과정을 포함한다. 윤리적 판단은 윤리 상황에 대한 적절한 인지와 해석이 이루어지면 주어진 상황에서 어떤 행동이 윤리적으로 정의로운가를 판단하는 것이다. 다시 말해, 그 행동의 경로들이 정당하고 정의로운지를 판단하는 것이다. 윤리적 동기화는 윤리적 가치를 다른 가치보다 우선시하는지의 여부를 결정하는 것으로 다양한 가치 또는 갈등 속에서 이상적인 윤리적 행동 추리를 따르는 가치 선택과 관련된다. 윤리적 행동은 용기를 가지고 인내하며 산만함을 극복하고 기술을 실천하는 윤리적 품성이 발휘되면서 4가지 구성요소가 상호작용하여 결정된 도덕적 행동을 실행으로 옮기는 것이다(신후경, 2009).

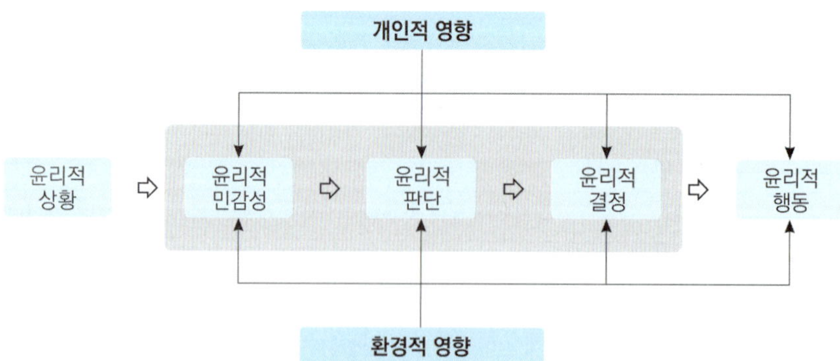

[그림 5-2] 윤리적 의사결정의 일반행동모델

출처: 최명민(2008: 9).

[그림 5-2]에서 나타나듯 윤리적 민감성은 윤리적 의사결정과정이 시작되는 단계에 필요한 핵심요소임을 알 수 있다. 윤리적 결정을 시작하기 위해서는 윤리적 이슈를 인지할 수 있는 윤리적 민감성이 필요하며, 만약 윤리적 민감성이 부족하여 그런 이슈를 인지하고 분석하지 못한다면 윤리적 의사결정 과정으로 들어갈 수도 또는 문제를 해결할 수도 없게 될 것이다(Jones, 1991; Clarkeburn, 2002).

2) 사회복지실천을 위한 윤리적 민감성

윤리적 민감성은 사회복지사의 사회복지실천과 직접적인 관련성이 있다. 윤리적 민감성은 사회복지실천의 출발점이며 이는 클라이언트 개입을 위한 시발점으로 궁극적으로 클라이언트에게 제공되는 서비스 질과 내용에 직접적으로 연관되므로 사회복지실천의 매우 중요한 부분이라고 할 수 있다(신후경, 2009). 만약 사회복지사에게 윤리적 민감성이 없다면 윤리적 딜레마에 직면하고도 딜레마가 딜레마임을 인식하지 못하는 현상이 발생하게 되고 이러한 둔감함은 의사결정과 행동에까지 영향을 미쳐 윤리적으로 올바른 실천을 할 수 없게 된다. 사회복지실천을 위한 윤리적 결정에 있어 윤리적 민감성이 부족하여 그런 이슈를 인지하고 분석하지 못함으로써 윤리적 의사결정 과정으로 들어갈 수 없을 것이다(김효정, 2015).

윤리적 민감성은 특히 윤리적 의사결정과정 속에서 그 중요성이 강조된다(최명민. 2008). 왜냐하면 대부분의 윤리적 의사결정모델(ethical decision-making model)들이 초기 단계에서 윤리적으로 민감하게 각 문제의 인식이나 가치의 확인, 윤리적 갈등 및 쟁점 등을 발견하는 과업을 매우 중요하게 다루고 있기 때문이다. Dolgoff 등(2007)은 윤리적 의사결정 모델에서 윤리적 문제의 확인 및 문제를 지속시키는 원인을 찾는 것을 첫 번째 과업으로 제시하고 있는가 하면 Congress(1999) 역시 그의 ETHIC모델에서 윤리적 이슈를 둘러싼 사회복지사의 개인적 가치, 기관의 가치, 클라이언트의 가치 등을 탐색하여 윤리적 쟁점을 인식하는 것을 가장 중요한 첫 과업으로 설정하고 있다

(김민수, 2013 재인용).

예를 들어 비밀보장과 사생활보호에 직면하게 되면 클라이언트를 위해 최선을 다해야 하는 사회복지사의 원칙과 클라이언트의 비밀보장 원칙의 상황 속에서 어떠한 판단이 필요한 것인지 인식하거나, 서로 상이한 욕구를 가진 사회복지 기관과 클라이언트 중 어떤 대상과 상황에 우선적인 관심을 두어야 하는지 윤리적 결정을 할 수 있어야 한다. 이때 사회복지서비스를 제공하는 사회복지사들이 윤리적 민감성이 부족하다면 윤리적 문제를 인식하지 않으려 하거나 윤리적 의사결정을 포기하는 상황들이 발생할 수도 있다(최소원, 2018). 그러므로 사회복지사는 다양한 윤리적 상황 속에서 윤리적 쟁점과 문제를 인식하고 윤리적 사고 및 인식을 갖출 수 있도록 노력해야 한다.

사회복지사는 자신의 직무환경에서 주어진 직무를 수행하는 과정마다 윤리적으로 민감하지 않으면 자신의 직무수행에 필요한 효과적인 의사결정을 수행할 수 없다(주석진 · 조성심, 2012). 사회복지사의 윤리적 민감성이 높다면 그만큼 전문적 보호나 서비스를 받는 사람들의 고통과 취약성에 도덕적으로 반응하는 능력을 발휘할 수 있을 것이다. 사회복지실천과정에서 마주하게 되는 다양한 선택의 과정에서 대상자들이 경험할 여러 윤리적 이슈를 적절하게 다룰 수 있는 윤리적 민감성 역량을 갖출 때 진정한 사회복지전문가가 될 수 있을 것이다(Weaver 외, 2008).

chapter 06
윤리적 갈등과 의사결정

1. 윤리적 갈등

사회복지실천에서 윤리적 갈등은 사회복지사가 지켜야 하는 윤리적 의무 혹은 책무가 서로 충돌하여 어떠한 실천 행동을 선택하는 것이 윤리적으로 올바른 것인지 판단하기 힘든 상태를 의미한다(김기덕, 2002). 또한 윤리적 갈등은 개인과 집단 간 이해관계의 차이에 의해 발생하며, 이것은 두 가지 윤리 원칙 중 한 가지를 선택해야 할 때 발생한다. 그러나 때로 전문직에 있어서 똑같은 비중을 가진 가치들이 상충되어 윤리적 갈등을 이끌어 내는 상황이 사회복지실천에서 발생한다. 많은 경우, 윤리적 갈등은 매우 일상적인 것(routine)으로 실천에 있어서 특별한 문제가 되지 않는다. 그러나 어떤 경우에 있어서는 윤리적 의사결정이 복잡하고 문제가 되기도 한다.

Loewenberg(1988)에 의하면, 윤리적 갈등은 가치의 상충과 의무의 상충, 그리고 결과의 모호성의 상황에서 일어난다고 한다. 사회복지사들이 인간을 어떻게 생각하는지는 클라이언트(client)를 돕는 서비스의 질과 정책 결정에 지대한 영향을 주기 때문에 실천에 관한 지식과 기술 습득에 앞서, 누가 진정한 클라이언트(client)이고, 어떤 도움이 그에게 옳은 것이며 무엇을 최우선의 가치로 삼을 것인지에 대한 전문적 역량을 필요로 한다(이효선, 2003).

사회복지사가 실천 과정에서 경험하게 되는 대표적인 윤리적 갈등 상황은 첫째, 두 가지 이상의 대립적 혹은 경쟁적 가치가 상충될 때 발생하는데, 이는 사회복지사가 두 개 또는 그 이상의 사회복지실천에 있어서 중요한 가치들이 상충되는 상황에 처하게 될 때 발생한다.

둘째, 사회복지사의 임무가 서로 충돌될 때 이는 사회복지사가 서로 다른 의무 사이에서 갈등하는 경우로, 예를 들면, 사회복지사는 기관의 정책에 충실해야 하는 의무와 클라이언트(client)의 이익을 위해 최선을 다해야 하는 윤리적 의무를 가지고 있으나, 이러한 의무들이 항상 조화롭지 못할 때, 사회복지사는 윤리적 갈등에 처하게 된다.

셋째, 클라이언트(client) 체계가 다중적이어서 문제 상황에 관련된 사람들 가운데 누구의 이익이 최우선으로 고려되어야 할지 명확하지 않을 때 윤리적 갈등에 처하게 된다.

넷째, 사회복지사가 내린 결정이 클라이언트에게 장기적으로 어떤 결과를 초래할지 모호할 때이다. 윤리적 문제에 대한 개입에서 가장 큰 어려움은 결과의 모호성으로 신중하게 결과를 예측한다고 하여도 알 수 없는 변수들의 영향으로 예기치 않는 일들이 빈번히 발생한다. 그러므로 사회복지실천 현장에서는 선행적으로 행한 사례에 적용하고자 하는 태도를 견제해야 한다.

다섯째, 힘 또는 권력의 불균형 상황에서 일어나는 윤리적 갈등이다. 이는 사회복지사나 클라이언트(client) 관계에서의 힘의 배분의 불균형이 기본적인 윤리적 갈등을 만드는 것이다. 클라이언트(client)는 도움을 구하는 위치이므로 전문가에게 의존하는 관계가 되어 클라이언트(client)의 자기결정권, 의사결정에서 클라이언트(client) 참여 등이 중요한 가치임에도 사회복지실천과정에서 이를 충분히 반영하지 못하기도 한다(김정자, 1993).

이러한 갈등 상황들은 문제에 따라 한 가지 이상이 동시에 발생하기도 하며, 사회사업 실천의 초기 단계, 계약 단계, 개입 단계, 종결 단계 등 전 과정에 걸쳐 발생할 수도 있다. 이와 같이, 윤리적 갈등 상황에 처한 사회복지사는 사회복지실천과정에서 발생하는 다양한 윤리적 갈등을 해결하기 위해 합당한 윤리적 의사결정을 하도록 요구된다(김영란 외, 2001).

리머는(Reamer, 1999)는 윤리적 갈등 상황에서 의사결정의 준거로서 윤리강령과 윤리이론이 있음을 제시하였으며, 윤리적 의사결정은 체계적으로 이루어져야 하며 특히, 주어진 사례와 관련된 가능한 모든 측면들이 고려될 수 있기 위해서는 조직화된 일련의 단계를 밟아 체계적으로 접근하는 것이 중요함을 강조하였다.

다음은 사회복지실천현장에서 당면하는 윤리적 갈등 상황을 분류해 보았다. 이는 현장에서 가장 민감한 상황으로 사회적 지탄의 대상이 되는 문제이기에 사회복지사로 하여금 자성적 쇄신이 요구되는 부분이다. 이러한 윤리적 갈등과 관련된 사회복지의 윤리 원칙과 갈등 발생의 상황을 살펴보도록 하겠다.

1) 자기결정권(self-determination)

자기결정권은 개인의 자유와 가치를 반영하는 사회복지실천의 첫 번째 윤리적 원칙으로 클라이언트(client)의 자기결정권의 원칙이다. 자기결정권의 원칙은 개인의 자율성의 원칙을 사회복지전문직의 윤리적 원칙으로 구체화한 것이다(심상용 2016). 클라이언트(client)의 자기결정권의 원칙은 사회복지전문직의 실천 과정에서 클라이언트(client)가 주체로서 자신의 삶과 생활에 관련된 문제에 대해 스스로 선택하고 결정하도록 해야 한다는 원칙이다. 그러나 클라이언트(client)의 자기결정의 원칙은 절대적인 가치가 되지는 못한다. 상황에 따라, 사회복지사가 클라이언트(client)의 자기결정의 원칙을 제한해야만 하는 입장에 처하게 되었을 경우, 자기결정권은 클라이언트(client)의 능력, 법, 관습, 타인의 권리, 자신에게 해를 끼칠 것으로 예상되는 상황이나 생명에 위험을 초래하는 결정 등에서 어느 정도로 제한을 받게 된다. 그러나 위와 같은 상황이 명백할 경우에는 크게 문제가 되지 않지만, 그렇지 않을 경우 사회복지사는 어려움을 겪게 된다. 즉, 자기결정권을 제한하는 결정은 사회복지사에게는 어려운 문제이며 윤리적 갈등을 유발하게 된다(양옥경 외, 1993).

2) 온정주의(paternalism)

온정주의는 원조 전문직으로서 사회복지전문직의 클라이언트(client)와 사회복지사의 복지 증진을 위해 최선을 다하는 전문적인 가치에 영향을 받는다. 사회복지사는 클라이언트(client)의 결정을 존중해야 할지, 전문 지식에 의해 클라이언트(client)의 권리를 제한하는 것이 정당화 될 수 있는지, 클라이언트(client)가 더 나은 선택을 할 수 있도록 정보를 제공할 때 사회복지사의 가치관에 의해 영향을 주는 것이 정당한지에 관해서 끊임없이 갈등하게 된다.

온정주의에서 중요한 것은 온정주의와 유사온정주의(pseudopaternalism) 사이의 구별이다. 유사온정주의는 사회복지사가 클라이언트(client)의 자기결정권의 권리를 제한하는 것을 정당화하기 위해 온정주의의 언어를 사용하는 경우를 말하는 것으로 즉, 온정주의적 간섭이 약간의 배후(ulterior) 동기에 의해 이끌어질 때 발생한다.

온정주의 개입이 정당화되기 위해서는 세 가지 전제 조건이 필요하다.

① 무능력에 대한 전제 : 클라이언트(client)의 의사결정 능력이 부족하기 때문에 클라이언트(client)에게 무엇이 가장 적합한지 스스로 결정할 수 없다는 것이다. 즉, 인지능력, 지능, 정신적 문제, 연령 등의 한계로 인해 중요한 결정을 내릴 수 없다는 것이 증명되어야 온정주의가 정당화된다.

② 위험성에 대한 전제 : 클라이언트(client)의 자기결정이 자신이나 타인에게 위험한 경우 자기 방어를 위해 자율성을 제한하는 것은 정당화된다.

③ 효과에 대한 전제 : 일시적인 온정주의 개입으로 클라이언트(client)의 삶에 긍정적인 효과가 보장된다면 자율성 제한이 정당화된다.

이러한 전제들은 매우 명확한 기준인 것처럼 보이지만, 각 전제를 검증하는 것은 매우 어렵다. 온정주의 개입을 정당화하는 조건들을 모두 만족시키기는 어렵지만 그럼에도 불구하고, 사회복지실천에서는 확실하지 않은 '이득'을 근거로 온정주의를 쉽게 정당화하고 있다. 온정주의 개입을 통해 자율성을 최소화하기 위해서는 이득 추구를 위해 회피 등이 클라이언트(client) 입장에서 정당화되어야 하고, 무능력, 위험성, 효과의 전제를 검증하고자 하는 의사결정자의 의지가 중요하다(서미경 외, 2015).

3) 비밀 보장(Confidentiality)

비밀 보장은 클라이언트(client)와의 전문적 관계에서, 개인의 자유 및 자율성의 가치와 함께 사회복지전문직의 핵심적인 윤리적 원칙이 된다. 이는 개인의 가치를 실현하는 사생활 보호의 가장 기본적인 전제 조건이다. 그러나 사회복지실천에서는 윤리적 원칙으로 인해 비밀보장과 사생활 보호의 원칙이 완벽하게 보장될 수 없는 한계가 있다. 클라이언트(client)의 비밀 보장의 권리는 자기결정권과 마찬가지로 클라이언트(client)의 이익만을 배타적으로 고려하지 않고 공공의 이익, 제3자의 자유나 안녕 혹은 기본적인 권리를 심각하게 위협하는 경우에는 클라이언트(client)의 비밀보장 권리를 더 이상 존중할 수 없으며, 그의 비밀 정보를 발설하여 제3자의 알 권리를 더욱 존중해야 하는 상황이 발생할 수 있다.

비밀 보장과 사생활 보호의 제한과 관련하여 중요한 윤리적 쟁점이 있다. 예를 들면, 제3자 보호와 비밀 보장의 제한, 클라이언(client) 자신 및 다른 클라이언트(client) 보호와 비밀보장의 제한, 미성년 클라이언트(client)의 비밀보장 문제, 법적명령에 따른 비밀보장 제한 문제, 클라이언트(client) 정보 공개시 고지된 동의 문제 등이 있다(Reamer, 1999).

4) 동료와의 윤리적 갈등

사회복지사는 함께 일하는 동료 사회복지사와 다른 전문가들을 존중하여야 한다. 그러나 동료 사회복지사가 전문가로서의 권위를 남용하여 클라이언트(client)에게 해를 끼치거나, 전문가로서 권위를 실추시키는 행위를 했을 경우, 사회복지사는 동료에 대한 존중과 클라이언트(client)와 전문직의 보호 사이에서 갈등을 겪게 될 것이다(Loewenberg, 1988).

5) 기관의 정책

클라이언트(client)의 문제 해결을 위해 내린 결정이 기관의 정책을 벗어날 경우, 사회복지사는 클라이언트(client)의 이익 우선과 기관 정책의 준수 사이에 갈등을 겪게 된다.

사회복지 기관에는 조직을 운영하는 규정이나 정관, 법규가 있으며, 업무는 상황마다 개별적인 원칙이 적용되어야 하는 특성이 있다. 클라이언트(client)의 삶의 질을 높이기 위한 원조 업무의 분화와 전문화가 아니라, 조직 자체의 생존과 효율성을 제고하기 위한 업무의 분화가 심화될 경우 사회복지사는 클라이언트(client)가 필요로 하는 서비스를 적절하게 제공할 수 없으며, 때로는 자원의 낭비를 초래하기도 한다. 또한 위계적 의사결정에 의한 갈등으로 사회복지사의 전문성을 충분히 발휘하지 못하는 경우가 발생한다.

6) 한정된 자원의 분배

사회복지실천과정에서 제한된 자원 분배를 어떻게 할 것인지의 갈등이다. 클라이언트(client)에게 제공할 때 형평성의 기준을 찾는 것은 매우 어려운 일이다. 사회복지사는 활용 가능한 자원의 분배에 있어서 이러한 형평성의 원리에 입각하여 클라이언트(client) 모두에게 동등하게 자원을 분배해야 하는 윤리적 의무를 가진다. 그러나 사회복지사가 결정한 기준이 현행의 법적 기준과 상충될 때, 법률을 위반하고 행위를 할 것인지 갈등을 겪게 된다. 또한 사회복지사의 서비스 능력과 기술 그리고 시간 역시 사회복지실천에 있어서 가장 중요한 자원이며, 이것 역시 한정되어 있다고 할 수 있다. 원칙적으로, 사회복지사는 그가 대하는 모든 클라이언트(client)에게 동등하게 자신의 능력과 시간을 분배하여야 할 것이다. 그러나 실천 과정에서 클라이언트(client)의 개별성은 사회복지사가 자신의 능력과 시간을 동일하게 분배하기 어렵게 하며, 이 역시 갈등을 유발한다.

2. 가치와 윤리의 갈등

1) 가치갈등과 윤리

사회복지는 가치의 집합으로 구성되어 있고, 그 가치를 기반으로 동기화되거나 기능화되기 때문에 사회복지에 있어 가치는 매우 중요한 의미를 갖는다. 레비(Levy, 1976)는 "가치란 사람에 관하여 그리고 사람을 다루는 적절한 방법에 관하여 전문직이 갖고 있는 신념"이라 했으며, 사회학자 할모스(Halmos, 1983)도 "가치란 원조 전문직이 인간의 본질에 관하여 전문직이 갖고 있는 증명되지 않는 신념"으로 이러한 신념은 실무자의 일상적인 활동에 반영되어 전문직의 실천 방향을 제시해 주게 된다고 했다(이효선, 2003). 레비는 사회복지윤리가 사회복지사가 자신의 분야에서 윤리적 문제와 부딪쳤을 때 가이드 라인을 제공하는 전문직 기준이 된다고 하여 사회복지에서의 윤리의 중요성과 윤리강령의 필요성을 논하였다.

그러나 다양한 환경 속에서 유발되는 가치 갈등의 경우, 사회복지전문직들이 문제해결을 위해 노력하기도 하지만, 경우에 따라서는 정체성의 혼란에 따른 업무에 대한 회의, 직무 능력 저하, 이직 등 사회복지 조직의 건강성을 해칠 수 있는 결과를 초래하기도 한다. 사회복지 현장에서 제한된 자원을 어떻게 배분할 것인가와 관련한 갈등의 경우 경쟁을 통해 영리를 추구하는 바우처 제도 도입 등이 사회복지사에게 혼란을 경험하게 한다. 실제로 사회서비스 공급자 간 경쟁 상황에 대한 사회복지사의 경험과 인식을 조사하였는데, 전달 체계에 의하여 사회복지 기관이나 시설, 개별 클라이언트(client)에게 배분할 때 효과성과 효율성, 공공성에 따라 클라이언트(client)에게 배분이 되었는지에 대한 평가를 하는 경우 윤리적 갈등이 존재하는 것으로 나타난다. 한편, 가치는 객관적으로 증명할 수 없고 주관적으로 선호하는 것으로 인간의 적절한 행동을 선택하는 기준이 되며, 지식을 분류하는 틀로 기능하여 우리가 무엇을 해야 하고 어떻게 해야 하는지에 대한 믿음을 확인해 주는 역할을 한다.

윤리란 인간의 행위를 규제하는 구체적인 행동지침이다. 즉, 윤리적인 가치가 대립되는 상황에서 어떤 가치를 우선시해서 행동을 결정하는 기준이 되는 것이 윤리지침이다. 윤리지침이 제시하는 각각의 가치는 어느 하나라도 소홀히 할 수 없는 것이다. 윤리지침은 당위성을 바탕으로 하는 가치 함축적인 판단이며, 외부로부터 구체화된 것이 아니라, 인간 내면적인 가치 체계 속에 잠재해 있으며, 시대에 따른 가치관의 변화를 반영하는 등의 세 가지 특성을 지닌다.

첫째, 바람직한 목표를 달성하기 위하여 지켜야 할 규범적 기준이다.

둘째, 개인의 존엄성 또는 사회 전반적인 정의를 실현한다는 사명과 목표를 지향해야 하는 가치와 당위 등으로 볼 수 있다.

셋째, 윤리지침은 인간으로서 마땅히 그리고 스스로 준수해야 할 행동 규범으로써 올바른 판단과 선택, 행위에 필요한 능력을 말한다. 윤리는 본래 도덕성의 본질이나 기반과 관련되는 것인데, 도덕성이란 주로 도덕적 판단이나 도덕적 판단 기준, 그리고 행위 규칙 등을 의미하는 것이다(Taylor, 1975).

2) 가치와 윤리의 갈등

사회복지사가 전문가로서 지켜야 하는 윤리적 의무와 책무가 서로 충돌함에 따라, 어떤 실천 행동을 선택하는 것이 윤리적으로 올바른 것인지 판단하기 힘든 상태를 윤리적 갈등이라 한다. 갈등은 특히, 사회복지전문가들이 받아들이는 전문 직업적 가치와 의무들이 때로 모순되는 상황에서 일어난다. 이상적으로, 사회복지사는 동시에 모든 전문직에 있어서의 중요한 가치들에 일치하도록 행동해야 할 것이다(Reamer, 1995). 개인적 가치는 사회적 가치와 함께 전문직의 가치에 영향을 준다(Abbott, 1988). 일반적으로, 사회복지사 개인의 가치관은 개인 사회복지사의 문화적, 가정적 배경, 그가 속한 집단의 교훈이나 요구, 개인의 경험, 인간 행동에 대한 이론의 차이 등에 의해 달라지게 되며, 개인의 가치관에 따라 전문직 가치관이나 사회복지의 목표를 이해하고 받아들이는 척도가 달라질 수 있다.

즉, 사회복지사의 개인적 가치는 클라이언트(client), 개입 전략과 준거틀 그리고 결과에 대한 견해에 상당한 영향력을 발휘하여 그들의 대응과 개입에 중요한 영향을 미치기 쉽다. 사회복지실천가는 자신들의 개인적・전문적 가치와 지식, 그리고 기술을 가지고 클라이언트(client)를 대하게 된다. 실천가가 가진 사회복지의 가치는 사회적 가치의 영향을 받는다. 즉, 그 사회의 지배적인 가치관은 사회복지의 방향, 서비스의 질과 양, 종류 등을 결정하고 선택하는데 막대한 영향을 미친다(성규탁 외, 1991). 따라서, 우리 사회의 사회복지가치관은 우리 사회의 가치와 윤리를 반영하는 것이어야 한다. 그러나 현재 우리나라의 사회복지가치관은 서구의 사회복지 제도를 도입하면서 함께 도입된 것으로서, 우리 사회의 전통적 가치관과의 충돌이 발생하기도 한다.

사회복지실천 현장의 전문가는 이상적인 사회복지실천의 윤리적 기준과 현실과의 사이에서 괴리를 경험하기도 한다. 그것은 개인적 가치관과 전문직의 가치 사이의 차이에서 발생한 것일 수도 있으나, 좀 더 근본적으로는 우리의 사회적 가치관과의 차이에서 발생할 가능성이 크다고 할 수 있다. 사회적 가치관이 사회복지가치 그리고 사회복지사의 직업적 의무에 영향을 미침으로써 윤리적 갈등이 발생하는 것이다. 우리 사회의 가치관과 조화를 이루고 갈등을 예방하고 조정해 줄 수 있는 윤리적 기준의 마련을 위한 노력이 필요하다.

사회복지실천에 있어서 가치화된 행위와 태도들은 사회복지윤리의 특성을 나타낸다. 또한 사회복지의 윤리적 원칙은 사회복지사에 대한 평가의 범주를 포함하는 것으로 윤리적 문제 및 법적 문제와 연관되어 있다. 특히, 평가와 법적 문제에 있어서 윤리적 원칙은 클라이언트(client)를 보호하는 기능을 하게 되기도 한다.

Loewenberg(1988)에 의하면, 가치 갈등의 요소는 다음의 상황에서 일어난다고 한다.

첫째, 윤리적 갈등은 가치의 상충(competing values)으로 인해 발생하는데, 이는 윤리적 딜레마가 가장 빈번히 야기될 수 있는 상황이다. 사회복지실천에 있어서 사회복지사가 두 개 또는 그 이상의 중요한 가치들이 상충되는 상황에 처하게 될 때 발생한다. 가치상충이 자주 문제가 되는 것은 클라이언트의 자기결정이라는 가치와 사생활보호라는 가치 사이에서 어떤 윤리적 결정을 내려야 하는 상황일 때이다.

둘째, 윤리적 갈등은 의무의 상충(competing loyalties)으로 인해 발생하는데, 이는 사회복지사가 서로 다른 의무 사이에서 갈등하는 경우로 사회복지사는 기관에 대한 의무와 클라이언트에 대한 의무 사이에서 갈등하게 된다. 예를 들면, 사회복지사는 기관의 정책에 충실해야 하는 의무와 클라이언트(client)의 이익을 위해 최선을 다해야 하는 윤리적 의무를 가지고 있으나, 이러한 의무들이 항상 조화롭지는 못하며, 이때 사회복지사는 윤리적 갈등에 처하게 된다.

셋째, 클라이언트 체계의 다중성(multiple client system)으로 인한 것으로 사회복지사는 클라이언트(client)의 이익을 위해 최선을 다해야 하는 윤리적 의무가 있으나, 실천 과정에서 누가 최우선적 클라이언트(client)가 되어야 하는지를 결정하는 데 흔히 어려움을 겪게 되기도 한다. 아동학대, 심각한 부부갈등, 가정폭력 등의 복합적인 문제를 가진 이혼부부의 자녀문제를 다룰 때, 사회복지사는 누가 클라이언트인가를 결정하는 데 어려움을 겪게 된다. 누구의 이익을 최우선적으로 고려하고, 어떤 문제에 먼저 개입해야 하는가를 결정하는 것은 어려운 일이다.

넷째, 결과의 모호성(ambiguity)으로 인한 윤리적 갈등으로 사회복지사가 내린 윤리적 결정의 장기적인 효과성이 모호하고 불확실할 때, 사회복지사는 선택의 딜레마에 직면하게 된다. 사회복지사가 내린 윤리적 결정의 효과가 모호할 때, 사회복지사는 선택의 딜레마에 직면하게 되는 것이다.

다섯째, 힘 또는 권력의 불균형(power imbalance) 등의 상황에서 일어나는 윤리적 갈등으로 사회복지사와 클라이언트의 관계가 권력적으로 평등하지 않으므로 윤리적 딜레마가 발생한다. 즉, 사회복지사와 클라이언트(client) 관계에서의 힘의 배분의 불균형이 기본적인 윤리적 갈등을 만든다. 클라이언트(client)의 자기결정권, 의사결정에서 클라이언트(client) 참여 등이 중요한 가치이나 클라이언트(client)는 도움을 구하는 위치이므로 전문가에게 의존하는 관계가 되어 사회복지실천 과정에서 이를 충분히 반영하지 못하게 되는 상황이 발생하는 것이다.

여섯째, 경제적 이득과 관련된 윤리적 갈등, 이용자의 인권과 관련된 윤리적 갈등, 포괄적 책임과 관련된 윤리적 갈등, 개인적 가치와 관련된 윤리적 갈등 등이 발생하게 된다.

이와 같은 다양한 요인으로 인해 가치갈등에 직면하게 될 때, 사회복지사가 가치갈등에서 벗어나기 위해서 고려해야 할 사항들은 다양하지만 사회복지사의 전문성을 높이기 위한 자기 이해라는 측면에서 사회복지사의 개인적 가치관과 전문적·사회적 가치관의 관계를 분명하게 인식하는 것은 매우 중요하다. 따라서 이러한 상황에서 가치 딜레마(value dilemmas)를 극복하기 위한 방안으로 제시된 것이 사회복지사 윤리강령이므로 사회복지사는 사회복지사 윤리강령이 제시하는 윤리원칙을 잘 숙지하여 딜레마 상황에서 바람직한 선택과 결정을 할 수 있도록 노력해야 한다.

참고자료 6-1 '가치 충돌' 카풀 갈등 사회적 대화로 풀어야

카카오가 15일 시범 운영 중인 카풀(승차 공유) 서비스를 잠정 중단키로 했다. 택시 기사 2명이 최근 극단적인 선택을 하는 등의 카풀 서비스에 대한 택시 업계 반발을 고려하면서도 택시 업계에 사회적 대화를 촉구하려는 속내가 엿보인다. 여당인 민주당은 카카오가 시범 서비스 잠정 중단을 결정한 만큼 택시 업계도 카풀 갈등을 풀기 위한 사회적 대타협 기구에 동참해 달라고 요청했다. 택시 업계는 카카오에 대한 검찰 고발을 검토하는 등 강경 자세를 누그러뜨리지 않고 있다.

차량이나 숙박, 사무 공간 등을 함께 사용하며 효율성을 높이려는 공유 경제는 세계적인 흐름으로 자리 잡았다. 서비스 수요도 늘어나고 공급하려는 사람도 많은 데다 수요자와 공급자를 연결하는 최적화 기술 기반도 갖춰져 있다. 문제는 지금까지 전통 서비스를 제공해왔던 기존 산업과의 불가피한 갈등을 푸는 것이다. 카풀 서비스를 도입하려던 시도가 번번이 좌절된 것도 기존 산업계의 반발 때문이다. 소비자 입장에서 정보통신기술(ICT)이 결합한 카풀 서비스를 이용하면 효용성이 훨씬 크리라는 것은 부인할 수 없다. 출퇴근 시간대에 택시 잡기가 '하늘의 별 따기' 만큼이나 어려우니 말이다.

결국 택시 업계와 카카오 등 갈등 당사자는 물론 전문가와 소비자들까지 참여하는 사회적 대화 기구에서 푸는 것이 순리다. 카카오 카풀 서비스 도입으로 택시 업계의 이익이 침해되고 택시 기사들의 생계 유지가 심각한 타격을 받는다면 당연히 그 문제도 대화 기구에서 함께 논의하면 된다. 이런 사회적 갈등을 풀어 내지 못하고 세계적 추세로 자리 잡고 있는 카풀 서비스가 싹조차 트이지 못한다면 4차 산업 혁명을 이끌 혁신 서비스 시도들이 한 발짝도 나아갈 수 없을 것이다. 택시 업계는 현실적 어려움만 내세워 평행선을 달리기보다는 사회적 대화 기구에 동참해 갈등 해소에 지혜를 함께 모아주길 다시 한 번 촉구한다.

문재인 대통령은 며칠 전 신년 회견에서 규제 혁신과 관련 "가치가 충돌하고 이해 집단 사이의 격렬한 이해 상충이 있어서 어느 한쪽으로 결정하기 어려운 측면이 있다. 4차 산업혁명의 흐름 속에서 현실이 바뀌고 있는데 옛날 가치를 고집하는 경우가 있다"고 했다.

그러면서 대표적인 사회 갈등 사례로 '카풀'을 꼽고 이해 관계가 다른 분들을 정부가 적극적으로 설득해야겠지만 생각이 다른 사람들 간의 사회적 타협이나 합의가 필요하다는 취지의 말도 했다. 민주당 '택시-카풀 TF' 위원장인 전현희 의원도 택시 업계에 사회적 대화 기구 동참을 촉구했다. 마침 택시 업계가 17일 내부 회의에서 사회적 대화 기구 참여 여부를 논의한다고 한다. 카카오가 시범 서비스를 잠정 중단하고 한 발짝 물러난 만큼 택시 업계도 전향적이고 열린 마음으로 논의해주기 바란다.

출처: 연합뉴스 2019. 1.16

참고자료 6-2

오후에 퇴근 준비를 하고 있는데, 학생 하나가 찾아와 진상을 알려 주었다. 김영수는 아주 심각한 말더듬이 증세를 갖고 있고, 그 증세는 사람들 앞에서 말하거나 읽거나 하는 스트레스 상황에서는 더욱 악화된다는 것이었다. 그러니 아까 갑자기 말문이 막혀 책을 읽을 수도, 그렇다고 말을 더듬어서 못 읽겠다고 설명할 수도 없는 처지였을 것이고, 그 사정을 잘 아는 서훈이가 당황하는 친구를 도와 주려고 대신 읽었다는 것이었다. 이야기를 듣고 나서, 나는 정말이지 쥐구멍에라도 숨고 싶은 심정이었다.

(중략)

'미안해'라는 말은 여간 어렵지 않다. 분명히 내게 잘못이 있다는 사실을 알고 있으면서도, '미안해'라는 말을 하려면 목소리가 기어들거나 가능하면 슬쩍 얼버무려 버린다. 마음 속으로 미안한 감정을 느끼지 않아서가 결코 아니다. 너무나 미안하다고 생각할 때도 그렇다. 게다가 가끔씩은 그런 말을 할 기회를 놓치고 후회하는 적도 있다. 때문에 오해를 불러 일으키기도 하고, 오해는 아니더라도 다른 이들에게 거만하게 보이거나 못된 사람으로 비치기도 한다. 그러나 문제는 이런 나의 성격적 결함을 머릿속으로는 다 알고 있으면서도 막상 '미안해'라는 말을 해야 하는 상황이 생기면 어쨌거나 그 말이 목에 딱 걸려 안 나온다는 것이다. 그래서 나름대로 이 심각한 문제에 대해 심사숙고해 보기까지 한다. 왜 '미안해요'라는 말 한마디가 그토록 어려운 것인가? 그것은 나의 삶의 방식과도 연결된 것인지도 모른다. 아무도 내게 가르쳐 주지 않았지만, 어렸을 때부터 본능적으로 체득한 내 삶의 법칙은 슬프게도 '삶은 투쟁이고, 투쟁은 이겨야 한다'는 것이다. 그래서 승부 근성이 투철한 내게 '미안해'라는 말은 결국 내가졌다는 뜻이고, 패배를 인정하고 싶지 않은 나의 경쟁 심리가 그 말을 거부하는 것인지도 모른다. 혹은 자존심 탓일 수도 있다. '미안하다'고 말한다는 것은 나의 결함과 실수를 인정한다는 것인데, 그것이 나의 자존심을 건드린다. 아니, 좀 더 마음 속 깊이 파고들면 그것은 아마도 내가 어쩌면 잘못 살고 있을지도 모른다는 두려움 때문인지도 모른다. 그것도 아니면, 내가 남보다 못났다는 데 대한 열등의식이거나 자격지심일 수도 있다. 만일 내가 스스로에 대한 자신감이 있다면, 내가 잘못했고, 그 사실에 대해 미안하게 생각한다는 것을 인정하는 것이 뭐 그리 어렵겠는가.

(중략)

내일은 수업 끝나고 정식으로 사과해야지. "얘, 영수야, 지난번에 미안했어. 수업 중에 읽는 것 시키지 말라고 말해 주지 그랬니. 모르고 그런 거니 용서해 줄 거지?" 이번 일을 계기로 나도 '미안합니다'를 좀 더 자주 말할 수 있을 것 같다.

출처: [문학] (비상교육, 2016) 교과서 장영희의 [미안합니다]의 일부

3. 윤리적 의사결정의 개념과 특성

1) 윤리적 의사결정의 개념

윤리적 의사결정(ethical decision making)에 대해 명확한 개념적 정의가 내려져 있는 것은 아니지만 사회복지실천 현장에서는 매 순간 선택적 상황에 직면하는 것이 사실이다. 다양한 윤리적 딜레마에서 만족할 만한 해결이나 대안을 결정해야 하는 경우, 무엇을 어떻게 선택할 것인지를 결정하기 위해서는 자신이 추구하는 가치에 부합하며 더 좋은 결정인가에 대해 판단하여 윤리적 의사결정을 내려야 한다. 윤리적 의사결정은 상충되는 가치와 의무의 여러 가지 대안 중 무엇이 좋고 나쁜 것인지에 대한 개인의 가치관이 개입되는 가치 판단의 상황이라 할 수 있다(이대희, 1999).

윤리적인 의사결정이란 사회복지실천의 윤리 문제를 다루며 윤리적 갈등이 발생하는 상황에서 합의된 윤리적 기준에 따라 옳은 선택을 해야 한다는 것을 의미한다. 윤리적 갈등은 사회복지사가 전문가로서 지켜야 하는 윤리적 의무 혹은 책무가 서로 충돌하여 어떠한 실천 행동을 선택하는 것이 윤리적으로 올바른 것인지 판단하기 힘든 상태를 의미한다(김기덕, 2003). 윤리적 의사결정에서는 여러 가지 대안을 적용해 보고 자신의 이익과 다른 사람의 이익을 균형있게 고려하여 조정될 수 있도록 해야 하며, 의사결정의 장기적 영향을 평가하고, 그 결정이 추구하는 가치와 일관성을 가지고 있는지 평가해야 한다.

또한, 사회복지사가 윤리적 선택을 하기 위해서는 윤리 이론과 사회복지가치에 대한 인식, 무엇이 옳은지에 대한 이해가 있어야 하며(이효선, 2003), 사회복지사의 윤리적 의사결정을 이해하기 위해서는 조직 문화에 대한 논의가 필요하다. 조직 문화는 조직의 관리자 및 구성원의 태도, 가치, 관리 원칙, 문제 해결 행동을 반영한다. 개인적인 차원에서의 윤리적 의사결정과 실제 공공 조직 내에서의 윤리적 결단의 진행 과정에는 커다란 간극이 존재하기 마련이며, 개인의 의사결정에는 어떤 제약도 따르지 않지만, 그 결정을 집행하는 과정에는 업무상 많은 어려움과 제약이 있다(신충식, 2014). 그러므로, 사회복지사의 윤리적 의사결정은 개인의 윤리적 문제뿐만 아니라 조직이 사회복지사의 윤리적 선택을 얼마나 지지하고 윤리적 자율성을 보장하는가에 의해서도 영향을 받는다.

2) 윤리적 의사결정의 특성

윤리적 의사결정(ethical decision making)이란 사회복지실천 현장에서 윤리적인 문제를 효과적이고 체계적으로 해결하기 위해서 윤리적 선택을 하는 것을 의미한다. 가치갈등 상황에서 명확하게 윤리적인 의사결정을 한다는 것은 결코 쉬운 일이 아니다. 윤리적인 의사결정의 특성을 살펴보자면 다음과 같다. 윤리적 의사결정은 사회복지사의 주관적인 가치의 반영이 아니라 기본적으로 이성적인 작업이며, 순간적인 판단이 아니라 일련의 단계로 이루어지는 하나의 과정이며, 윤리적 의사결정 과정에는 이성적 · 합리적인 요인과 함께 심리적, 감정적인 요인도 영향을 미친다. 따라서 윤리적 의사결정은 체계적으로 이루어져야 하며, 주어진 사례와 관련된 가능한 모든 측면을 고려하기 위해서 조직화된 일련의 단계를 따르는 것이 중요하다.

윤리적 의사결정은 다양한 가치들 사이에서 이루어지는 일종의 절충이다. 사회복지사의 윤리적 결정은 단순히 올바른 것과 나쁜 것 사이에서 하나를 구별해내는 것과 같이 쉬운 경우는 거의 없고, 대부분의 경우 사회복지실천현장에서 부딪치는 현실은 두 가지 경우의 까다로운 사례 중 하나이다. 하나는 도저히 서로 양립할 수 없지만 둘 다 윤리적으로 존중되어야 한다고 판단되는 가치나 의무 가운데 꼭 하나만을 선택해야 하는 경우이고, 다른 하나는 서로 양립할 수 없으면서 동시에 둘 다 윤리적으로 바람직하지 못한 실천행위들 사이에서 하나를 선택해야 되는 경우이다.

윤리적 의사결정과정은 '결정 절차'와 '결정 원칙'이라는 두 가지 핵심적인 요소로 이루진다. 윤리적인 의사결정과정의 근본적인 목적이 서로 경합하고 있는 가치나 의무들의 우선순위를 정하는 것이라는 점에서 볼 때, 위의 두 가지 요소에 대한 분명한 이해는 필수적이다. 즉, 가치나 의무 사이의 우선순위를 합리적으로 판단하기 위해서는 가치와 의무 사이의 우선순위를 판단하는 데 이용할 구체적인 판단기준의 내용이 무엇인가에 대한 규정이 필요하며, 우선순위를 합리적으로 확인하고 판단해 나가는 데 요구되는 일련의 조직화된 과정, 즉 체계적인 절차가 필요하다.

윤리적 의사결정의 첫 번째 특성과 관련해서 언급한 바와 같이 윤리적 의사결정이라고 하여 주어진 사례의 윤리적인 측면만을 고찰하는 것은 아니다. 실제로 사회복지사가 직면하는 문제상황의 사례들은 본질적으로 윤리적인 요소와 비윤리적인 요소가 혼재되어 있으며, 사회복지사가 내리는 윤리적인 판단 역시 상당부분 비윤리적인 요소에 의해 영향을 받게 된다. 이러한 비윤리적인 요소에 속하는 것으로는 사회복지실천과 관련된 다양한 연구에서 제공되는 경험적 지식인 실천이론과 사회복지사가 자신의 실천경험으로부터 얻는 전문적인 지식과 경험들이 있다.

사회복지 분야에서 이루어지는 윤리적 결정이 합리적, 체계적인 기준과 절차에 의해 이루어지는 것이라고 해도 그 결정과정에는 필연적으로 의사결정자의 자유재량의 요소가 있다. 윤리적 의사결정은 이론의 여지가 없이 분명하게 주어진 원칙, 규칙, 규정을 주어진 사례에 기계적으로 적용하는 작업이 결코 아니다. 또한 윤리적 의사결정과정은 한 명의 의사결정자가, 예를 들어 해당사례의 사회복지사가 혼자서 독단적으로 진행하는 것이 아니라, 이러한 결정에 영향을 끼칠 수 있거나 또 받을 수 있는 모든 당사자들이 전체적으로 참가한 결과이다. 그러므로 의사결정 과정에서는 주어진 사례와 관련이 있는 다양한 당사자들이 참여하여 자기들이 가진 의견과 정보를 제출하여, 결정과정에 대해 반응하고 다른 선택을 제공하기도 하면서, 윤리적 의사결정과정을 둘러싼 주위환경을 변화시키기도 한다. 이처럼 윤리적 의사결정 과정은 복잡하고 어렵다고 볼 수 있다.

김기덕(2002)은 다양한 사회복지실천 영역에서 이루어지는 윤리적 의사결정이 일반적으로 다음과 같은 여덟 가지의 특성을 가지고 있다고 하였다.

첫째, 윤리적 의사결정은 기본적으로 이성적인 작업으로, 그 판단의 절차나 과정이 전적으로 개인의 주관적인 가치와 원조 과정에서 사회복지사가 클라이언트(client)에게 무엇이 가장 필요한지를 객관적인 합리성에 근거하여 판단한 것이라야 한다. 이는 의사결정 과정에서 비합리적이고 충동적이며 비계획적인 요소들을 최소한도로 줄일 수 있다고 인식할 수 있는 기본적인 전제이다.

둘째, 윤리적 의사결정은 직감적이고 순간적인 판단이 아니라, 일련의 체계적인 단계로 이루어지는 하나의 과정이라고 볼 수 있다. 일련의 단계를 준수하고 사회복지사 개인이 내린 윤리적 의사결정이 객관적이고 합리적인가를 논의할 수 있는 조직화된 일련의 단계를 따르는 것이 중요하다(Reamer, 1999).

셋째, 윤리적 의사결정 과정에서 감정과 이성은 인간이 도덕적인 사고를 해 나가는 데 있어 상호 보충적인 자원으로서 활용되어야 하는데 이성적이고 합리적인 요인과 더불어 심리적인 요인도 영향을 미친다. 사회복지사의 개인적 가치나 특정한 선호가 전문직 가치나 클라이언트(client)의 가치에 위배되는 개입을 하게 되는 경우를 통제하지 못하는 문제가 발생했을 경우, 올바른 윤리적 의사결정을 위해서 사회복지사는 윤리적 의사결정 과정에 자신의 개인적 가치, 개인적인 선호에 따라 특정한 방향으로 개입하려는 심리적 요인도 작용한다는 점을 인식하고 이를 객관화하기 위해 노력해야 한다(심상용, 2016).

넷째, 윤리적 의사결정은 기본적으로 다양한 가치 사이에서 이루어지는 하나의 절충(compromise)이다. 사회복지사가 지켜야할 가치들 이상의 도덕적 가치와 도덕적 의무 사이에 존재하는 위계질서를 분명히 하고, 우선순위를 정함으로써 용이한 선택을 할 수 있도록 해야 한다.

다섯째, 윤리적 의사결정 과정은 '결정 절차(the process)'와 '결정 원칙(the principle)'이라는 두 가지 핵심적인 요소로 이루어져 있다. 윤리적 가치나 의무의 우선순위를 결정하기 위해서는 체계적인 절차와 기준이 필요하다.

여섯째, 윤리적 의사결정은 주어진 사례에 대한 윤리적인 측면만을 고찰하는 것 뿐 아니라, 윤리적인 것 이외의 측면 즉, 실천적이고 사실적이며 기술적인 부분을 함께 고찰하는 것이다. 사회복지사가 실천 현장에서 직면하는 문제 상황에서는, 무엇이 최선이며 옳고 그름에 대한 과학적이고 합리적인 차원으로 설명되지 않는 윤리적 요소들이 포함된다.

일곱째, 사회복지분야에서의 윤리적 결정이 합리적이고 체계적인 기준과 절차에 의해 이루어지는 것이기는 하나, 필연적으로 결정자가 가지는 자유재량(discretion)의 요소가 있다. 사회복지사는 주어진 사례에 대해 구체적으로 분석하고 이해하며 해석하여 최종적인 결정을 내리기까지 오류의 가능성을 최소화하고 객관화된 문제와 관련하여 이론적으로 대응을 하는 것이 윤리적 의사결정이다.

여덟째, 윤리적 의사결정은 사회복지사의 독단적인 선택에 의한 것이 아니라, 영향을 받을 수 있는 모든 당사자들이 전체적으로 참가한 결과이다. 의사결정 과정에는 클라이언트(client)와 관련된 체계, 슈퍼바이저, 사례를 담당하는 사회복지사, 동료 등과 검토해 객관화되고 오류를 시정하는 과정을 거치게 된다. 또한, 의사결정 과정에 다양한 당사자의 참여를 권장하는 새로운 패러다임이 등장하면서 최근에는 사회복지사와 클라이언트(client) 사이에 맺어 왔던 전문직 관계의 비민주성에 대한 비판들이 제기됨에 따라 클라이언트(client)의 가치 체계에 대한 인식과 함께 클라이언트(client)의 의사결정에 대한 참여를 확대하는 문제가 주목을 받고 있다.

4. 윤리적 의사결정의 과정

사회복지실천 현장에서는 어떤 행동을 선택하든지 언제나 책임이 따른다. 사회복지의 발달, 전문직으로서의 책무, 사회복지실천 과정에서 사회복지사들이 직면하는 윤리적 갈등 그리고 의사결정의 문제를 해결하고자 하는 행위에는 옳고 그름의 판단을 필요로 하고 있다. 이러한 윤리적 판단의 문제를 해결하기 위해 보다 나은 결정을 내리기 위한 체계적인 의사결정 과정을 필요로 한다. 의사결정이란 둘 이상의 여러 대안들 중 결정자가 의도하는 결과를 가능하게 하는 하나의 대안을 선택하는 과정을 의미한다.

1) 리머의 윤리적 의사결정의 과정

리머는 사회복지사가 윤리적 판단을 하는 데 있어서 윤리적 딜레마의 모든 면을 검토할 필요가 있으며, 이를 위해서는 일련의 단계를 거쳐 체계적으로 접근하는 것이 중요하다고 하였다. 명확하게 공식화된 일련의 과정에 따라 사회복지사들은 그들이 내리는 윤리적 결정의 질을 향상시킬 수 있으며, 이러한 과정들은 윤리적 딜레마를 해결하는 데 있어 매우 유용하다. 그의 윤리적 의사결정 과정을 다음 〈표 6-1〉과 같이 제시한다.

〈표 6-1〉 리머의 윤리적 의사결정의 과정

1	갈등을 일으키는 사회복지실천 가치와 의무를 포함하여, 윤리적 이슈를 규명한다.
2	윤리적 결정에 의하여 영향을 받을 가능성이 있는 개인이나 집단 조직을 규명한다.
3	실행 가능한 모든 행동 방침과 각각의 경우에 포함되는 참여자들 그리고 각 경우의 잠재적 이익과 위험을 잠정적으로 규명한다.
4	다음의 관련 사항을 고려하여, 각각의 행동 방침을 찬성 또는 반대하는 이유와 근거를 철저하게 검토한다. • 윤리 이론, 원칙, 지침들(예를 들면, 의무론이나 목적론-공리주의적 관점 그리고 이에 근거한 윤리적 지침들) • 윤리강령과 법적 원칙들 • 사회복지실천 이론과 원칙들 • 개인적 가치들(종교적, 문화적, 인종적 가치와 정치적 이념 포함), 특히, 자신의 가치와 갈등을 일으키는 가치들 • 동료나 적당한 전문가(기관의 직원, 슈퍼바이저, 기관의 행정가, 변호사, 윤리학자 등)와 상담한다.
5	결정을 내리고 의사결정 과정의 증빙 서류를 첨부한다.
6	결정을 감시, 평가하고 결정에 관한 서류를 첨부한다.

2) Kohlberg의 도덕적 발달 단계

Kohlberg와 Lieberman(1983)은 윤리적 의사결정의 동의어 개념인 도덕적 판단(moral judgement)에 대해 무엇이 옳고 그른지에 대한 규범적 평가로서 가치 판단, 사람과 관련된 사회적 판단, 그리고 옳은 것과 의무에 대한 규범적인 판단으로 정의하였다. 또한, 사회복지실천 과정에서 사회복지사들이 윤리적 딜레마를 어떻게 다루는지에 대하여 윤리적 의사결정의 인지적, 추론적 요소를 강조하는 모델을 제시하였다. 이 모델은 윤리적 의사결정의 인지적 과정이 발전 단계별로 어떻게 전개되어지는지를 체계적으로 제시한다. 이 모델은 의사결정 그 자체보다는 개인이 윤리적 선택을 정당화하는 인지적 의사결정 과정을 강조하였는데, 도덕적 판단(moral judgement)이라는 윤리적 의사결정은 무엇이 옳고 그른지에 대한 사전적인 평가라고 할 수 있다. 도덕적 판단 즉, 윤리적 의사결정에는 가치, 사람들을 포함하는 사회적 판단, 그리고 권리와 의무 등에 대한 사전적인 판단 등이 포함된다.

Kohlberg가 제시하는 개인의 인지적 도덕 발달 단계는 <표 6-2>와 같다.

〈표 6-2〉 Kohlberg(1969)의 도덕적 발달 단계

수준	단계	가치 판단
전통 이전	1. 복종과 처벌 저항 단계	• 물리적 처벌을 회피하기 위해 규칙 준수 • 복종을 위한 복종
	2. 개인의 도구적 목적과 교환의 단계	• 자신의 직접적인 이해에 부합하는 규칙만을 추종 • 공정하고 공평한 교환과 거래만 옳다고 인식
전통적	3. 개인 상호 간 기대, 관계 및 적응 단계	• 상투적인 선한 행동 • 자신에게 가까운 사람들의 기대에 맞추어 생활
	4. 사회 체계와 도덕성 유지의 단계	• 자신이 동의한 의무와 복종에 충실 • 법률이 기존의 사회적 의무와 충돌하는 극단적인 경우를 제외하고 법률 유지 • 사회나 집단에 기여

수준	단계	가치 판단
전통 이후	5. 우선적 권리와 사회 계약, 공리의 단계	• 사람들은 다양한 가치를 지니고 규칙이란 것은 집단에 따라 상대적이라고 인식 • 규칙은 사회적 계약이라는 관점에서 유지 • 다수의 의견에 굴하지 않고 절대적인 가치와 권리 유지
	6. 보편적 윤리 원리의 단계	• 자신이 선택한 윤리적 원칙을 추종 • 법률과 원칙이 충돌하면 원칙에 따라 행동

출처: Kohlberg, L.(1986),Moral stages and moralization; The cognitive developmental approach. In T.Lickona(Ed.), Moral development and behavior; Theory, research, and social issue

전통 이전(pre-conventional)수준에 속한 사람은 구체적인 결과, 특히 외부의 보상과 처벌, 그리고 자신의 직접적인 이해에만 관심을 가진다. 또한 전통적(conventional) 수준에서 도덕적으로 옳은가의 기준은 보다 큰 사회나 가족 및 동료 집단과 같은 분리된 사회에서의 선한 행위의 결과에 대한 기대에 순응하는 것이다. 이 수준에 있는 사람들의 윤리적 결정의 동기는 가족과 같은 중요한 인물의 기대를 충족시키는 것이라고 할 수 있다. 특히, Kohlberg는 우리 사회 대부분의 성인들이 3단계, 4단계에 위치하고 있다고 하였다. 전통 이후(principled) 수준인 5단계와 6단계에서의 도덕적 판단의 기준은 보편적인 가치와 원칙(universal values and principles)이 된다. 이 수준에 있는 사람들은 규범이나 법률, 혹은 개인이나 집단의 권리를 초월하여 사고한다.

5. 기본 지침으로서의 윤리강령

윤리강령은 전문직의 실천에 대한 원칙과 지침을 제공해 주는 것으로 전문직의 가치를 실천의 원칙으로 명문화한 것이다. 강령은 전문직의 구성원들이 준수해야 할 전문직에 대한 기대를 나타내는 것으로 전문직의 가치를 행동에 대한 기대로 표현한 것이다. 따라서 전문직의 위치를 성취하려고 노력하는 모든 직업은 전문직업적 윤리강령을 발전시키기 위해 노력해 왔다. 윤리강령의 일차적인 역할은 실천가들이 윤리적 갈등에 부딪혔을 때 일반적인 지침을 제공하는 것이며, 이외 전문직의 행동을 규제하는 것, 전문직을 외부의 규제로부터 보호하는 것, 전문직의 의무와 관련된 규범을 만드는 것, 그리고 잘못된 실천(malpractice)의 문제가 제기되었을 때 이에 대한 평가의 기준이 되는 것이다(Reamer, 1998).

이러한 윤리강령은 사회복지사들이 실천의 윤리적 측면을 다루는 데 도움이 되는 첫 번째 단계가 될 수 있다. 한편, 윤리강령은 모든 윤리적 문제를 해결하고 이에 대한 확실한 지침을 제공할 수는 없으며 윤리적 갈등 상황에서 윤리강령은 절대적인 원칙은 아니다. 또한 윤리강령은 가능한 모든 상황에 대한 지침을 제공하려고 노력하기 때문에, 특정한 규칙이 아니라 일반적 원칙들의 차원에서 작성되어진다(Banks, 1998). 그렇기 때문에, 윤리강령은 현실에서 발생하는 문제의 개별성과 강령의 일반성과의 차이로 인해 사회복지사가 필요로 하는 상세한 지침이 되지 못하기도 한다.

사실, 윤리강령은 일반적으로 오직 좋은/나쁜(good /bad) 결정에 대한 지침만을 제공한다. 그것은 좋은/좋은 그리고 나쁜/나쁜 같은 경우의 다양성에 있어서는 실천가의 의사결정에 큰 도움이 되지 못한다. 현재, 우리나라의 윤리강령은 1992년 개정되어 전체 10항으로 구성되어 있다. 제1～3항에서는 전문가로서의 사회복지사의 의무, 책임, 태도에 관한 지침을 제공하고, 제4～7항에서는 클라이언트(client)에 대한 사회복지 전문직의 의무를 강조하며, 제8～9항에서는 동료와의 관계를 규정하고 있고, 제9～10항에서는 동료 및 사회복지 기관과의 관계를 규정하고 있어 클라이언트(client), 사회복지전문직, 동료 및 소속 기관 등 3개 영역에 대해서만 규정하고 있다.

1992년의 윤리강령의 개정은 이전의 윤리강령이 사회복지분야의 다양화와 공적 사회복지사(사회복지 전문요원)의 급증으로 인해, 사회복지사의 행동 및 윤리지침으로서 영향력이 미흡할 뿐 아니라, 윤리강령이 국제적 흐름과 교류에 부적합하다는 이유로 개정된 것이다. 개정된 윤리강령의 주요 골자를 살펴보면, 용어를 시대 변화에 따른 적절한 용어로 선택 수정하자는 의견에 따라 클라이언트(client)를 복지 대상자로 수정했고 봉사, 사명 등의 희생만을 강조하는 어감을 삭제(한국사회복지사협회, 1997)한 것이다.

그러나 현재 한국 사회복지사 윤리강령이 앞에서 밝힌 대로, 실질적으로 사회복지사의 실천을 이끌고 그의 실천에 대한 평가의 지침이 되고 있는지는 검토해 볼 필요가 있다. 윤리강령은 무엇보다도 사회복지사의 이에 대한 인식과 실천에의 적용이 중요하다. 우리나라의 윤리강령이 1980년도에 최초로 제정되었으나, 어느 정도의 사회복지사들이 이를 인식하고 실천에 적용하고 있는지는 미지수이다.

사회복지의 윤리에 대한 관심의 증가와 함께 최근의 NASW의 윤리강령은 보다 구체화되고 세분화된 내용으로 개정되었다. 이러한 구체적인 윤리강령에 대한 판단은 양분되어 있다. 이것이 사회복지사들이 겪는 문제의 해결에 보다 실질적인 도움이 되어 윤리강령으로서의 제 역할을 다하게 되었다는 평가가 있는 반면, 이러한 구체적인 지침으로 인해 사회복지실천에 있어서 개별 사회복지사의 전문성이 사장되고 클라이언트(client)의 개별성이 지켜지지 못한다는 의견이 존재한다(Banks, 1998).

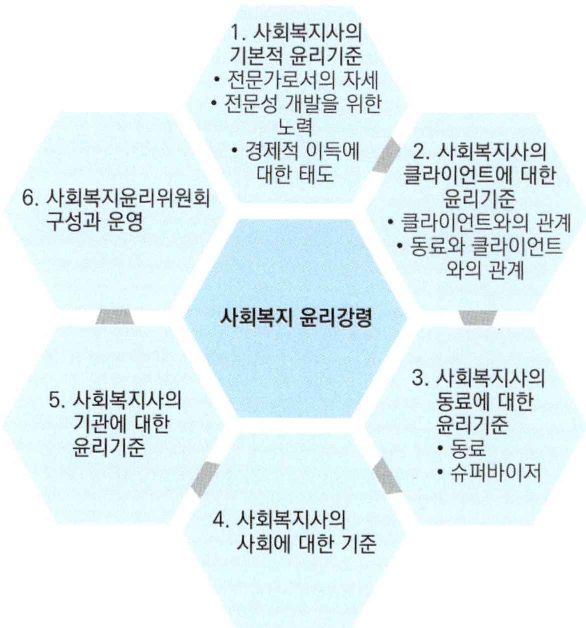

※ 사회복지사 윤리강령: 미국 사회복지사 윤리강령을 토대로 1988년에 제정, 두 차례(1992. 10., 2001. 12.) 개정하여 오늘에 이르고 있다.

[그림 6-1] 한국 사회복지사 윤리강령의 구조

사실, 윤리강령에 대한 맹목적인 추종은 조심해야 할 일이다. 원칙에 따른 결정이 객관성을 부여하기는 하나, 이것은 사회복지사의 전문가로서의 창조성과 통찰력 그리고 클라이언트(client)의 개별화에는 장애가 될 수 있기 때문이다. 사회복지를 예술이라고 할 때, 이는 사회복지실천의 전문성을 높이 평가하는 의미로서 개별 사회복지사들의 전문적 능력에 따른 실천에 대한 신뢰라고 본다. 따라서 윤리강령에 있어서는 그 내용도 중요하지만, 보다 중요한 것은 사회복지사의 이에 대한 자각과 관심이다.

chapter 07

윤리적 의사결정모델과 사례분석

사회복지사는 질 높은 복지서비스를 제공하는 과정에서 잠재하는 윤리상의 문제들을 예상하고 실제적인 윤리문제들에 효과적으로 대처해야 한다. 이로 인하여 사회복지사로 하여금 사회복지실천 현장에서 발생하는 문제와 관련 윤리규정 및 법조항을 숙지하고 준수해야 할 뿐만 아니라, 윤리적 딜레마가 내포된 상황을 인지하고 적절한 절차와 방법을 사용해서 최선의 결정을 내릴 것을 요구한다. 윤리 의사결정은 사회가 더 복잡해지고 전문화됨에 따라 의료, 간호, 법률, 언론, 상담, 교정, 사회복지 등 과거에 존재하지 않았던 전문직들이 생기면서 그 분야에 전문가들이 수행하는 실천행동 등의 정당성과 윤리적인 문제제기가 논란의 대상이 되면서 더욱 그 필요성이 대두되었다. 따라서 사회복지실천현장의 의사결정 참여는 사회복지의 발전과 양질의 서비스를 클라이언트에게 제공하기 위해 중요성이 날로 강조되어 오고 있다.

윤리적 딜레마(ethical dilemma)란 두 개 이상의 윤리적 원칙들(ethical principles)이 충돌해서 사회복지사가 의사결정을 내리기가 힘든 문제 상황을 의미하는 것으로(Sperry, 2007),

상황이 복잡해서 어떤 윤리적 원칙과 기준들을 적용해야 하는지 명확하지 않을 때 윤리적 딜레마에 직면하게 된다(Ahia, 2003). 따라서 사회복지사가 개인적 가치판단에 의존해서 딜레마를 해결하거나(Kitchener, 1984), 단순히 명시된 윤리규정을 기계적으로 적용하는 것은 복잡한 딜레마 상황을 해결하는데 도움이 되지 않는다. 윤리적 의사결정모델(ethical decision-making model)은 이렇게 사회복지사가 윤리적 딜레마에 직면했을 때 고려해야 할 구체적인 사항과 절차들을 제시한다(Kitchener, 1984). 이와 관련하여 의사결정의 문제를 해결하고자 콩그레이스, 메티슨, 로웬버그와 돌고프, 리머, 루이스 등 사회복지윤리학자들은 구체적인 모델을 개발하였다. 윤리적 의사결정모델은 윤리적 딜레마를 해결하기 위해 윤리학에서 논의되고 있는 개념과 이론을 도입하여 구성을 하고 전개하는 공통점을 가지고 있지만 각 모델은 의사결정 과정의 요소와 지침측면에서 차이가 있을 수 있다.

1. 윤리적 의사결정의 모델 분석

1) 콩그레이스 모델

콩그레이스(Congress)는 사회복지사들이 가능한 효과적이면서 빠르게 윤리적 결정을 할 수 있는 모델을 제시하고 있다. 이 모델은 사회복지실천의 가치를 고려하여 만들어졌으며, 전문가 윤리강령, 그리고 사회복지실천 현장에서 나타날 수 있는 특수한 상황이나 그 상황의 맥락 등을 고려하여 만들어졌다. ETHIC 모델은 간결하고 활용하기 쉽다는 장점이 있으며 내용은 〈표 7-1〉과 같다.

〈표 7-1〉 콩그레이스의 ETHIC 모델

단계	내용
E(Examine)	관련된 개인적 가치, 사회적 가치, 기관의 가치 및 전문가적 가치를 살펴본다.
T(Think)	상황에 적용되는 윤리강령의 윤리기준, 관련법과 판례들을 고려한다.
H(Hypothesize)	상이한 결정들의 잠재적 결과들에 대한 가설을 설정한다.
I(Identify)	가장 취약한 대상에 대한 사회복지의 헌신에 비추어 이익을 얻을 사람과 해를 입을 사람을 확인한다.
C(Consult)	윤리적 선택에 대해 슈퍼바이저와 동료들의 자문을 구한다.

콩그레이스 ETHIC 모델은 주로 윤리적 의사결정 절차에 초점을 두고 있으며, 각 단계의 앞 철자를 딴 명칭이다. 콩그레이스의 모델은 몇 가지의 장점을 가지고 있다.

첫째, 비교적 명료하게 제시해 의사결정을 하는데 사회복지 현장에서 적용성이 높다. 또한, 윤리강령, 법률이나 판례의 자원만 갖추면 누구나 ETHIC 모델을 사용할 수 있다. 그 외에도 제반 가치를 검토, 가설 설정 및 사정 등은 사례를 판단하는 과정으로 전문적인 역량이나 경험 외에 별도의 자원을 필요로 하지 않는다(심상용, 2016).

둘째, 콩그레이스의 윤리적 의사결정 절차는 사회복지사의 개인의 가치만으로 결정을 하는 것이 아니며, 직간접적으로 클라이언트에 영향을 미칠 수 있으므로 가치중립적이어야 하며, 사회복지사는 자신의 가치가 윤리적인 문제와 관련되지 않도록 개인적 가치, 사회적 가치, 기관의 가치, 클라이언트의 가치, 전문적 가치를 모두 고려하여 모니터링을 할 수 있어야 한다. 그리고 나아가 5단계에서 자문 절차를 통하여 기관 내외의 협조 절차를 마련하므로 사회복지사 개인의 가치가 기관의 가치를 벗어날 수 없도록 통제를 하고 있다.

셋째, ETHIC 모델에서 사회복지사는 클라이언트의 가치를 검토함으로써 다양한 선택의 기회와 그와 관련된 사람들의 이익을 고려하여 사회정의의 관점을 수용하고 있다. 콩그레이스는 사회정의 관점에서 사례와 관련하여 사회적으로 취약한 위치에 있는 사람들을 위하여 그들과 함께 활동하며 사회적인 변화를 추구하고 있음을 강조하고 있다.

그러나 콩그레이스 ETHIC 모델은 사회복지사가 간결하고 활용하기 쉽다는 실용성에만 치중해 윤리적 의사결정 모델로서의 적용 가능성을 갖추기에는 한계가 있다. 사례에 적용되는 윤리강령에 관한 조항을 바탕으로 윤리적 판단을 내리는 경우 쉬운 사례에만 적용이 될 수 있기 때문에 윤리적인 딜레마가 아닌 사례에 ETHIC 모델 등의 별도의 윤리적 의사결정 절차를 적용할 필요가 있는지 의문이 생길 수 있다(Reamer, 1999).

2) 메티슨의 의사결정모델

메티슨(Mattison)은 박사 학위논문(1994)을 바탕으로 1997년과 2000년 사회복지실천과정에서 사회복지사가 윤리적 딜레마를 분석하고 해결할 수 있는 준거틀을 제시하고 있다. 메티슨이 제시한 모델은 사회복지사가 윤리적 딜레마를 해결하는데 더욱 쉽게 채택하여 사용할 수 있도록 단계별 과정을 상세히 기술했다. 이 접근 방법의 장점은 윤리적 딜레마의 분석과 해결을 이끄는 보다 실용적인 준거틀로, 윤리적 의사결정과정은 가치와 선호도에 매우 민감하다는 끊임없는 자각을 반영하고 있다. 의사결정의 각 진행 단계마다 사회복지사는 분석도구의 상호의존도와 개인의 의사결정과정 수행에 주의를 기울여야 한다.

메티슨은 〈표 7-2〉와 같이 일곱 단계의 윤리적 결정 과정을 제시하고 있다.

〈표 7-2〉 메티슨 모델

단계	내용
제1단계	해당 사례와 관련된 정보 수집
제2단계	윤리적 요소와 기술적 요소의 분리
제3단계	긴장관계에 놓여 있는 가치들의 명확화
제4단계	해당 사례와 관련이 있는 NASW 윤리강령의 원칙 확인
제5단계	가능한 모든 행위의 결과, 예상되는 손해의 확인
제6단계	우선순위에 대한 사정평가
제7단계	결정단계

① 제1단계 : 해당 사례와 관련된 정보 수집(사례 이면의 사실과 사례의 세부사항에 대한 수집과 평가)

이 단계에서는 사례와 관련하여 클라이언트가 상황을 종합적으로 판단하는데 필요한 모든 정보와 관련 자료들을 수집하고 평가한다. 사회복지사는 클라이언트와 클라이언트 체계에 관계하면서 특별한 사례상황을 수집하고 평가해야 한다. 사실을 수집평가하는 것은 결코 가치 중립적인 과정은 아니다. 특정한 사실을 포함하거나 누락시키고 책임질 클라이언트를 누구로 결정할 것인가 등은 각각 의사결정자에 따라서 다를 수 있다.

② 제2단계: 윤리적 요소와 기술적 요소의 분리(실천에 대한 고려와 윤리적 요소의 구분)

수집된 자료를 기반으로 하여 주어진 사례를 분석하고, 그 내용을 윤리적인 요소와 기술적인 측면으로 구별하고 분리한다. 사회복지사가 윤리적 딜레마의 요구에 얼마나 잘 응하는가는 부분적으로는 윤리적 문제를 사회복지실천상의 문제에서 구별하는 것과 관련된다. 그리고 사회복지사가 윤리적 문제를 고려하는 방법을 어떻게 배웠는지에 따라 달라진다. 기술적인 측면은 사례를 이해하고 분석하는 데 필요한 객관적인 사실과 경험적인 지식, 기술과 관련된다. 사회복지사가 실천대안으로 행할 다양한 개입기법이 클라이언트에게 미칠 육체적, 정신적, 그리고 재정적 결과에 대하여 예측 가능한 지식들도 포함된다. 사회복지사는 실천에 대한 고려를 가치 문제와 구별하지 않은 채, 실천원리에 근거한 일련의 행동을 선택하는 위험을 감행한다. 따라서 의사결정자의 선택을 궁극적으로 정당화하기 위해서는 실천에 대한 고려와 윤리적 고려 모두 평가되어야 한다. 윤리적인 요소란 주어진 사례의 내용을 분석하고 예상되는 개입의 기법들을 상정할 때 사회복지사가 반드시 고려해야 하는 사회복지실천의 기본가치와 이러한 가치를 구현하기 위해 수행해야 하는 윤리적 의무를 의미한다.

③ 제3단계: 긴장관계에 놓여 있는 가치들의 명확화(가치갈등에 대한 확인)

제2단계의 사례와 관련된 윤리적인 요소에 대한 이해를 바탕으로 상충하는 가치들 간의 갈등 형태를 명확히 제시한다. 이때 가치와 윤리적 의무뿐 아니라 법적인 측면에 대해서도 고려해야 한다. 서로 상충하는 책임 중 책임을 결정하는 것은 의사결정자가 무엇에 우선권을 둘 지 결정하는데 도움이 된다. 윤리적 딜레마에 대한 해결은 궁극적으로 한 가지 의무에 대한 헌신이 다른 의무를 희생하는 것이라는 것을 인식하면서도 여러 의무 중 한 가지를 선택하는 것을 포함한다. 가치갈등은 다음과 같다.

- 자기결정권과 전문가 온정주의
- 비밀보장과 전문가의 의무상의 이유에 입각한 비밀누설
- 법적 의무와 이성적으로 판단되는 '더 큰 선행'
- 기관 정책에 대한 책임과 자유재량에 의한 판단
- 클라이언트의 자기결정권과 개인적 가치에 따라 이루어진 판단
- 개인의 권리와 가족체계의 복지

④ 제4단계: 해당 사례와 관련이 있는 NASW 윤리강령의 원칙 확인(사례에 영향을 미치는 윤리강령 원칙들의 확인)

이 단계에서는 해당 사례와 관련하여 확인된 윤리적인 가치들을 분석해서 그와 관련된 내용을 담고 있는 NASW 윤리강령의 의무들과 연결짓는 것이다. 사회복지사는 그들이 책임져야 할 윤리적 기준을 이해하기 위해 그리고 어떤 기준에서 자신의 행동이 판단될지 이해하기 위해 NASW 윤리강령을 참조해야 한다. 사회복지사는 강령 중 어떠한 원칙이 개별 사례에 적용될 수 있는지 판단하는 것은 의사결정자의 판단에 따른다는 것을 기억해야 한다.

⑤ 제5단계: 가능한 모든 행위의 결과, 예상되는 손해 확인(가능한 행동양식 결정)

이 단계에서는 주어진 문제를 해결하는 데 있어 타당해 보이는 모든 개입활동의 예상 경로와 결과를 예측, 평가, 측정하는 작업을 수행한다. 다양한 개입행위를 선택함으로써 나타날 결과의 분석에는 그와 같은 선택에 영향을 받을 수 있는 모든 관련당사자들을 포함하여야 한다. 사회복지사는 주어진 사례에 관련한 법 · 규칙 · 정책 혹은 각각의 잠재적 위험과 혜택을 동시에 고려하면서 가능한 행동양식을 판단해야 한다. 의사결정자는 가능한 행동양식과 각 선택에 따라 클라이언트 체계 내의 다른 구성원의 필요를 충족시키거나 충족시키지 않을 범위를 판단해야 한다. 윤리적 딜레마가 그러하듯이, 어떤 가능한 행동양식은 동시에 유익하기도 하고, 해롭기도 한 결과를 낳는다. 의사결정자는 클라이언트 체계, 사회복지사, 더 넓은 사회에서의 유익과 해로움을 고려해야 한다.

⑥ 제6단계: 우선순위에 대한 사정평가(어떤 의무가 우선적인지를 평가하고 행동의 선택을 정당화함)

이 단계에서는 해당 사례와 관련하여 서로 상충되거나 경합관계에 있는 가치와 의무의 우선순위를 확정하는 것을 주요 내용으로 한다. 즉 다른 의무와 가치를 희생하면서도 어떠한 가치나 의무를 고집하여야만 하는 윤리적 정당성에 대한 고려가 이 단계에서 요구되는 가장 중요한 과업이다. 이 단계는 전 단계에서 얻은 정보를 바탕으로 평가하는 것을 포함한다. 의사결정자는 모든 수준에서 의무를 고려해 왔으며, 이제는 어떠한 우선 순위와 의무, 가치를 다른 것보다 중시해야 할지 결정해야 한다. 왜 특정한 행동을 선택했는지에 대한 명백한 고찰을 해야하는 단계이다. 이 고찰은 모든 사실과 정보를 검토해야 할 뿐 아니라, 사회복지사의 자성도 필요하다.

- 결정은 절대적 윤리원칙에 기초해야만 하는가?
- 사회복지사는 결과에 무관한 규칙이나 원리를 따라야 하는 의무감을 느끼는가?
- 어떤 윤리원칙 위에서 결정이 정당화될 수 있는가?

- 행동의 선택은 뒤에 따르는 가능한 결과에 입각하여 취해져야 하는가?
- 사회복지사는 원리나 의무의 목록에 의존하고 있고, 낮은 순위보다 높은 순위의 의무에 충실하고 있는가?

궁극적으로 행동의 우선 순위는 실천원칙, 법적 의무, 유사한 성격의 사례에서의 다른 사회복지사의 경험과 기관의 규칙 · 의무수행, 전문가의 온정주의, 의사결정자의 추측 · 편견 · 선호도, 기관 안에서의 사회복지사의 역할, 그리고 기타 사항에 대한 고찰 등에 근거할 수 있다. 의사결정자는 무슨 근거로 이러한 판단을 했는지에 대해 명확히 함으로써 행동의 선택을 정당화해야 한다.

⑦ 제7단계 : 결정단계(해결과 반성)

마지막 7단계에서 사회복지사는 이와 같은 사정 평가 작업에 근거하여 구체적인 개입활동을 선택하고 이러한 선택의 과정과 결과의 정당화 작업을 준비한다. 일단 행동을 선택하고, 정당화하고, 실행하게 되면, 특정 사례에서 선택한 가치 선호에 대해 사회복지사가 반영해 볼 수 있는 기회가 주어진다. 서로 경합되는 대안들 중에 어떤 가치, 윤리원칙에 우선권을 두었는지를 보면서 사회복지사는 자신의 가치선호도에 대해 알게 된다. 다음과 같은 질문들이 이 단계에서 고려되어야 한다.

- 이 사례에서 법적 의무는 나의 결정에 얼마나 영향을 미쳤는가?
- 클라이언트의 최대 이익을 위한 것이라면, 나의 법적 의무를 넘어서도 기꺼이 행동하려고 했는가?
- 이 사례는 여러 클라이언트의 최대 이익 간의 갈등을 내포하고 있었는가?
- 사례가 클라이언트의 자기결정권과 온정주의 간의 갈등을 내포했다면 어떤 가치가 우선으로 존중되어야 한다고 판단했는가?
- 어느 정도로 개인적인 가치나 철학이 선호된 행동의 선택에 영향을 미쳤는가?

사회복지사가 사례들에 대한 자신들의 윤리적 결정을 평가할 때, 과거의 사례들을 현재의 윤리적 결정과 비교하면서, 자신들의 대응 양상을 확인하게 될 것이다. 이 환류는 사회복지사가 윤리적 딜레마에 대한 자신의 개별적인 접근방법에 대해 깨닫게 하고, 미래의 의사결정을 예측할 수 있게 한다. 사회복지사가 자신의 개인적인 의사결정 스타일이나 양상을 인식할 때, 그들도 모르는 사이에 실천결정에 영향을 줄 수 있는 자신의 편견에 책임지려고 노력할 수 있게 된다.

메티슨의 모델은 정보의 수집과 평가, 윤리적 요소와 기술적 요소의 분리, 상충하는 가치의 갈등에 대하여 명확한 윤리강령을 확인, 선택 가능한 행위들의 이익과 손해, 우선순위 결정 등으로 이루어지는 7단계의 의사결정 절차를 담고 있다. 메티슨 모델은 다른 모델들이 반영하지 못하고 있는 새로운 요소들을 제시하고 있으며 사례분석에 필요한 기술적 측면 즉, 지식과 기술을 말하였다. 그러나 메티슨은 네 번째 단계에서의 윤리강령을 다시 여섯 번째 단계에서 사용할 수 있는 중요한 판단기준으로 전제하고 있다. 그러나 NASW 윤리강령이 의사결정과정에서 직접적으로 도움을 줄 것으로 기대하기는 어려운 점이 있다. NASW 윤리강령에 사회복지의 기본가치와 의무 가운데 어떠한 것이 중요한 것인가에 대해서 보다 구체적인 지침이 포함될 필요가 있다(김기덕, 2002).

3) 로웬버그와 돌고프(Loewenberg & Dolgoff) 모델

(1) 윤리적 의사결정의 과정

로웬버그와 돌고프(Loewenberg & Dolgoff, 1996)는 사회복지사가 윤리적 의사결정을 하기 위해 적용할 수 있는 일반적인 의사결정모델을 제시하였다. 일반적인 의사결정모델은 합리적인 의사결정과정의 단계와 절차를 제시하고 있으며 윤리적인 사정과 심사의 원칙을 정하는 우선순위와 관련한 세 가지의 심사기준(심사표)을 별도로 다루고 있다.

일반결정 모델은 사회복지사가 전문가로서 문제해결을 주도하여 의사결정을 한 후 이를 실행하고, 그 결과에 대한 검토 및 평가, 추가적인 문제를 고려하는 것까지 결정과정에 포함하고 있다. 로웬버그와 돌고프는 〈표 7-3〉과 같이 일반결정 모델을 제시하고 있다.

〈표 7-3〉 일반적 의사결정모델

단계	내 용
1	문제가 무엇이며, 또한 그 문제를 지속시키는 요인들이 무엇인지 찾아낸다.
2	Ct., 희생자, 지지체계, 다른 전문가들 및 그 밖의 사람들을 포함해서 당면한 문제에 관련되어 있는 사람들과 제도들을 찾아낸다.
3	당면문제와 관련해서 2단계에서 찾아낸 다양한 참여자들이 갖고 있는 가치들, 즉 사회의 가치, 전문가가치 그리고 Ct.와 사회복지사 개인의 가치들을 찾아낸다.
4	당면문제를 해결하거나 혹은 적어도 감소시킬 수 있는 목적과 목표들을 찾아낸다.
5	대안적인 개입전략과 개입대상을 찾아낸다.
6	구체화된 목표에 부합되는 각 대안들의 효과성과 효율성을 검토한다.
7	의사결정에 관여해야할 사람이 누구인지를 결정한다.
8	가장 적절한 전략을 선택한다.
9	선택된 전략을 실행한다.
10	실행을 검토하고 예기치 않은 결과들에 특별한 주의를 기울인다.
11	결과들을 평가하고 부가적인 문제들을 찾아낸다.

각각의 단계에서 제시하고 있는 모델은 사회복지 분야에만 한정되어 사용할 수 있는 모델은 아니다. 하지만 다른 의사결정 모델들에 비해 구별되는 특성으로는 전문가로서의 사회복지사가 주도적인 역할중심으로 전개되어 있으며(김기덕, 2002), 전략적 개입방법에 따른 문제해결과 행위의 개입의 효율성과 효과성이 평가되며 윤리원칙에 치중하지 않고 부가적인 문제까지 결정과정에 포함하고 있음을 볼 수 있다.

(2) 윤리적 사정심사와 윤리적 원칙의 우선순위결정

① 윤리적 사정심사

일반결정 모델은 문제해결 상황에서 적용할 수 있는 일반적 모델로서 윤리적 결정뿐만 아니라 일반적 의사결정에도 적용이 가능하다. 로웬버그와 돌고프는 일반적인 의사결정과 함께 의사결정을 진행해 나가는 과정에서 사회복지실천에서 의사결정의 윤리적 측면을 더 강조한 윤리적 사정과 윤리적 원칙의 우선순위결정을 〈표 7-4〉와 같이 제시하였다.

〈표 7-4〉 윤리적 사정심사표

단계	내 용
1	자신이 직면하고 있는 윤리적 갈등 상황과 관련하여 내 자신의 개인적 가치들은 무엇인지 확인해 본다.
2	윤리적 결정과 관련된 사회적 가치들은 무엇인지 확인해 본다.
3	문제와 관련하여 전문가로서의 가치와 윤리를 확인해 본다.
4	당신이 취할 수 있는 윤리적 선택은 어떠한 대안이 있을 수 있는지 확인해 본다.
5	어떤 윤리적 행위가 당신의 클라이언트 및 다른 사람의 권리와 행복을 가능한 한 최대한 보호해 줄 수 있는가?
6	어떤 윤리적 행위의 대안이 가능한 최대로 사회의 권리와 이해를 보호해 줄 수 있는가?
7	가치와 선택에서 나타나는 갈등을 최소화하기 위해 당신은 무엇을 할 수 있을까?
8	어떠한 행위가 최소한 해악의 원칙을 지킬 수 있을까?
9	각각의 행위의 대안들은 어느 정도 효율적, 효과적이며 윤리적인가?
10	각각의 대안들이 가지고 있는 단기 혹은 장기적인 윤리적 측면을 고려하고 비교해 보았는가?

윤리적 사정심사는 사회복지실천 현장에서 사회복지사가 바람직한 실천 활동을 결정하는 과정이며 윤리적 측면을 더욱 강조한 것으로 윤리적 갈등 상황과 관련된 가치와 갈등 해악을 최소화하는 선택을 할 때 고려해야만 하는 것들을 정리한 것이다.

② 윤리적 원칙의 우선순위결정

가) 윤리규칙심사(Ethical Rules Screen; ERS)

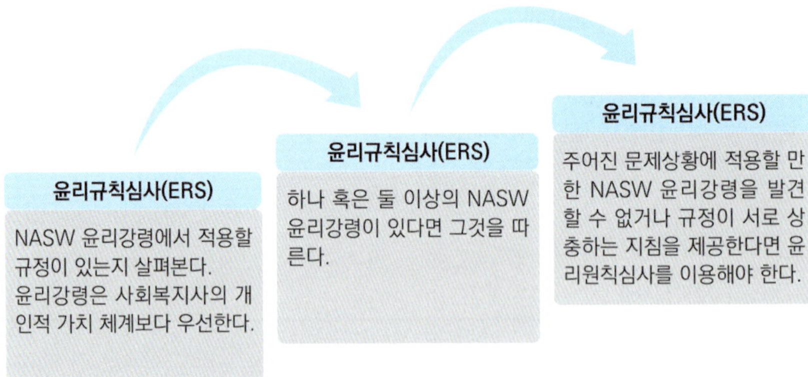

[그림 7-1] 윤리 규칙심사 (Ethical Rules Screen; ERS)

윤리규칙심사(Ethical Rules Screen; ERS)는 윤리원칙심사 이전에 우선적으로 수행되는 사정 기법이며, 윤리규칙심사가 윤리적 갈등상황에서 사회복지사에게 주어진 사례에 대하여 윤리강령을 적용해도 만족스런 의사결정에 이르지 못할 경우 윤리원칙심사단계를 사용하게 된다. 김기덕(2002)에 의하면 윤리규칙심사 2번 항목의 경우 해당 사례의 윤리적 문제와 관련하여 NASW 윤리강령에서 하나 혹은 둘 이상의 지침을 발견할 수 있으며, 이는 그들이 서로 상충하지 않는 경우를 의미한다. 사회복지사는 NASW 윤리강령에서 발견해 낸 개별 규정을 각각 다르게 적용함으로써 문제를 해결할 수 있다. 사례와 관련하여 NASW 윤리강령에서 발견된 규정은 기초의무이면서 최종의무라고 볼 수 있다. 그것은 기초의무들이 서로 충돌하지 않고 각자 개별적으로 적용될 수 있기 때문이다.

나) 윤리원칙심사(Ethical Principles Screen, EPS)

[그림 7-2] **윤리원칙심사**(Ethical Principles Screen, EPS)

사회복지사가 윤리적 문제를 해결하는데 있어서 윤리강령이 적용되지 않거나 여러 개의 윤리강령들이 상충되어 결정을 내리기 어려운 경우 윤리원칙심사를 적용한다. 윤리원칙심사는 다양한 원칙이 공존할 때, 윤리적 원칙과 순서를 제시함으로써 어떠한 가치가 우선시 되는지를 결정할 수 있다. 하지만 학자들마다 윤리원칙의 내용이 조금씩 다르기 때문에 윤리적 딜레마의 모든 면을 검토할 필요가 있으며, 이를 위해서는 일련의 단계를 거쳐 체계적으로 접근하는 것이 중요하다. 명확하게 공식화된 일련의 과정에 따라 사회복지사들은 그들이 내리는 윤리적 결정의 질을 향상시킬 수 있으며, 이러한 과정들은 윤리적 문제를 해결하는데 있어 매우 유용하다. 윤리적 원칙의 내용과 우선순위를 아래와 같이 제시하였다. 여러 원칙이 충돌하는 경우 상위원칙을 우선 적용하도록 하고 있다.

① 윤리원칙 1 - 생명보호의 원칙(principle of the protection of life)

생명은 모든 사람들에게 유일, 불가분의 존재이며 다른 사람과 나누어 가질 수 없으며 또한 양도할 수도 없다. 어떤 목적을 성취하기 위한 수단으로 사용해서는 안 되며 생명은 절대적으로 보호되어야 할 목적 그 자체이다. 생명은 누구에게나 최고의 가치를 지닌 인격체이며 다른 사람의 생명과 비교하여 그 가치의 우열을 논할 수 없다. 죽음에 임박한 환자의 극심한 고통을 덜어주기 위하여 환자의 생명을 단축시킬 수 없으며 뇌사상태 환자라도 생명유지 장치를 함부로 제거할 수 없다.

② 윤리원칙 2 - 평등과 불평등의 원칙(principle of equality and inequality)

동등한 조건에 있는 사람은 평등하게 처우해야 하며, 동등하지 않은 조건에 있는 사람은, 동등하지 않은 이유가 문제되고 있는 사안 그 자체에 있다면 그에 따라 다르게 처우한다. 학대받는 아동의 경우, 성인과 동등한 조건에 있지 않다. 따라서 아동을 보호할 의무는 성인 학대자의 비밀 보장과 자기결정권 존중에 우선한다.

③ 윤리원칙 3 - 자율성과 자유의 원칙(principle of autonomy and freedom)

사회복지사는 개인의 자율성, 독립성, 자유를 신장시키는 실천적 결정을 해야 한다. 그러나, 모든 것이 생명보호의 원칙을 우선할 수는 없다. 타인에게 위험을 끼치는 것과 자율성이 상충될 때는 개입으로 인해서 초래될 위험과 이익을 대조함으로써 윤리적 결정을 하는 것이 도움이 된다.

④ 윤리원칙 4 - 최소 손실의 원칙(principle of least harm)

손실만 초래될 가능성이 높은 경우, 가능한 가장 최소의 손실이 발생하도록 하거나, 가장 손쉽게 회복될 수 있는 기회를 선택해야 한다.

⑤ 윤리원칙 5 - 삶의 질의 원칙(principle of quality of life)

지역사회뿐 아니라 개인과 모든 사람들의 삶의 질을 향상시키는 기회를 선택하여야 한다.

⑥ 윤리원칙 6 – 사생활 보호와 비밀보장의 원칙(principle of privacy and condidentiality)

비밀은 누설되지 않고서 모든 사람들의 사생활 보호의 권리를 신장시킬 수 있는 실천적 결정을 해야 한다.

⑦ 윤리원칙 7 – 진실성과 정보개방의 원칙(principle of truthfulness and full disclosure)

클라이언트와 다른 사람들에게 진실을 이야기하고 모든 관련 정보들을 충분히 개방하는 것을 허용하는 실천적 결정을 해야 한다.

4) 리머의 윤리적 결정모델

(1) 리머의 윤리적 의사결정의 지침

리머(1995)는 사회복지실천 현장에서 직면하는 윤리적 갈등상황과 관련하여 목적론적 체계에 입각한 윤리적 결정지침과 결정 과정을 제시했다. 리머의 일관성 원칙은 인간의 기본적 욕구에 대한 사회복지의 오랜 관심과 일치하며 가치, 이익 및 의무로 서열화된 사회의 가장 취약한 구성원들의 욕구에 초점을 맞추어온 사회복지의 헌신을 지지해준다는 점에서 윤리적 딜레마를 다루는 데 도움이 된다.

리머의 윤리적 갈등 해결의 지침은 게워스(Gewirth, 1978)의 『이성과 도덕(Reason and morality)』을 토대로 인간의 자유에 대한 권리와 행복을 추구할 권리로 세 가지 핵심적인 소유물을 추구할 권리를 기본 가치로 여기고 있는데, 그 내용은 다음과 같다.

- 인간의 '기본적인 소유물'을 추구하고자 하는 가치(생명유지, 건강보호, 의식주 등)
- 인간의 '공제되지 않는 소유물'을 추구하고자 하는 가치(열악한 생활조건이나 좋지 않은 노동환경의 결과 혹은 도둑, 사기, 거짓으로 피해를 입은 경우 이를 해결하기 위한 점)
- 인간의 '추가적인 소유물'을 추구하고자 하는 가치(개인의 능력을 강화하는 물질, 지식, 자아존중의 증진, 물질 등)

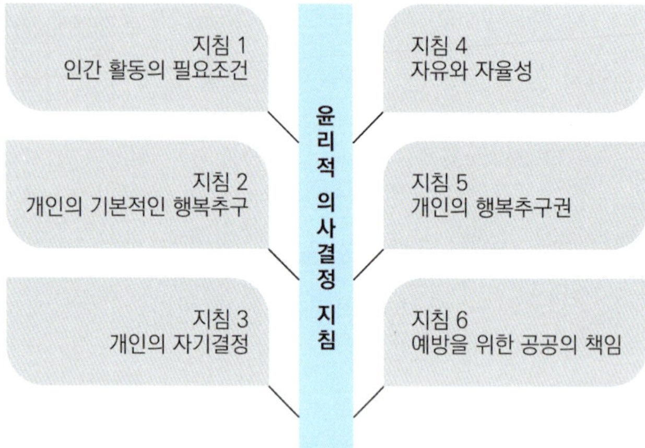

[그림 7-3] 리머의 윤리적 의사결정 지침

리머의 윤리적 의사결정 지침 내용을 살펴보면 다음과 같다.

① 지침 1: 인간의 기본적인 삶(생명, 건강, 주거, 정신적 균형 상태 등)에 대한 위해와 관련된 규범들은 거짓정보 제공이나 비밀의 폭로, 그리고 오락, 교육, 부 등과 같은 부차적인 것들의 위협과 관련된 조항에 우선한다.
개인을 폭력적인 해악으로부터 보호하는 것과 사생활을 보호하는 것 중에서 먼저 개인을 폭력적인 해악으로부터 보호하는 것을 우선시하여야 한다는 것이다.

② 지침 2: 어떤 개인이 가진 기본적인 안녕(인간 활동에 필수적인 수단이나 조건을 포함해서)에 대한 권리는 다른 사람이 소유한 자기결정에 대한 권리에 우선한다.
인간의 기본권을 위협하지만 않는다면 개인은 자기결정권과 자신이 원하는 대로 행동할 권리가 있다는 것을 시사한다.

③ 지침 3: 개인이 가지는 자기결정에 관한 권리는 자신의 기본적인 안녕에 대한 권리에 우선한다. 개인이 해당하는 환경에 대한 지식을 가지고 자발적인 결정을 했으며, 그 결과가 타인의 복지를 위협하지 않는다면 그렇게 하도록 허용하여야 한다는 것이다.

④ 지침 4: 자신이 자유로운 상태에서 스스로 동의한 법률, 규칙, 규정을 준수하는 것은 이러한 법률, 규칙, 규정과 상충되는 방식으로 자유롭게 행동할 수 있는 개인의 권리에 우선한다.

민주적 절차를 거쳐서 입법화된 법을 고의적으로 위반하는 것이나 혹은 사회복지사가 속한 기관의 정책을 고의적으로 위반하는 것은 비윤리적이라는 것이다. 따라서 사회복지사는 법을 고치거나 기관의 정책을 바꾸는 노력을 해야한다.

⑤ 지침 5: 개인이 가지는 안녕에 대한 권리가 자신이 자발적으로 참여한 단체의 법률, 규칙, 규정, 협정 등과 충돌할 때에는 행복에 대한 권리가 우선한다.

법률이나 규칙, 규정을 준수해야 하는 의무는 절대적인 것이 아니며 한계가 있다는 것이다. 클라이언트의 기본적 복지를 위협하는 등의 경우에는 법률이나 규칙을 위반하는 행위는 정당화된다. 또한 자발적으로 가입한 전문가 단체의 규칙이 만일 개인의 복지를 위협한다면 그러한 규칙을 따르지 않는 것이 당연하다.

⑥ 지침 6: 기아 등과 같은 기본적인 해악을 예방해야 된다는 의무와 주택, 교육, 공적 부조 등과 같은 공공재를 제공해야 된다는 의무는 개인이 자신의 재산에 대해서 전적으로 가지는 처분권에 우선한다.

빈곤한 사람들에게 원조를 제공하고 기본적인 해악을 예방하기 위해서 필요한 조세 및 강제조치들을 정당화 한다. 예를 들어 학대받는 아동이나 집없는 사람들, 의료혜택을 제대로 받지 못하는 사람들에게 기본적인 서비스를 제공하기 위해서 세금을 부과하거나 공공토지수용과 같은 조치들을 취하는 것을 정당화시킨다.

(2) 리머의 윤리적 의사결정의 과정

리머는 사회복지사가 윤리적 판단을 하는데 있어서 윤리적 딜레마의 모든 면을 검토할 필요가 있으며 이를 위해서는 단계적인 과정을 수행하는 것이 중요하다고 하였다. 리머의 윤리적 의사결정 지침은 전반적으로 의사결정의 단계들이 진행해 나가야 할 도덕적 방향을 제시하는 작용도 하지만 윤리적 결정의 질을 향상시키는 장점도 있다. 리머가 제시한 윤리적 의사결정과정의 각각의 단계는 〈표 7-5〉에 제시하였다.

〈표 7-5〉 리머의 윤리적 의사결정과정

단계	내 용
1	상충되는 사회복지가치와 의무를 포함해서 윤리적 쟁점이 무엇인지 확인한다.
2	윤리적 결정으로 영향을 받을 수 있는 개인, 집단, 조직체 등이 누구인지 확인한다.
3	가능해 보이는 모든 실천 활동과 관련된 당사자, 그에 따른 이득과 위험 등을 잠정적으로 분명히 해본다.
4	각각의 행동방안에 대한 찬성과 반대 논리들을 아래의 사항을 고려하여 충분히 검토한다. a. 윤리이론, 원칙, 지침(예를 들어, 의무론적, 결과론적 관점들과 그에 근거한 윤리지침들) b. NASW 윤리강령 및 법률적 원칙들 c. 사회복지실천이론들과 원칙들 d. 개인적 가치(종교적, 문화적, 인종적, 정치적,이념을 포함해서), 특히 자신의 개인적 가치와 충돌하고 있는 것들
5	동료 혹은 적절한 전문가와의 상의(기관의 직원, 상사, 관리자, 변호사, 윤리학자)
6	결정을 내리고 의사결정과정을 기록한다.
7	결정내용을 모니터, 평가, 기록한다.

5) 루이스의 모델

루이스(Lewis)의 의사결정모델은 윤리적 원리에 충실할 뿐 아니라 이론과 실제를 모두 고려한 통합적 모델이다. 이 모델은 사회복지사가 윤리강령 전문에서 '클라이언트의 복지증진과 존엄성증진'이라는 사회복지사의 책무를 이행할 수 있도록 복지에 초점을 맞추고 있는 공리주의 윤리학과 인간 존엄성을 최대가치로 보는 의무론적 윤리학을 절충한 윤리적 의사결정모델이라고 할 수 있다.

루이스는 윤리적 갈등상황에 직면해 여러 가지 해결방안을 모색할 때 대안을 선택하는 9단계의 절차를 제시하고 있다. 루이스의 모델은 사회복지사가 그의 업무과정에서 이루어지는 행위판단에 규범윤리학적 기준을 적용하여 윤리적 사정을 하고자 하는 모델로 규정할 수 있다. 그러므로 의사결정을 하는 원칙과 사정원칙을 모두 강조한 모델에 속한다(고수현, 2005).

〈표 7-6〉 루이스의 모델

단계	내 용
1	사회복지사가 선택하는 여러 대안에 따라, 공리주의 기준에 따라 평가한다.
2	공리적 관점에서 채택된 대안이 의무론적 관점에서 정당한가를 평가한다.
3	정당한 경우 이를 실천 대안으로 수용한다.
4	만약 합치된 선택 대안이 제시되지 못하고 상호 비슷한 비중의 대안기준으로 나오고 그 대안이 형식주의적 대안과 직접적인 모순이 없다면 결과주의 대안에 따라 실천행위 원칙으로 정한다.
5	목적론과 의무론을 적용한 분석결과 모순되는 서로 다른 대안을 지지한다면 의무론을 적용한 분석이 지지하는 실천적 대안을 따른다. 동시에 사회복지사는 모순을 해결하기 위한 조치를 취한다.
6	적절한 자료나 정보의 부족으로 공리적 대안이 미흡한 경우 의무론적이고 형식주의적 분석결과에 따라 실천대안을 채택한다.
7	정보의 부족으로 공리적 대안이나 의무론적 대안 모두 분석이 어려울 경우 먼저 의무론적 대안을 선택을 한다. 다음에 충분한 정보를 확보해 목적론과 의무론을 적용하여 분석을 실시한다.
8	의무론적 대안이 선택되었을 경우 그것에 따라 행해야 할 세부적인 의무 사이의 갈등이 있는 경우 세부적인 사항에 대해서도 의무론적인 접근을 통해 우선순위를 정한다.
9	세부사항의 우선순위에 따라 최종적인 실천대안을 정한다.

2. 윤리 의사결정 사례 분석

1) 비밀보장을 제한할 필요가 있는 사례의 내용

김○○ 부부는 정신보건센터의 사회복지사 심○○에게 지난 6개월간 개별상담 및 부부 상담을 받아 오고 있다. 두 사람 모두 필로폰 남용으로 보호관찰을 받고 있는 30대 부부로서 수강교육 프로그램을 통해 사회복지사와 연결되었다. 남편은 10대 초반부터 미국에서 조기 유학해 줄곧 미국에서 생활을 했으나 현지생활에 적응을 하는데 어려움을 겪으면서 대마를 피웠고 코카인을 상습적으로 복용해왔다. 결혼 후 국내에 들어와서도 약물복용은 계속 되었으며, 아내는 남편의 약물남용을 막기 위해서 안 해본 일이 없다고 했다. 약을 끊지 못하는 이유가 궁금했으며, 남편에게 겁을 주기 위해 필로폰 주사를 맞게 되었는데 얼마 지나지 않아 집중단속 기간 중에 구속되었다.

부부는 약물중단 의지가 강했다. 특히 남편은 단약모임에 나가고 재활기관도 정기적으로 방문하고 있었다. 아내는 시아버지가 운영하던 기계 부품 공장을 남편 대신 맡아 운영하고 있었다. 하지만 남편은 그동안 강원도에 개장한 카지노에 수차례 다녀왔고 도박으로 진 빚이 이제는 감당하기 어려울 정도에 이르고 있었다. 불안하고 초조한 마음에 다시 약물에 손을 대기 시작한 남편은 정신보건센터의 사회복지사인 심○○을 찾아와 상담을 요청했다. 아내에게 자신이 처해 있는 사항을 말하지 말아달라고 간곡히 부탁을 했다. 아내에게 알려지면 이혼을 요구할 것이고 그렇게 되면 자신은 자살을 할 것이라고 비밀을 지켜달라는 말까지 했다.

2) 사례에 대한 윤리적 의사결정의 쟁점과 논의

(1) 제1단계: 윤리적 쟁점에 대해 상충되는 가치와 의무를 확인한다.

이 사례는 가상에 의한 상황이다. 클라이언트 생명보호의 원칙과 비밀보장을 제한할 필요가 있는가의 윤리적 딜레마가 발생하고 있다. 이에 윤리적 쟁점은 생명보호와 비밀보장의 윤리적 딜레마로 표현할 수 있다. 생명보호는 어떤 목적을 성취하기 위한 수단으로 사용해서는 안 되며 생명은 절대적으로 보호되어야 할 목적 그 자체이며, 비밀보장은 개인의 자유의 주요 가치에서 도출된 윤리적 원칙이지만 사회복지전문직은 생명보호와 윤리적 의무도 견지해야 한다.

(2) 제2단계: 전문적 가치, 클라이언트의 가치, 사회적 가치, 사회복지사의 개인적 가치를 확인한다.

사회복지사 개인은 클라이언트의 생명을 보호해야 할 필요가 있다고 생각된다. 사회적 가치도 일반적으로 생명의 보호를 더 중시하고 있는 것으로 본다. 서비스에 충실하려는 사회복지전문직에 비해 도덕의 사회질서 유지기능을 중시하는 사회는 클라이언트가 자살을 할 가능성이 있는 경우 클라이언트의 이익을 생각하여 생명보호를 중시하는 것으로 판단된다. 반면, 클라이언트는 사회복지사로부터 자신의 비밀을 보호받기를 원하고 있다. 이 경우 생명보호와 비밀보장의무가 모두 고려되어야 하기 때문에 두 윤리적 의무 중 어느 것을 중시할 것인지 윤리적 의사결정을 통해 판단해야 할 것이다.

(3) 제3단계: 윤리적 결정에 의해 영향을 받을 수 있는 개인, 집단, 조직을 확인한다.

이 경우 개인, 집단, 조직은 클라이언트・아내・사회복지사라고 할 수 있다. 클라이언트는 사회복지사에게 서비스를 제공받고 있는 당사자로 자신의 생명에 위해를 가할 가능성이 있는 주체이다. 아내는 클라이언트의 계속되는 도박과 경제적인 문제로 인해 신체적, 정신적 건강이나 의식주가 위협을 받을 것이다. 사회복지사는 어떤 윤리적 선택과 판단을 하는가에 따라 추후 전문적 실천행위에 따른 도덕적, 법적책임을 질 수 있다.

(4) 제4단계: 상충되는 가치와 의무를 각각 반영하는 상이한 실천적인 대안을 제시한다.

상충하는 가치와 의무는 각각의 가치와 의무를 반영하는 상이한 실천의 대안으로 비밀보장을 고수하는 방안과 생명보호를 위해 적절한 조치를 요청하는 방안이 있다.

(5) 제5단계: 윤리적 사정을 실시한다.

① **규범윤리학, 규칙의무론, 행위공리주의, 규칙공리주의를 적용해 분석한다.**

- 규칙의무론을 적용해 상충하는 가치와 의무 중의 우선순위를 정한다. 로웬버그와 돌고프(Loewenberg & Dolgoff)의 윤리적 사정심사(EAS)와 리머(Reamer)의 윤리적 의사결정의 지침을 활용한다. 로웬버그와 돌고프의 윤리사정심사(EAS)를 적용하면, 생명보호의 원칙이나 사생활 보호와 비밀보장의 원칙에 우선하는 경우라고 볼 수 있다(심상용, 2016). 리머의 윤리적 의사결정의 지침을 적용하면, 인간 활동에 필수적인 전제조건들인 기본재가 불감재에 비해 중시된다. 생명보호는 기본재에 해당하고 비밀보장은 불감재에 해당된다. 개인의 기본적인 복지권은 타인의 자기결정에 우선한다. 현재 위험에 노출된 사람들의 기본적인 복지권은 클라이언트의 자유의 가치에서 도출된 자기결정에 우선하는 것이다.
- 행위공리주의와 규칙공리주의를 적용해 분석한다. 이때 제3단계에서 확인한 윤리적 결정에 의해 영향을 받을 수 있는 개인, 집단, 조직을 반영한다. 행위공리주의를 적용해 분석해 보면 생명보호가 비밀보장에 비해 더 유용성을 가져다 주는 선택이다. 비밀보장을 하게 되면 클라이언트와 사회복지사의 관계는 계속 유지될 수는 있지만 가족은 건강이나 의식주가 위협을 받을 것이다. 규칙공리주의를 적용하면, 생명보호가 더 유용성을 가져다주는 선택이라 생각된다. 이와 유사한 사례에서 사회복지실천 영역에서 사회복지사들이 비밀보장을 규칙으로 삼는다면 클라이언트는 범죄자로 전락되고 위험방지 의무를 이행하지 않은 모든 사회복지사는 처벌을 받을 것이고, 사회복지전문직에 대한 신뢰가 훼손되는 결과가 초래될 것이다.

② **윤리강령, 관련 법률, 사회복지실천이론을 적용해 본다.**

미국사회복지사협회(NASW) 윤리강령 1.01은 클라이언트에 대한 헌신을 사회복지사의 일반적인 의무로 제시하고 있다. 기준 1.07(c)에 의하면 클라이언트가 자신이나 타인에 대해 심각하고 예측가능하며 즉각적인 위해를 가할 위험을 방지하기 위해서는 비밀보장을 제한할 수 있도록 명시하고 있다. 따라서 이 사례에서 이 조항이 적용되는 경우인지 판단을 해야 하며, 여기에서는 자신의 생명을 위해할 가능성이 있는 경우로 간주한다.

관련법을 적용해 분석하면, 「사회복지 사업법」의 비밀보장 관련조항이 적용된다. 「사회복지 사업법」 제47조(비밀누설의 금지)는 사회복지사업 또는 사회복지 업무에 종사했거나 종사하는 자는 그 업무수행의 과정에서 알게 된 다른 사람의 비밀을 누설해서는 안 된다고 하고 있다. 「형법」 제18조(부작위범)는 위험의 발생을 방지할 의무가 있거나 자기의 행위로 인해 위험발생의 원인을 야기한 자가 그 위험발생을 방지하지 않을 때는 발생한 결과에 의해 처벌하도록 하고 있다. 또한 사회복지실천이론을 적용해도 이 경우 자신에게 위해가능성이 존재하는 상황으로 판단될 수 있으며 선행 사례를 인용해 이와 같은 경우 위험발생 가능성이 존재한다는 점을 논리적으로 제시해야 할 것이다.

③ 선택할 수 있는 상이한 실천적인 대안 중 최소한 해악의 원칙에 저촉되는 경우가 있는지 확인한다.

김○○에게 비밀보장과 자기결정에 대한 권리가 있다고 하더라도 클라이언트의 행동이 아내의 삶의 필수 전제조건들을 위협할 때 권리는 상실된다. 윤리적 원칙심사표에서도 자율성과 자유의 원칙, 최소손실의 원칙, 삶의 질의 원칙이 사생활보호와 비밀보장의 원칙에 우선함으로써 아내의 알 권리와 가족의 기본 안녕권을 지킬 권리가 클라이언트의 비밀보장 권리보다 중시되고 있다. 하지만 생명보호를 취할 경우 최소한 해악의 원칙에 적용될 가능성이 크지 않지만, 비밀보장을 하게 되면 아내와 사회복지사에게는 최소한 해악의 원칙이 저촉될 가능성이 높다.

④ 규범윤리학, 윤리강령, 관련법률, 사회복지실천이론, 최소한 해악의 원칙을 적용한 분석결과를 종합한다.

규범윤리학을 적용할 경우 비밀보장보다 생명보호가 도덕적으로 바람직한 선택이라고 판단하고 있다. 하지만 윤리강령에서는 클라이언트가 자신이나 타인에 대해 심각하고 예측가능하며 즉각적인 위해를 가할 위험을 방지하기 위해서는 비밀보장을 제한할 수 있도록 명시하고 있다. 관련 법률에서도 일반적인 비밀보장의 의무를 명시한 「사회복지 사업법」에도 위험발생방지 의무를 명시한 「형법」과 「민법」의 관련 조항을 적용해야할 것으로 보인다.

⑤ 분석결과의 종합을 바탕으로 상이한 실천적 대안 중에서 잠정적으로 선택한다.

서로 관계를 맺고 있는 두 명 이상의 사람들(예를 들면 부부, 가족 구성원들)에게 서비스를 제공할 때, 사회복지사는 모든 당사자들이 클라이언트로 간주될 것이라는 점을 명확히 해야 하며, 사회복지사는 관련된 모든 당사자에 대한 자신의 역할을 명확히 해야 하며, 모든 이해관계의 상충을 최소화하기 위한 잠정적인 실천적 대안을 채택한다.

(6) 제6단계: 관련된 가치들 간의 상충과 규범윤리학 내의 불일치를 해결할 수 있는 예방적인 조치가 가능한지 검토하고 시행한다.

① 관련 가치들 간의 상충에는 사회복지사의 개인적 가치의 반영 가능성을 통제하고, 특별히 클라이언트의 가치를 고려하는 방안을 강구한다.

② 규범윤리학 내의 불일치에서는 규칙의무론과 행위 및 규칙공리주의, 행위공리주의와 규칙공리주의가 상충될 때 최종적인 윤리적 판단의 지침이 현실적으로 부재하다는 점을 고려해 예방적인 조치를 강구한다.

클라이언트의 비밀보장은 중요하지만 클라이언트 스스로 도박 문제를 해결할 수 없기 때문에 상담을 통해 사회복지사는 클라이언트가 아내에게 직접 이 문제를 알릴 수 있도록 도와야 한다. 이로 인해 비밀이 공개되지만 가족의 안녕을 보호할 사회복지사의 의무가 클라이언트의 비밀보장의 의무보다 우선되기에 비밀은 상담을 통해서 공개되어야 한다.

(7) 제7단계: 제5단계의 잠정적인 선택을 바탕으로 제6단계의 결과를 반영해 최종적인 선택을 실시하고 세부적인 실천계획을 수립한다.

상담을 통해 클라이언트가 아내에게 진실을 알리는데 대한 감정을 다루면서 클라이언트의 도박문제와 부부문제를 해결한다면 윤리적 딜레마는 해소가 되고 생명보호와 관련 비밀보장의 제한을 선택할 필요가 없어질 수 있다. 그러나 상담을 지속하고 있음에도 클라이언트가 아내에게 사실을 숨길 경우 클라이언트의 생명보호와 비밀보장 제한을 위한 신고조치를 최종적인 실천적 대안으로 채택하고 세부적인 실천계획을 수립한다.

(8) 제8단계: 동료나 관계된 전문가들(슈퍼바이저, 기관행정가, 변호사, 윤리학자 등)의 자문을 얻는다.

(9) 제9단계: 최종적으로 의사결정을 하고 결정과정을 기록한다.

social work ethics and philosophy | part

03

윤리적 쟁점

CONTENTS

chapter 08

클라이언트의 권리와 관련된 윤리적 쟁점

1. 자기결정

1) 자기결정의 의미

사회복지사는 클라이언트가 자기결정권을 최대한 행사할 수 있도록 도와야 하고, 그들의 이익을 최대한 대변해야 한다고 사회복지사 윤리강령은 밝히고 있다. 사회복지사는 클라이언트의 권리와 요구를 인식하고 그들이 스스로 선택하고 결정할 수 있도록 활용할 수 있는 자원이 무엇이고, 무엇을 선택할 수 있는지, 할 수 있는 선택의 범위가 어떤 것인지를 알도록 돕는 역할을 해야 한다(유하얀 · 김미옥, 2017). 자기결정(self-determination)은 누구나 어떤 강요도 없이 스스로 선택하고 결정할 권리가 있음에 근거한 사회복지전문직의 가장 중요한 윤리원칙이라고 할 수 있다(Barker, 2003). 즉, 클라이언트의 자기결정이란 자신과 관련된 문제에 대해 외부의 압력에 구애받지 않고,

주어지는 다양한 선택 가운데서 스스로 결정하는 것을 의미한다.

자기결정의 원칙을 준수함으로써 보장하고자 하는 것은 클라이언트의 자율성이다. 자율성은 외부의 구속이나 제약을 받지 않고 자기의 행동을 스스로 제어하는 성질을 의미한다. 일반적으로 자율적으로 행동한다는 것은 자발적으로 생각하고, 충분히 이해하며, 타인의 간섭없이 행동하는 것을 의미한다. 따라서 클라이언트의 자기결정의 원칙은 사회복지실천과정에서 자신의 문제에 대해서 스스로 선택하고 결정하는 클라이언트의 권리와 욕구를 실제로 인정하는 것이다(김기덕 외, 2017). 자기결정권은 본질적이고 양도할 수 없는 권리이자 그 권리를 가진 사람의 주체적인 책임이라고 할 수 있다. 이는 자기결정을 인간의 존엄과 위엄과 동일시하며 천부적 권리에 대한 인정뿐만 아니라 개인이 결정한 행동에 대한 책임과 의무에 대한 중요성을 함께 강조한 것이라고 할 수 있다(오혜경, 2015 재인용).

〈표 8-1〉 자기결정

구분	내용
한국 사회복지사 윤리강령 (KASW)	1-3. (사회복지사의 클라이언트에 대한 윤리기준 중 클라이언트와의 관계) 사회복지사는 클라이언트가 자기결정권을 최대한 행사할 수 있도록 도와야 하며, 클라이언트의 이익을 최대한 대변해야 한다.
미국 사회복지사 윤리강령 (NASW)	(윤리기준) 1.02 자기결정권 사회복지사는 클라이언트의 자기결정권을 존중하고 증진하며, 클라이언트가 목표를 규명하고 명확화하도록 지원한다. 사회복지사는 자신의 전문적 판단에 의해 클라이언트의 조치 또는 잠재적 조치가 그들 자신이나 다른 사람들에게 심각하고 예상 가능하며 임박한 위험을 야기할 때에는 클라이언트의 자기결정권을 제한할 수 있다.

2) 자기결정권 제한

(1) 자기결정의 한계

자기결정의 존중이 제한되는 경우는 다음과 같다(김기덕 외, 2017; 오윤수 외, 2009).

첫째, 자신에게 이익이 되는 합리적인 결정을 하기에 클라이언트의 능력이 불충분한 경우이다. 클라이언트의 지적, 정신적, 신체적 능력이 불충분하거나 미성년자로서 그 권리를 행사하는데 필요한 합리적인 판단을 하기에 아직 미성숙한 경우가 이에 해당한다. 또한 지적능력이 낮거나 인지기능이 저하되어 있는 경우나 신체적, 정신적 건강상태가 불안정하여 사회적 기능이나 판단력 등이 저하된 경우 등 클라이언트의 자기결정이 자율적인 의사결정의 산물이 아니라 자신이 가지고 있는 질병의 한 가지 증상으로 판단될 경우도 마찬가지이다.

둘째, 클라이언트가 선택할 수 있는 대안이 부재한 경우이다. 합리적인 혹은 자신이 원하는 방향으로의 자기결정을 하는데 자원이 부족하거나 대안이 부재한 경우 클라이언트의 자기결정은 진정한 의미의 자기결정이라고 보기 어렵다. 예를 들어 청소년인 미혼모가 아이를 입양하기로 결심한 후 미혼모 쉼터의 여러 가지 프로그램을 접하게 되면서 이전의 생각이 바뀌어 본인이 직접 양육할 것을 결정하게 되었다고 하자. 이 경우 아이를 입양하리라는 초기 결정은 아기 양육과 생계유지에 대한 대안이 전혀 없는 상태에서 아이의 입양을 결정한 것이므로 클라이언트의 자기결정 자체를 실현할 수 있는 실질적인 가능성을 찾기 어려운 상황이었다고 할 수 있다.

셋째, 사회복지기관의 규정과 기능에 따라 클라이언트의 자기결정이 제한되는 경우이다. 사회복지기관은 특정한 기능과 사업에 따라 서비스 내용 및 서비스를 받는 자격기준에 관한 규정이 마련되어 있으므로 클라이언트가 사회복지기관의 서비스를 받을 권리와 욕구가 있다고 하더라도 서비스를 제공하는 기관의 적격요건을 갖추지 못한 경우에는 클라이언트의 자기결정이 제한될 수밖에 없다. 사회복지기관은 자신의 기능에 부합되는 서비스만을 제공할 수 있으므로 만약 클라이언트의 다양한 문제와 욕구를 기관에서 해결할 수 없다면 문제해결에 더 적합한 기관에 대한 적절한 정보를 클라이언트에게 제공하고 다른 기관으로 의뢰해야 한다.

넷째, 사회적 규범이나 법률적으로 자기결정이 제한되는 경우가 있다. 클라이언트가 자기결정한 내용이 사회적 규범을 어기거나 법률적으로 위법이 되는 경우에는 클라이언트의 자기결정을 보호하거나 그 권리를 보호하는데 제한을 둔다. 클라이언트의 결정이 부도덕적이고 불법적이며 비윤리적이라면 자기결정의 원칙은 제한을 받게 된다. 이때 사회복지사는 어느 범위까지 클라이언트의 자기결정권을 제한해야 할지 결정하는데 윤리적 갈등을 겪을 수 있다.

(2) 자율성 제한의 원칙

클라이언트의 자율성을 제한할 수 있는 원칙으로 네 가지를 들 수 있다(Munson, 2001).

첫째, 해악의 원칙(harm principle)으로 클라이언트의 자율성을 제한함으로써 타인에게 해가 되는 것을 방지할 수 있을 때이다. 예를 들면 강도, 강간, 살인, 학대, 폭력 등과 같은 행동들을 들 수 있다. 의도적으로 해를 끼치는 경우가 아니더라도 해를 끼칠 잠재적 위험이 있는 경우에도 자율성을 제한할 수 있다.

둘째, 온정주의적 원칙(principle of paternalism)으로 타인에게 해를 끼치는 행위의 예방뿐 아니라 적극적으로 클라이언트의 이익을 보호하기 위해서도 클라이언트의 자율성을 제한할 수 있다.

셋째, 법률 도덕주의 원칙(principle of legal moralism)으로 법은 해당 사회의 가치들과 무엇이 도덕적인지에 대한 사회적 판단을 반영한다. 따라서 법과 도덕에서 잘못된 것으로 규정하는 것에 대해서는 클라이언트의 자율성에 대한 제한이 정당화된다.

넷째, 복지의 원칙(welfare principle)으로 클라이언트의 자율성을 제한하는 것이 다른 사람에게 이득이 될 때 정당화된다는 주장으로 이는 첫 번째 원칙인 해악의 원칙과 맥락을 같이 한다.

3) 자기결정의 윤리적 갈등상황

(1) 온정주의

온정주의(paternalism)는 그 어원이 'Parents'에 있다. 부모가 자녀를 사랑하는 마음 혹은 자녀가 잘되기 바라는 마음으로 그들의 삶에 관여하듯 클라이언트의 삶에 개입하는 것을 의미한다. 도움이 절박한 상황임에도 불구하고 도움을 거부하거나 혹은 자기결정능력에 한계가 있는 클라이언트에게 사회복지사의 의무로 그의 삶에 개입하는 것이 온정주의 개입이다(서미경 외, 2017). 'Paternalism'은 긍정적인 의미로는 온정주의를 뜻하지만 부정적인 의미의 부당한 개입주의, 간섭주의를 의미하기도 한다. 개인의 자유로운 행위에 대한 간섭인 온정주의는 상황이나 조건에 따라서 간섭주의적인 것으로 혹은 온정주의적인 것으로 인식할 수 있다는 상대적인 개념으로 이해되어진다.

Beauchamp과 Childress(1994)는 온정주의란 의도적으로 타인의 선호와 행동을 제한하는 것으로서 제한하는 이유가 제한당하는 사람의 위험을 피하고 이득을 추구하기 위한 것으로 정당화되어야 한다고 보았다. 이 경우 해로운 결과를 최소화하고 선을 최대화한다는 두 가지 원칙이 준수되어야 한다는 것이다. 두 가지 원칙이란 위험을 최소화하는 위해 회피(non-maleficence)원칙과 이득을 최대화하는 이득추구(beneficience)원칙이다.

사회복지실천에서 온정주의는 세 가지 유형으로 나타난다(Reamer, 1999). 첫째, 클라이언트의 이익을 위해서는 클라이언트와 관련된 정보를 제공하지 않고 보류하는 것이 정당하다고 생각될 때이다. 여기에는 진단정보, 정신과적 상태에 대한 정보, 정신건강에 대한 예후 등 클라이언트가 알면 해가 된다고 생각될 수 있는 정보들이 포함된다. 둘째, 클라이언트를 위해 의도적으로 거짓정보를 제공할 필요가 있다고 생각될 경우도 있다. 예를 들어 유기된 노모에게 사실과 다르게 아들이 노모를 진심으로 사랑한다고 말할 때 사회복지사는 온정주의적 개입을 하고 있는 것이다. 셋째, 클라이언트의 이익을 위해 클라이언트의 의사에 반하여 물리적 개입을 하는 상황이다. 가장 흔한 예는 클라이언트의 의사에 반해 강제로 치료를 받게 하거나 쉼터에 머무르도록 하는 경우들이다.

(2) 자기결정권과 온정주의의 상충

온정주의는 사회복지사가 클라이언트의 자기결정권을 제한할 수 있는 신탁(信託)모델의 원천으로 작용함으로써 사회복지사가 클라이언트의 삶에 대한 결정을 대신하는 경향으로 나타난다. Rothmann과 Smith(1996)는 이용자의 자기결정과 관련된 전문가 개입유형을 지시성을 기준으로 4개 유형으로 구분한 바 있다. ① 이용자에게 어떠한 직접적인 지시 없이 문제점만을 탐색하는 반영형(reflective mode), ② 실천가가 이용자에게 몇 가지 문제해결의 방향을 임의로 제시하는 제안형(suggestive mode), ③ 실천가가 구체적인 행동방향을 이용자에게 직접 제시하는 지시형(prescriptive mode), ④ 이용자를 대신하여 실천가가 직접 독자적인 행위를 취하는 결정형(determinative mode) 등이다(박숙경, 2010 재인용).

첫째, 반영적 실천유형은 실천가가 문제해결의 방향을 제시하지 않고 이용자가 스스로 문제탐색에 관여하고 문제해결 방안 역시 이용자가 스스로 모색하게 하는 개입유형이다. 실천가는 비지시적 역할을 수행하게 되고, 이용자와 평등한 원조관계를 맺고, 이용자의 능력과 통찰력을 신뢰하고 이용자를 동기화하여 스스로 문제를 인식하고 해결할 수 있는 행동노선을 선택하고 실행에 옮기도록 하는 개입을 한다. 반영적 유형은 이용자의 적극적 참여를 전제로 하고 이용자 중심의 원조관계를 맺는 실천유형이다.

둘째, 제안적 실천유형은 이용자 스스로 문제를 발견하고 해결할 수 있도록 하면서 최저한의 범위 내에서 잠정적인 문제해결 방식을 제안하되 최종 결정은 이용자 스스로가 하게 하는 개입유형이다. 반영적 유형과 같이 이용자의 능력을 신뢰하고 클라이언트의 문제해결과정에 적극적으로 참여시키며 이용자의 최대한의 자기결정권을 인정하지만 이용자가 할 수 없는 부분에 대한 제안을 하는 점이 다르다.

셋째, 지시적 실천유형은 클라이언트가 문제탐색과 해결방안을 모색하는데 참여하는 것을 인정은 하지만 적극적으로 조장하지는 않으며 실천가가 문제해결을 위한 구체적인 행동노선을 제시하고 클라이언트가 이를 따르는 개입유형이다. 따라서 이 실천유형을 사용하는 실천가는 이용자의 능력을 무시하지는 않지만 존중하는 것은 아니며, 이용자 스스로의 탐색과 판단을 바탕으로 하되 문제해결과 관련된 최종 결정은 실천가가 내리는 실천가 주도적 실천유형이라고 할 수 있다.

넷째, 결정적 실천유형은 클라이언트가 자신의 문제를 인식하지 못한 상태에서 또는 클라이언트의 양해도 구하지 않은 상태에서 실천가가 독자적으로 개입하고 원조하는 실천유형이다. 이 실천유형을 활용하는 실천가는 이용자의 능력을 신뢰하지 않으며, 이용자의 적극적 원조과정 참여를 바람직하지 않게 생각하며, 전문지식을 가진 사회복지사가 이용자 자신보다 문제를 더 잘 알고 있고 그 문제를 더욱 효과적으로 해결해 줄 수 있다는 신념을 갖고 있다. 이 실천 유형에서는 실천가와 이용자의 관계는 주도적 원조제공자와 수혜적 의존자로서 불평등한 관계를 맺게 된다. Rothmann과 Smith(1996)는 실천유형 분류틀을 〈표 8-2〉와 같이 제시하였다.

〈표 8-2〉 전문가의 실천유형

구분	반영적 유형	제안적 유형	지시적 유형	결정적 유형
사회복지사의 역할	비지시적	지시적 < 비지시적	지시적 > 비지시적	지시적
원조관계	Client = Worker	Client ≦ Worker	Client < Worker	Client ≪ Worker
문제 탐색	Client ≫ Worker	Client > Worker	Client < Worker	Client ≪ Worker
이용자의 참여	적극적으로 조장	조장하는 편	조장하지 않는 편	배제함
자기결정권	전적으로 인정	제한인정	제한인정	인정하지 않음
클라이언트의 능력	존중함	무시≦존중	무시≧존중	무시함

* 주: >: 강함, ≧: 부분적, ≫: 매우 강함
출처: Rothmann & Smith(1996); 박숙경(2010) 재인용.

(3) 온정주의에 대한 논의

온정주의적 개입은 그 선의에도 불구하고 실제 적용 과정에서는 다음과 같은 논쟁의 대상이 되어 왔다(심상용, 2016 재인용).

첫째, 선행의 의무라는 미명하에 온정주의가 악용되어 부당한 간섭주의로 변질되면서 클라이언트 개인의 자유와 자율성을 심각하게 침해해 왔다는 비판이다. 선행이 부당한 간섭주의로 변질되면 클라이언트에게 해악을 끼쳐 클라이언트의 복지를 침해하거나 클라이언트의 중요한 가치를 무시하는 독단적인 행위로 전락하고 만다.

둘째, 부당한 간섭주의가 아니더라도 사회복지사가 온정주의를 남용하면 클라이언트의 자유와 자율성 행사를 제약해 의존성을 조장함으로써 클라이언트의 자기의사결정의 의지와 능력의 개발을 저해한다는 것이다. 취약성을 가진 클라이언트는 자유와 자율성을 행사할 수 있는 정신적·육체적 역량이 개발되지 않은 경우가 많은데, 의존성을 조장하게 되면 자기의사결정의 역량을 발전시키기 어려워진다는 것이다.

셋째, 전문가집단이 클라이언트의 의존성을 조장해 실천 영역과 대상을 지속적으로 확보하려는 동기를 갖고 있기 때문에 선행의 의무와 온정주의는 본질적으로 클라이언트의 복지가 아니라 전문가집단 자신들의 배타적인 이익을 위한 수단이라는 비판이다. 클라이언트의 진정한 복지가 아니라 전문가집단 자신의 배타적인 이익을 위해 클라이언트의 의존성을 조장한다면 이는 부당한 간섭주의로써 사이비 온정주의에 불과하게 되는 것이다.

이와 관련해 Reamer(1983)는 온정주의가 윤리적으로 정당화될 수 있는 경우를 상황의 특성과 클라이언트의 특성 두 측면으로 나누어 설명하고 있다.

첫째, 온정주의적 개입이 정당화되는 상황의 특성으로 세 가지를 제시한다.

① 온정적 개입이 진행되지 않을 경우 클라이언트에게 심각하고 치명적인 위험이 초래되는 경우이다. 전문가의 온정주의적 개입이 없다면 클라이언트가 심각한 해악에 빠질 것으로 예상되는 경우에는 즉각적인 개입으로 클라이언트의 피해를 줄일 필요가 있다. 이를테면 자살을 선택하려는 클라이언트를 즉각 설득해 중지시키는 경우는 해악을 방지하기 위한 개입이다.

② 클라이언트의 자율성과 자기결정을 제한해야 타인에 대한 위험을 예방할 수 있는 경우이다. 예를 들어 잘못된 종교적 신념에 의해 자녀의 치료를 거부하는 부모에 대해서 부모의 의사에 반해 자녀에 대해 의학적 치료를 진행할 경우 아동

에 대한 친권이 갖는 의사결정권이라 하더라도 '가치있는 친권만이 보호받을 수 있다'는 사회적 합의에 기반하여 개입이 정당화될 수 있다.

③ 위기상황의 발생으로 즉각 온정주의적 개입이 이루어지지 않으면 클라이언트나 타인의 위험이 발생하는 경우이다. 상황이 긴급해 클라이언트에게 특정 조치나 서비스에 대해 이해시키고 동의를 얻을 여건이 되지 않는 경우 독단적인 개입이지만 그 정당성을 인정받을 수 있다.

둘째, 클라이언트 특성으로는 네 가지를 제시한다.

① 클라이언트가 충분한 정보를 제공받지 못한 상태에서 자신에 대해 해가 되는 자기결정을 하는 경우이다. 클라이언트에게 필요한 정보가 부족해 스스로에게 심각한 위해를 가할 가능성이 있을 때 정보를 제공해 불행을 미연에 방지할 필요가 있다. 예를 들면 클라이언트가 자녀가 사망한 것으로 착각해 자살을 시도할 경우 필요한 정보를 제공해야 하는 것이다.

② 클라이언트가 자신에게 적절한 의사결정을 할 능력을 잃은 경우이다. 클라이언트가 일시적 혹은 영구적으로 정보를 인식하거나 이해할 능력이 없는 경우 클라이언트의 복지를 위해 개입할 수 있다. 의식불명의 클라이언트에게 본인의 동의없이 치료서비스를 제공해 회복시키는 노력을 할 수 있다.

③ 클라이언트가 특정상황이 발생할 경우 자신에게 온정주의적 개입을 하도록 사전에 동의했거나 개입 이후 클라이언트가 동의할 것이라고 판단되는 경우이다. 클라이언트가 현재에는 자신에게 해악이 되는 상황에 처해 있어서 의사결정을 하기 어렵지만 인지능력이 있을 때 해당 서비스에 대해 미리 동의를 표한 경우 개입을 고려할 수 있다. 현재 심각한 약물남용이나 알코올 중독에 빠져 있지만 이전의 정상적인 정신 상태에서 사회복지사의 치료적 개입을 미리 부탁하거나 승인해 놓은 경우가 있다.

④ 클라이언트가 현재 사회복지사의 개입에는 반대하지만 서비스를 제공받은 뒤에

는 동의 혹은 승인할 것으로 판단되는 경우가 있다. 간질증세가 있는 클라이언트가 갑자기 발작을 일으켜 제때 개입하지 않으면 신체적·정신적으로 위험에 처하게 되는 경우 본인의 거부에도 불구하고 강제적인 치료적 개입의 정당성을 인정할 수 있다.

2. 비밀보장

1) 비밀보장의 개념

비밀보장(confidentiality)이란 대인서비스 조직에서 일하는 전문가가 클라이언트와의 전문적 관계에서 확보한 정보를 누설하거나 그러한 정보를 획득하게 된 목적 외의 다른 목적으로 사용하지 말아야 할 의무를 말한다(김기덕 외, 2017). 즉 비밀보장이란 사회복지사가 클라이언트의 동의 없이는 클라이언트에 대한 정보를 누설하지 않는다는 윤리원칙이다(Barker, 1987). 비밀보장이 중요한 이유는 비밀보장은 개인의 자유 및 자율성의 가치를 실현하는 사생활보호의 가장 기본적인 전제조건이기 때문이다.

비밀보장의 개념과 혼용해서 사용되고 있는 개념인 사생활보호는 서로 연결되어 있는 개념이지만 두 개념은 분명히 구분된다. 비밀보장은 사회복지사와 클라이언트라는 전문적 관계에서의 신뢰를 바탕으로 한 정보의 비밀누설 금지에 관한 의무를 말하는 것이라면, 사생활보호는 어떤 상황이나 관계에도 기본적으로 내재된 인간의 도덕적 권리를 의미하는 것으로 한 개인이 그 생활 중 타인에게 노출시키거나 간섭받지 않으면서 혼자만의 생활로 간직할 수 있는 부분을 말한다. 이는 사회복지사와의 전문적 관계 형성 이전부터 이미 존재한 것으로 전문적 관계 외의 더 광범위한 관계에서도 보편적으로 존중받는 기본적 권리라는 점에서 비밀보장과 다른 것이다. 비밀보장이 사회복지사와 클라이언트의 사이를 결정짓는 핵심 요소라 할지라도 전문적 관계에서 클라이언트의 사생활은 충분히 존중되어야 하고, 클라이언트에게 필요 이상의 정보 노출을 강요하여 사생활을 노출시키거나 침해하는 일은 없어야 한다(오윤수 외, 2009).

클라이언트는 비밀보장을 통해 안정감을 가질 수 있으며 자신의 사생활을 보호할 수 있고 불필요한 사회적 낙인이나 편견으로부터 보호받을 수 있다. 만약 사회복지사와 클라이언트의 관계에 비밀보장이 지켜지지 않는다면 전문적 도움을 필요로 하는 사람들이 도움을 요청하지 않거나 사회복지사와 관계를 맺기 시작한 사람들도 제대로 사실을 말하지 않을 수 있으며 비밀정보가 노출된 클라이언트는 믿었던 전문가에게 배신감을 느껴 안정된 신뢰관계가 깨질 수 있을 것이다(이순민, 2012 재인용).

〈표 8-3〉 비밀보장

구분	내용
한국 사회복지사 윤리강령 (KASW)	1-5. (사회복지사의 클라이언트에 대한 윤리기준 중 클라이언트와의 관계) 사회복지사는 클라이언트의 사생활을 존중하고 보호하며, 직무 수행과정에서 얻은 정보에 대해 철저하게 비밀을 유지해야 한다. 1-6. (사회복지사의 클라이언트에 대한 윤리기준 중 클라이언트와의 관계) 사회복지사는 문서·사진·컴퓨터 파일 등의 형태로 된 클라이언트의 정보에 대해 비밀보장의 한계, 정보를 얻어야 하는 목적 및 활용에 대해 구체적으로 알려야 하며, 정보공개 시에는 동의를 얻어야 한다.
미국 사회복지사 윤리강령 (NASW)	(윤리기준) 1.07 사생활보호와 비밀보장 a. 사회복지사는 클라이언트의 사생활을 존중해야 한다. 사회복지사는 서비스를 제공하거나 사회복지에 대한 평가 또는 조사연구를 수행하는 데 필수적인 경우를 제외하고는 클라이언트에게 사적인 정보를 요청할 수 없다. 사적인 정보가 공개되면 비밀보장의 기준이 적용된다. b. 클라이언트를 대신하는 법적 대리인으로부터 동의를 얻을 경우에는 사회복지사는 비밀정보를 공개할 수 있다. c. 사회복지사는 전문적 이유로 인한 강요된 경우를 제외하고는 전문직 서비스 과정에서 얻게 된 모든 정보에 대해 비밀보장을 해야 한다. 클라이언트나 혹은 확인된 제3자에 대해 예측되고, 심각하고, 임박한 해를 막기 위해 정보의 공개가 불가피하거나, 클라이언트의 동의 없이 법이나 규제에 의해 정보의 공개가 요구되는 경우에, 사회복지사의 비밀유지라는 일반적 기대는 적용되지 않는다. 어느 경우에나 사회복지사는 바람직한 목적을 달성하는 데 필요한 최소한의 비밀정보 - 즉, 비밀누설이 직접적으로 목적에 적절한 정보 - 만을 공개해야 한다.

사회복지사는 치료적 관계에서 얻은 모든 클라이언트에 대한 정보를 비밀보장해야 하고, 어쩔 수 없는 누설 상황에 대해 사전에 고지해야 한다. 불가피한 전문적 이유나 법 앞에서 비밀보장이 제한될 수 있는데 특히 법원의 요청이 있더라도 자신과 관련된 정보를 전문가에게 비밀로 해달라고 요구할 수 있는 클라이언트의 권리를 비밀유지 특권이라고 한다(서미경 외, 2017 재인용). 이는 전문가 집단이 자신의 클라이언트와 관련된 특정 정보의 일부 혹은 전부를 공개하도록 요구하는 법적인 의무에서 면제되는 특권으로 특정정보에 관해서는 정보출처자의 동의가 없는 한 법정에서 그것을 밝히지 않아도 된다.

비밀유지 특권은 법원의 정보공개 요구로부터 클라이언트를 보호하려는 것이므로 전문가의 권리가 아니라 클라이언트의 권리이다. 비밀유지 특권이 적용되는지를 판단하기 위한 네 가지 충족 조건은 첫째, 노출되지 않을 거라는 믿음을 전제로 나온 정보이어야 하며 둘째, 관계의 목적을 달성하는데 있어 신뢰를 지키는 것이 필수적이어야 하며 셋째, 사회가 권장하는 관계이어야 하며 넷째, 비밀을 노출함으로써 예상되는 관계상의 피해가 법원이 얻을 것으로 예상되는 이득보다 더 커야 한다는 것이다(서미경 외, 2017). 한편으로 이러한 특권이 적용되지 않거나 존재할 수 없는 한계가 있다(Loewenberg & Dolgoff, 1996).

- 클라이언트가 위험에 빠져 있거나 자신이나 타인을 해치고자 할 때
- 자살 혹은 클라이언트의 생명을 위협하는 다른 심각한 위험이 있을 때
- 아동학대나 방임이 심각하게 의심될 때
- 법원으로부터 위임받아 획득한 정보일 때
- 법원이 특정 사회복지사에게 평가를 부탁했을 때
- 클라이언트가 범죄를 계획할 때
- 정신적, 심리적 장애 때문에 클라이언트가 입원이 필요하다고 가정할 때
- 클라이언트가 사회복지사를 실친오류로 고소했을 때

- 아동의 이익을 최우선으로 고려해야 하는 아동보호 사례일 때
- 클라이언트가 이미 법정에서 비밀정보를 밝혔을 때
- 클라이언트가 사회복지사를 해치겠다고 위협할 때
- 사회복지사가 제공한 전문적 서비스에 대한 비용을 받기 위해 법원명령이 필요할 때

2) 비밀보장의 범위와 유형

일반적으로 비밀보장의 범위는 다음과 같다(Collingridge 외, 2001 재인용). ① 비밀보장의 대상이 되는 정보는 사회복지사와 클라이언트 사이의 언어적 의사소통 내용만이 아니라 비언어적 의사소통 내용과 그에 대한 사회복지사의 전문적 판단까지 포함한다. ② 비밀보장의 의무 기한은 사례가 종결되거나 클라이언트가 사망한 후에도 지속될 수 있다. ③ 비밀보장의 의무는 항상 절대적인 것은 아니며 상황에 따라 다른 가치가 우선시 되는 상황이 있을 수 있다. ④ 비밀보장의 의무는 특정한 상황에서 법에 의해 해지될 수 있다. 사회복지사는 비밀보장 범위를 고려할 때 그것이 클라이언트와 사회복지사 사이의 비밀보장인지, 사회복지사와 사회복지사 사이의 비밀보장인지, 사회복지사와 소속기관 사이의 비밀보장인지, 또는 사회복지사와 제3자 사이의 비밀보장이어야 하는지를 고려해야 한다.

비밀보장에는 절대적 비밀보장과 상대적 비밀보장의 두 가지 유형이 있다(Wilson, 1993). 첫째, 절대적 비밀보장은 클라이언트에 대한 비밀보장은 절대적 원칙이므로, 전문적 관계에서 얻은 정보는 어떤 상황에서든, 누구에게든, 어떤 형태로든 절대 노출해서는 안 된다는 것이다. 이 기준에 의하면 슈퍼바이저에게 얘기해서도 안 되고 기록으로도 남겨서는 안 된다. 사회복지사가 신뢰관계에 근거하여 얻은 클라이언트의 정보를 어떠한 상황에서도 절대로 누설하거나 공개하지 않는 것을 말한다. 하지만 실제로 기관에 근무하는 경우 이와 같은 절대적 비밀보장은 거의 불가능하다. 법률이나 기타 다

른 윤리적 의무와의 충돌 등으로 인하여 정보를 공개할 수밖에 없는 상황이 발생한다.

둘째, 상대적 비밀보장은 클라이언트가 정보 공개에 동의를 하거나 제3자 혹은 클라이언트에게 해를 입히는 것을 방지하기 위해, 사회적 공익을 위해 혹은 더 나은 개입을 위해 클라이언트의 정보가 공개될 수 있다는 제한 속에서 클라이언트의 비밀을 보장하는 것이다. 대부분의 사회복지사는 기관 내 다른 직원들과 클라이언트에 대한 정보를 공유한다. 슈퍼바이저나 동료들 간의 사례회의를 통해 기관 내에서 정보가 공유되고, 때에 따라서는 의뢰나 연계를 위해 외부기관과 정보를 공유하기도 한다. 이럴 경우 비밀보장은 상대적 개념이며 비밀보장의 이러한 상대적 특성 때문에 사회복지실천에서 윤리적 갈등이 발생하게 된다.

3) 비밀보장의 법적 의무

사회복지사의 비밀보장 의무는 전문직 윤리에 근거한 당연한 의무로서 법에도 규정되어 있다. 사회보장기본법과 사회복지사업법뿐만 아니라 사회복지사업에서의 직접적 서비스 전달과정에서 나타나는 관련 법령마다 비밀누설 금지 혹은 비밀엄수 의무가 법 조항에 구체적으로 명시되어 있다. 비밀보장 의무를 윤리적 차원에서 규제하는 데 그치지 않고 법적 책임을 부여한 것은 클라이언트가 전문가를 신뢰할 수 있는 기반을 마련함으로써 서비스의 접근가능성을 증진시키려는 취지에서이다.

〈표 8-4〉 사회복지관련법에 명시된 비밀보장조항

법	조항	내용
사회보장 기본법	제38조 개인정보 등의 보호	사회보장의 업무에 종사하는 자는 사회보장과 관련해 알게 된 개인·법인 또는 단체의 비밀을 관계법령에서 정하는 바에 따라 보호하여야 한다.
사회복지 사업법	제47조 비밀누설의 금지	사회복지사업 또는 사회복지업무에 종사하였거나 종사하고 있는 자는 그 업무수행의 과정에서 알게 된 다른 사람의 비밀을 누설하여서는 아니된다. (제54조 벌칙) 제47조의 규정에 위반한 자는 1년 이하의 징역 또는 1천만 원 이하의 벌금에 처한다.

법	조항	내용
아동복지법	제65조 비밀누설의 금지	아동복지사업 또는 아동복지전담기관을 포함하여 아동복지업무에 종사하였거나 종사하는 자는 그 직무상 알게 된 비밀을 누설하여서는 아니된다. (제71조 벌칙) 제65조를 위반하여 비밀을 누설한 자는 1년 이하의 징역 또는 500만 원 이하의 벌금에 처한다.
정신보건법	제42조 비밀누설의 금지	이 법에 의하여 정신질환자에 관련된 직무를 수행하였던 자 또는 수행하는 자는 이 법 또는 다른 법령에서 특히 규정된 경우를 제외하고는 그 직무의 수행과 관련하여 알게 된 타인의 비밀을 누설하거나 발표하여서는 아니된다. (제56조 벌칙) 제42조의 규정에 위반하여 직무상 알게 된 타인의 비밀을 누설하거나 발표한 자는 3년 이하의 징역 또는 1천만 원 이하의 벌금에 처한다.

출처: 우국희 외(2015: 201).

4) 비밀보장의 제한

클라이언트의 정보에 대한 비밀보장과 사회적 공익 또는 공공의 보호라는 측면으로 인해 클라이언트의 비밀보장과 관련하여 윤리적 딜레마가 발생하기도 한다. 사회가 전문가를 신뢰할 때는 개인의 이익보호만이 아니라 공공의 이익보호도 사회복지실천의 목적이 될 수 있기 때문이다. 따라서 사회복지사에게는 클라이언트와 공유하게 된 정보에 대한 비밀엄수 의무가 있는 동시에 비밀정보를 올바르게 사용해야 하는 적극적인 사회적 의무도 있다고 볼 수 있다(오윤수 외, 2009). 다시 말해 클라이언트의 비밀보장을 절대적인 윤리적 원칙으로 삼는 다른 전문직과는 달리, 사회복지전문직은 클라이언트의 이익만을 배타적으로 고려하지 않고 공공의 이익, 즉 클라이언트와 연관된 제3자, 가족, 지역사회, 전체 사회의 이익을 동시에 고려해야 하는 의무가 있다(Pojman, 2002).

Reamer(1999)에 따르면 사회복지실천과정에서 비밀보장의 제한과 관련하여 발생하는 상황은 다양하지만 일반적으로 클라이언트 자신에게 이익을 주거나 보호하기 위한 경우, 제3자를 보호하기 위한 경우, 미성년 클라이언트의 부모나 보호자의 요청에 응하는 경우, 법적 명령에 따르는 경우 등 4가지가 있다(우국희 외, 2015; 이순민, 2012 재인용).

(1) 클라이언트의 이익을 보호하기 위한 경우

비밀을 유지할 경우 클라이언트에게 위험이나 손실이 발생하거나 클라이언트의 삶에 매우 결정적인 정보일 때 정보제공자에 대한 비밀유지는 결정하기 매우 어려운 딜레마가 된다. 특히 자신의 자살 계획을 밝힌 클라이언트의 비밀보장권리는 생명보호원칙보다 우선시 될 수 없다. 클라이언트에 대한 비밀보장원칙을 지키는 것이 결국 클라이언트를 위험에 빠뜨리게 하거나 파국적 결과를 초래하는 것이라면 클라이언트에 대한 비밀보장원칙을 지키는 것이 의미가 없다고 할 수 있다.

(2) 제3자를 보호하기 위한 경우

아무리 클라이언트의 비밀보장이 중요해도 만약 제3자에 대한 위협이 있을 경우 사회복지사는 클라이언트의 위협적이거나 폭력적인 행동을 제지하기 위해 즉각적으로 개입해야 한다. 예를 들어 사회복지사들은 아동학대와 방임이 의심되는 모든 사례를 아동보호기관이나 다른 지정기관에 보고하도록 법적으로 요구받고 있다. 이 경우 가해자의 비밀을 지키지 않는 것에 윤리적 의미를 크게 두지 않고 학대받은 아동의 안전을 보호하는 것에 대해 윤리적 관심을 둔다. 정보공개에 대한 클라이언트의 동의를 얻지 못할 경우 제3자를 보호하기 위해 여러 조치를 취해야 하는데 이때 정보공개가 사회복지사와 클라이언트의 신뢰관계에 어떤 영향을 미치는지, 클라이언트가 어떤 사법적 상황에 처할 수 있는지, 제3자를 제대로 보호할 수 있는지 등에 대해 고려해 보아야 한다. 잠재적 위험으로부터 제3자를 보호하기 위한 비밀정보의 개방은 다음과 같은 네 가지 필요조건에 의해 정당화된다(Reamer, 1999).

- 사회복지사는 클라이언트가 제3자에게 폭력의 위협을 했다는 증거를 갖고 있어야 한다.
- 사회복지사는 폭력행위가 예측 가능하다는 증거를 가지고 있어야 한다.
- 사회복지사는 폭력행위가 임박하다는 증거를 갖고 있어야 한다.
- 사회복지사는 잠재적 희생자를 밝힐 수 있어야 한다.

(3) 미성년 클라이언트의 부모나 보호자의 요청에 응하는 경우

아동이나 청소년이 클라이언트인 사회복지실천과정에서 사회복지사는 미성년자 클라이언트의 비밀보장권리와 부모의 알 권리 모두를 보호할 의무가 있지만 두 가지를 동시에 만족시킬 수는 없기 때문에 갈등할 수 있다. 사회복지사는 미성년자인 클라이언트의 문제가 약물남용, 원조교제, 임신, 폭력, 범죄 등 심각한 경우에도 비밀보장을 지속해야 할지, 부모나 보호자에게 클라이언트와의 상담내용을 공개할 것인지에 대한 결정을 내리는 것이 쉽지 않다. 부모나 보호자에게 클라이언트와의 상담내용을 공개할 경우 신뢰를 바탕으로 한 사회복지사와 클라이언트와의 관계가 위험에 처할 수 있으므로 보호자에게 연락하기 전에 클라이언트 스스로 부모나 보호자에게 직접 이야기하도록 격려하는 것도 좋다.

(4) 법적 명령에 따르는 경우

법에 따라 신고의 의무 또는 정보 제공의 의무가 있는 경우에 사회복지사는 법적 명령에 따라 클라이언트로부터 얻은 정보를 노출해야 하는 상황에 놓일 수 있다. 예를 들어 사회복지사가 법정 증인으로서 증언을 해야 할 경우 클라이언트의 비밀보장을 함으로써 얻는 이익보다는 해악이 클 가능성이 있다면 클라이언트에 대한 비밀보장의 원칙을 어기고 클라이언트에 관한 정보를 공개하게 된다.

5) 비밀보장을 위한 실무지침

(1) 기본원칙

사회복지사가 클라이언트의 비밀보장권리를 존중하기 위해 어떤 상황에서든 준수해야 하는 기본원칙이 있다(양옥경 외, 2004). 첫째, 사회복지사는 비밀보장의 개념과 한계에 대해 정확한 지식을 가지고 있어야 한다. 즉 비밀보장보다 사생활보호가 우선되는 가치라는 것과 비밀보장이 사회복지사에게는 의무이고 클라이언트에게는 권리라는 것, 클라이언트와 관련인에 대한 보호의무가 비밀보장보다 우선한다는 것 등에 대해 명확하게 이해하고 실천해야 한다.

둘째, 사회복지사는 비밀보장 관련법에 대해 정확한 지식을 가지고 있어야 한다. 우리나라에서는 아직까지 사회복지사의 비밀유지특권에 대한 인지도가 낮지만 사회복지 관련법을 보면 모든 법에서 사회복지사가 업무상 취득한 정보들에 대해 비밀조장의 의무가 있음이 명시되어 있고 이를 위반할 경우의 벌칙에 대해서도 명시되어 있다. 동시에 성폭력, 가정폭력, 아동학대, 약물남용 등의 경우에는 클라이언트와 함께 관련된 사람을 보호하기 위해 클라이언트의 위험한 행동이나 그 가능성에 대해 신고하도록 되어 있다. 여러 법에 산재되어 존재하는 이러한 조항들을 사회복지사는 숙지해야 해야 하며 동시에 사회복지사의 비밀유지특권에 대해 사회적으로 법적으로 인정하기 위한 노력도 필요하다.

셋째, 사회복지사는 클라이언트와 전문적 관계를 형성함과 동시에 클라이언트에게 비밀보장의 내용과 한계에 대해 함께 설명해야 한다. 전문적 관계 형성 초기에 설명함으로써 클라이언트가 자신의 사생활을 보호할 수 있도록 해야 하며 동시에 클라이언트의 문제가 클라이언트나 관련인들을 위험하게 할 수 있는 것이라면 그들을 보호하기 위하여 상담내용을 공개할 수도 있음을 설명하여 클라이언트 스스로 공개하도록 최선을 다해 도와야 한다. 만약 상담내용을 공개하는 것이 불가피한 경우 공개할 상담내용 범위와 그 결과에 대해서 클라이언트와 충분히 의논하여야 한다.

넷째, 비밀보장을 실천하기 위한 세부지침을 마련해야 한다. 사회복지사가 비밀보장을 실천하다보면 여러 가지 이유로 비밀보장의 한계에 대해 고민하게 된다. 따라서 윤리지침과 법적 근거 외에 구체적인 실무지침을 마련하는 것이 꼭 필요하다. 여기에 포함되어야 할 내용을 제시하면 다음과 같다.

- 클라이언트의 사적인 정보를 수집해야 하는 경우의 타당성과 한계에 관한 사항
- 클라이언트의 자해 의도와 제3자에 대한 위해 의도에 대해 위험성 공개에 관한 사항

- 알코올과 약물남용 치료 등을 위해 의뢰할 때 제공해야 하는 정보에 관한 사항
- 클라이언트 사망 시 또는 그 후에 정보 공개에 관한 사항
- 클라이언트가 미성년자인 경우에 부모 또는 보호자와 공유할 수 있는 정보에 관한 사항 · 가족상담과 집단상담의 경우에 참석자들이 공유하게 되는 정보에 관한 사항
- 대중매체, 사법기관, 아동보호기관 등에게 정보를 공개해야 하는 경우에 관한 사항
- 기록, 녹음, 컴퓨터 사용 등 정보 보관 방법에 관한 사항
- 팩스, 이메일, 전화 응답기 등을 이용해서 정보를 주고받게 될 경우에 관한 사항
- 클라이언트의 기록을 폐기하는 것에 관한 사항
- 담당 사회복지사의 사망이나 퇴직, 병가 시에 관한 사항
- 복도, 대기실, 엘리베이터, 식당과 같은 공개된 장소에서 사례와 관련된 대화에 관한 사항
- 자문, 슈퍼비전, 또는 교육목적 등으로 사례가 공개되는 경우에 관한 사항
- 법적인 신고 의무 또는 법원의 요청에 따라 클라이언트의 정보를 공개해야 하는 경우에 관한 사항

(2) 상황별 실무지침

비밀보장과 관련하여 기록할 때와 상담할 때 각각의 상황별 실무지침을 살펴보자(오윤수 외, 2009). 첫째, 사회복지사는 기록할 때 기록한 내용이 언젠가 클라이언트를 포함한 누군가에게 특정한 상황에서 공개될 수 있음을 유념해야 한다. 최근 클라이언트의 자신의 파일과 상담기록을 볼 수 있는 권리를 점차 인정하는 추세이기 때문이다. 기관 내에서 기록내용을 공유하게 될 때에도 최소한으로 비밀보장권리를 제한하여 클라이언트와 신뢰관계를 유지할 수 있도록 최선을 다해야 한다.

둘째, 사회복지사가 상담을 시작할 경우 클라이언트에게 상담의 목적과 과정, 기대되는 결과 등을 설명하면서 클라이언트의 비밀보장권리와 그 한계에 대해서도 분명

하고 구체적으로 알려주어야 한다. 특히, 부부상담, 집단상담 또는 미성년자와의 상담과 같이 비밀보장권리가 상대적으로 더 많이 제한을 받게 되는 경우에는 클라이언트 모두 각자 비밀보장의 한계를 알고 어떤 이야기를 할 것인지 스스로 결정하도록 해야 한다. 다음은 비밀보장권리 및 한계와 관련하여 설명해야 할 요소들이다.

- 클라이언트와의 관계에서 비밀보장의 중요성
- 비밀보장 관련 법 조항
- 비밀보장을 위한 기관 차원의 조치와 절차, 예를 들면 기록보관방법과 기록에 접근할 수 있는 사람의 조건 등에 관한 규정
- 클라이언트의 정보 공개와 관련된 사회복지사의 법적 의무사항
- 법적 의무사항 외에 클라이언트를 보호하기 위해 클라이언트의 비밀보장권리가 제한받는 상황
- 교육목적으로 정보를 기관 내외의 전문가들 사이에서 공유하게 되는 경우
- 정보 공개 시 클라이언트의 동의를 받는 절차
- 전화, 컴퓨터, 팩스, 이메일 등 사용 시 제3자에게 정보가 노출될 수 있는 가능성

3. 알 권리

1) 알 권리의 개념

사전적 의미에서 알 권리(right to know)란, 국민 개개인이 정치적·사회적 현실에 대한 정보를 자유롭게 알 수 있는 권리 또는 이러한 정보에 대해 접근할 수 있는 권리를 통칭하는 개념이다. 좀 더 구체적으로 정의하면 '일반 국민들과 언론기관이 함께 모든 정보원으로부터 정보를 자유롭게 취득할 수 있는 권리'(한병구, 2000) 또는 '국가의 간섭을 받지 않고 정보를 수집하는 동시에 국가기관이 보유한 정보의 공개를 요구할 수 있는 이행청구의 실현권리'(이재진, 2004)라고 할 수 있다. 알 권리는 정보수집의 모

든 과정을 포괄하며, 알 권리의 대상이 되는 정보는 주로 ① 주권자인 국민이 국정을 판단하는 데 필요한 정보, ② 국민이 사회인으로서 안전하고 건강하게 문화적인 현대 생활을 영위하기 위해 필요한 정보, ③ 국민이 인격상 자기달성을 위해 필요한 정보 등이다(임병국, 1999).

사회복지실천에서 알 권리는 여러 윤리적 문제와 맞물려서 강조되고 있다(이순민, 2012). 자기결정권을 위한 정보 확보, 고지된 동의, 기록의 공개 등 클라이언트가 자기결정권을 행사하는 데에는 충분한 정보가 제공되어야 하며, 이때 클라이언트의 알 권리가 강조되어야 한다. 고지된 동의도 사회복지실천 과정에서 클라이언트가 자신이 받는 서비스의 내용이나 선택에 대해 사실과 정보에 대해 사전에 설명받고 이해한 상태에서 동의해야 한다는 점에서 알 권리를 바탕으로 하고 있다. 또한 클라이언트 자신에 관한 기록에 대해 접근성을 가지는 것은 클라이언트의 알 권리를 행사하는 것이라 볼 수 있다.

〈표 8-5〉 알 권리

구분	내용
한국 사회복지사 윤리강령 (KASW)	1-5. (사회복지사의 클라이언트에 대한 윤리기준 중 클라이언트와의 관계) 사회복지사는 클라이언트가 받는 서비스의 범위와 내용에 대해, 정확하고 충분한 정보를 제공함으로써 알 권리를 인정하고 존중해야 한다.
미국 사회복지사 윤리강령 (NASW)	(윤리기준) 1.03 충분한 정보에 근거한 동의 a. 사회복지사는 타당한 정보에 근거한 동의에 기초한 전문적 관계의 맥락 안에서만 클라이언트에게 서비스를 제공해야 한다. 사회복지사는 명확하고 이해하기 쉬운 말로 클라이언트에게 서비스의 목적, 서비스와 관련된 위험, 제3자 지불자의 요청에 의한 서비스의 제한, 관련 비용, 합리적인 대안들, 동의를 거절하거나 취소할 수 있는 클라이언트의 권리 및 동의에 따르는 기간 등을 알려주어야 한다. 또한 클라이언트에게 질문할 기회도 제공해야 한다. b. 클라이언트가 글자를 모르거나 실천현장에서 사용되는 언어를 이해하기 어려워하는 경우, 사회복지사는 클라이언트가 이해할 수 있도록 필요한 조치를 취해야 한다. 즉, 클라이언트에게 상세한 구두설명을 해주고 가능하다면 유자격 통역가나 번역가를 마련해 주어야 한다. c. 클라이언트가 충분한 정보에 근거한 동의를 할 능력이 부족한 경우에는 사회복지사는 적절한 제3자에게 허가를 구하여 클라이언트의 이해수준에 맞추어 알려줌으로써 클라이언트의 이익을 보호해 주어야 한다. 이러한 경우에 사회복지사는 제3자가 클라이언트의 희망과 이익에

구분	내용
	부합되도록 행동하는지 확인하는 노력을 해야 한다. 사회복지사는 클라이언트가 충분한 정보에 근거한 동의를 할 수 있는 능력을 향상시키도록 합리적인 조치를 취해야 한다. d. 클라이언트가 비자발적으로 서비스를 받게 되는 경우에는 사회복지사는 서비스의 성격이나 범위에 관해서, 그리고 클라이언트가 서비스를 거부할 수 있는 한도에 관한 정보를 제공해 주어야 한다.

2) 알 권리 존중의 기본원칙

사회복지실천현장에서 클라이언트의 알 권리를 적극적으로 존중하기 위한 기본 원칙을 정리하면 다음과 같다(박인선, 2004 재인용).

① 원칙1: **최대한의 정보공개와 제공**

클라이언트를 존엄한 인간으로 대우하고 알 권리를 제대로 존중하려면 우선적으로 먼저 사회복지실천현장의 모든 정보는 공개하는 것이 원칙이라는 사실을 받아들여야 한다. 즉, 모든 클라이언트는 사회복지실천현장의 어떤 정보에도 접근할 권리가 있으며 클라이언트가 요청하기 전에 먼저 클라이언트에게 설명하고 제공해야 함을 의미한다. 정보에는 영상물을 포함하여 다양한 형태의 기록과 문서가 포함된다.

② 원칙2: **적극적인 정보공개 의무**

사회복지기관은 소유하고 있는 정보를 단순히 클라이언트에게 알릴 뿐만 아니라 더 적극적으로 지역사회 내의 모든 사람에게 알리고 함께 공유할 의무가 있다. 이는 사회복지기관이 지역사회로부터 인정을 받기 위해서도 필요하고 잠재적인 클라이언트를 발굴하고 접근성을 높이기 위해서도 필요하다. 클라이언트와 지역사회에 알려야 할 기본 정보는 다음과 같다.

- 기관의 설립취지와 목적, 대상, 제공하는 서비스와 프로그램 내용과 한계, 예·결산 내역

- 사생활보호장치와 비밀보장 내용 및 한계
- 아이디어 및 의견수렴 과정과 결과
- 불만사항과 욕구파악 그리고 문제해결을 위한 절차와 방법

③ **원칙3: 공개문화 선도**

지역사회 내 비밀선호문화를 조금씩이라도 공개문화 쪽으로 바꾸기 위해 적극적으로 노력한다. 즉 주민의 참여를 독려하고 알 권리를 법제화해야 한다고 공론화하며 지역사회 주민의 알 권리 인지도를 향상시키기 위해 교육한다. 교육의 내용에는 알 권리의 필요성과 중요성, 법적 알 권리의 내용과 공개를 요청할 수 있는 정보의 범위, 그리고 신고자의 보호방법 등이 포함된다.

④ **원칙4: 예외의 최소화**

알 권리 존중도 법적으로 인정된 비밀보장 내용인 경우나 정보를 공개하는 것이 누군가를 부당하게 위협하게 되는 경우, 또는 누군가에게 분명하게 해가 되는 경우에는 제한을 받게 된다. 부득이 하게 비밀을 보장해야 하는 경우에는 왜 비밀을 보장해야 하는지를 구체적으로 분명하게 명시하고 알 권리에서 예외가 디는 정보들에 대해서 지역사회에 그리고 클라이언트와의 초기 면접 시 분명하게 설명한다. 법적으로 인정된 비밀보장 정보인 경우 알 권리가 제한될 수 있다고 하였는데 때에 따라서는 특정 정보를 공개하는 것이 법을 위반하는 것이 되더라도 그것이 누군가에게 해를 주거나 위협하는 것은 아니면서 클라이언트의 이익과 지역사회의 이익을 위한 경우에는 알 권리 존중이 비밀보장권리 존중보다 우선될 수 있다.

⑤ **원칙5: 정보접근성의 수월화**

정보는 공정하고 신속하게, 객관적으로 공개되어야 하며, 노약자와 장애인 또는 다른 언어를 사용하는 외국인의 경우에도 장애가 없는 다른 사람들과 같은 정도의 정보

접근성이 보장되어야 한다. 또한 법 또는 기관의 내규에 따라 비밀을 보장해야 하는 정보에 대해서도 공개를 요청할 수 있는 권리를 클라이언트와 지역 주민에게 주어야 한다.

⑥ 원칙6: **클라이언트의 참여 보장**

클라이언트 또는 지역주민의 삶에 중요한 영향을 미칠 수 있는 의사결정과정에는 클라이언트 또는 지역주민이 함께 참여하여 의견을 표현할 수 있도록 제도적 장치를 마련해야 한다.

⑦ 원칙7: **신고자 보호**

아동학대와 가정폭력 또는 성폭력과 같은 사건을 신고한 사람을 가해자로부터 보호할 수 있는 보호장치가 지역사회뿐만 아니라 기관의 규정에 따라 기관 내부에도 법적으로 마련되어 있어야 한다. 또한 사회복지기관이나 사회복지사의 비리, 인권침해사건 또는 비효과적인 개입들을 조기에 확인하고 재발을 예방하기 위한 신고 또는 고발에 대해서도 신고자나 고발자를 보호할 수 있는 장치가 기관 내에 마련되어 있어야 한다.

4. 고지된 동의

1) 고지된 동의의 개념

고지된 동의(informed consent)는 두 가지 개념적 차원으로 설명할 수 있다(김기덕 외, 2017). 고지된 동의는 먼저 사회복지사가 개입을 시작하기 이전에 혹은 서비스를 진행하기 전에 이에 대해 충분히 설명하고 클라이언트의 동의를 구해야 하는 사전동의를 의미한다. 클라이언트에게 충분한 정보의 제공을 통한 알 권리가 확보된 상태에서의 서비스 계약단계의 동의만 진정한 자기결정의 보장이라고 할 수 있다. 사회복지현장에서 고지된 동의가 진행되기 위해서는 충분한 정보의 제공과 클라이언트의 알 권리가 확보되었는지 검토되어야 한다.

고지된 동의는 또한 사회복지사가 클라이언트의 삶에 간섭하지 않고 클라이언트의 동의 없이는 그와 관련된 정보를 타인에게 제공해서는 안 된다는 것을 의미한다. 클라이언트의 개인 정보에 대해서는 비밀보장되는 것이 마땅하지만 사회복지실천현장에서 클라이언트에 관한 정보를 부득이 제공해야 할 경우들이 불가피하게 발생하는 것이 사실이다. 사회복지사는 실천과정에서 클라이언트나 가족들로부터 획득한 정보에 대한 목적과 활용에 대해서 클라이언트에게 구체적으로 알려야 하며 정보의 공개에 대한 동의를 받아야 한다. 정보획득의 방법에 대해서도 동의가 필요한데 기록・녹음・녹화영상 등에 대해서도 동의를 획득해야 한다.

〈표 8-6〉 고지된 동의

구분	내용
한국 사회복지사 윤리강령 (KASW)	2-2. (사회복지사의 기본적 윤리기준 중 전문성 개발을 위한 노력) 클라이언트를 대상으로 연구하는 사회복지사는 저들의 권리를 보장하기 위해, 자발적이고 고지된 동의를 얻어야 한다. 2-3. (사회복지사의 기본적 윤리기준 중 전문성 개발을 위한 노력) 연구과정에서 얻은 정보는 비밀보장의 원칙에서 다루어져야 하고, 이 과정에서 클라이언트는 신체적, 정신적 불편이나 위험・위해 등으로부터 보호되어야 한다. 1-6. (사회복지사의 클라이언트에 대한 윤리기준 중 클라이언트와의 관계) 사회복지사는 문서・사진・컴퓨터 파일 등의 형태로 된 클라이언트의 정보에 대해 비밀보장의 한계・정보를 얻어야 하는 목적 및 활용에 대해 구체적으로 알려야 하며, 정보 공개 시에는 동의를 얻어야 한다.
미국 사회복지사 윤리강령 (NASW)	(윤리기준) 1.03 (e) 컴퓨터, 전화, 라디오, TV 등의 전자매체를 통해 서비스를 제공하는 사회복지사는 이러한 서비스와 관련된 제한사항과 위험사항을 클라이언트에게 알려주어야 한다. 1.03 (f) 사회복지사는 클라이언트에 대한 녹음 또는 녹화를 하거나, 제3자로 하여금 클라이언트에 대한 서비스를 관찰하도록 허용할 때는 클라이언트의 동의를 얻어야 한다.

2) 고지된 동의의 전제조건, 구성요소 및 유형

클라이언트에게서 고지된 동의를 얻기 위해서는 몇 가지 전제조건이 충족되어야만 클라이언트가 충분한 정보를 가지고 자발적으로 동의했음을 인정할 수 있다(이순민, 2012). 첫째, 전제조건은 지식이다. 클라이언트가 고지된 동의를 하기 위해서는 클라이언트가 고지된 동의를 하기 위해 사회복지실천 개입의 종류나 방법, 서비스를 받는 도중이나 그 결과로 일어날 수 있는 일, 동의를 하지 않을 때 어떻게 되는지에 대해 충분한 정보가 제공되어야 한다. 사회복지실천 과정에서 여러 가지 개입 중 대안 하나를 선택할 때 더 좋은 것인지 나쁜 것인지를 클라이언트가 알아야 한다. 클라이언트가 너무 많은 정보에 압도당하지 않으면서도 고지된 동의를 위해 어느 정도의 정보를 제공해야 할지를 결정하는 것이 중요하다.

둘째, 자발성은 자유로운 상태에서 강제성 없이 고지된 동의가 이루어질 때 의미가 있다는 전제조건이다. 법원 명령에 의해 강제적으로 상담을 받는 경우나 정신병원에서 강제치료를 받는 경우가 이에 해당한다. 하지만 강제성이 없는 경우라도 클라이언트가 사회복지사에게 맹목적·무조건적으로 동의하거나 이를 거부할 시에 생길지도 모를 불이익의 걱정으로 동의하게 될 수도 있다. 고지된 동의를 얻을 때 사회복지사는 클라이언트에게 강제성이 없으며 동의를 거부해도 어떤 불이익도 없음을 강조해야 한다.

셋째, 능력은 고지된 동의를 하는 클라이언트가 동의를 할 수 있는 능력이 충분할 때 이를 전제하는 것이다. 그러나 클라이언트가 고지된 동의를 할 만큼의 능력이 충분하지 못한 경우도 있다. 미성년자인 아동·청소년, 노인, 정서장애나 정신지체를 가진 사람의 경우가 이에 해당된다. 아동의 연령이 어느 정도 이상이어야 동의를 결정할 능력이 있는지, 연령이 높은 노인의 경우 어떤 기준을 가져야만 사리판단을 할 수 있다고 볼 수 있는지를 사회복지사가 주관적으로 판단해야 한다.

넷째, 적절한 동의방식은 고지된 동의를 하는 전제조건이 된다. 클라이언트가 동의의 의사를 고개를 끄덕이는 등 비언어적으로 표현할 수도 있고 구두 또는 서면으로 직접적인 동의 의사를 표현할 수도 있다. 이렇게 동의를 나타내는 데에는 다양한 방식이 존재한다. 사회복지사는 클라이언트가 동의에 대한 표현을 비언어적으로 했을 때 해석하는 데 주의를 기울여야 한다.

고지된 동의에서는 클라이언트에게 다음 여덟 가지에 대한 사항들이 충분히 설명되어야 하며 비밀정보 공개에 동의한 개인에게 정보의 사용에 대한 구체적인 서명이 필요하다. 그 내용에는 ① 정보를 원하는 사람, ② 정보를 요구하는 이유(어떠한 목적에서 정보를 원하는가), ③ 정보 수령인이 정보를 사용하고자 하는 방법(그 정보를 어떻게 사용하고자 하는가), ④ 정보 수령인이 클라이언트의 동의 없이 제3자에게 정보를 전할지의 여부, ⑤ 공개되는 정확한 정보(공개되는 정보가 구체적으로 무엇인지), ⑥ 동의나 거부의 영향(정보공개에 동의나 거부했을 때 나타날 수 있는 반향), ⑦ 동의 만료일, ⑧ 동의를 취소하는 방법 등이 포함되어야 한다(우국희 외, 2015 재인용).

클라이언트의 동의의 방식을 살펴보면 첫째, 직접적 동의 및 무언의 동의방식으로 직접 "예"라고 동의한 경우와 "아니오"라고 말하지 않았다고 해서 동의로 해석하는 경우이다. 그러나 적극적 동의 없이 침묵이나 적극적으로 거부의사를 밝히지 않는 것을 동의로 해석해서는 안 된다. 또한 클라이언트에게 서비스를 거부할 권리가 있음을 반드시 알려야 한다. 둘째, 구두동의 혹은 서면동의의 방식으로 말로 동의하느냐 혹은 문서상으로 동의하느냐에 따라 차이가 있을 수 있다. 셋째, 동의의 시점에 따라 과거 동의와 현재 동의가 있다. 과거에 동의했지만 현재 마음이 바뀌거나 상황이 달라졌거나 여러 가지 여타의 이유로 과거의 동의를 번복하는 경우가 있을 수 있다. 또한 현재 동의와 미래 동의로 클라이언트가 현재 동의를 하였다 하더라도 이것이 반드시 앞으로 진행되는 과정에서 지속적으로 동의할 것인지는 확언하기 어렵다. 따라서 클라이언트가 동의하였다 하더라도 정기적인 동의에 관한 점검이 필요하다(김기덕 외, 2017 재인용).

chapter 09

전문가의 역할과 윤리적 쟁점

1. 이중관계

1) 이중관계에 대한 이해

이중관계(dual relationship)란 사회복지사가 클라이언트와 제2의 관계, 즉 친구 · 고용인 · 교사 · 사업파트너 · 가족구성원 또는 성적 파트너 등의 관계를 맺는 것을 말하며, 이는 사회복지관계(social work relationship)에 들어가기 전이나 도중, 종료 후에 시작되는 제2의 관계를 모두 포함한다(Kagle & Giebelhausen, 1994). 이중관계는 사회복지사, 치료자, 심리학자 혹은 상담가가 클라이언트와 한 가지 이상의 관계를 동시에 혹은 연속적으로 맺고 있을 때 발생한다(Ringstad, 2008).

Reamer(2003)는 이중관계의 주요 테마를 친밀한 관계, 개인적 이익의 추구, 정서적/의존적 욕구, 이타적 표현, 예기치 않은 환경에 대한 반응의 5가지 영역으로 분류하였다. 그에 따르면 이중관계는 반드시 사회복지사의 개인욕구 충족을 위한 관계뿐 아니라 호의를 베풀고, 작은 선물을 주고받으며 부가적인 시간을 부여하는 등의 클라이언트의 욕구충족을 위한 부분과 지역사회의 이벤트, 지인을 서로 아는 것, 같은 단체 회원 등의 예기치 않은 상황까지 포함하는 것이다.

이중관계를 크게 경계 건너기(boundary crossing)와 경계위반(boundary violations)으로 구분할 수 있다. 경계 건너기는 사회복지사가 클라이언트나 동료 사회복지사와 의도적으로 착취, 조정, 기만, 강압적이지 않은 의미에서의 이중관계를 갖는 것을 말한다(Reamer, 2003). 경계 건너기는 이해할 수 있는 특별한 상황에서 클라이언트에게 해를 주지 않는 선에서, 일반적으로 받아들일 수 있는 행동의 기준을 어기는 경우로 예를 들면 자살을 시도할 위험이 있는 클라이언트에게 사회복지사 개인의 전화번호를 알려주는 것과 같은 경우이다. 경계위반은 사회복지사가 클라이언트나 동료 사회복지사와 의도적으로 착취, 조정, 기만, 강압적인 이중관계를 갖는 것을 말하며 사회복지사가 클라이언트와의 관계를 이용하여 개인적 필요를 충족하는 것이다.

이중관계의 유형을 성적 관계(sexual relationship)와 비성적 관계(non-sexual relationship)로 나누기도 한다. 첫째, 치료적 관계 바깥에서 발생하는 성적인 관계는 현재 혹은 과거의 클라이언트와 성적 행동(껴안기, 키스, 성관계)을 하는 것이다. 둘째, 비성적 관계로는 ① 일시적 관계, ② 사회적 관계, ③ 재정적 관계, ④ 이중의 전문가 역할 등이 있다(Ringstad, 2008).

일시적 관계는 클라이언트에 의해 발생된 한 번의 사건 혹은 특별한 경우를 뜻하는 것으로 10불 이하의 선물을 받는 것, 특별한 경우에 초대를 받는 것(결혼 등), 50불이 넘는 선물을 받는 것과 같은 행동이 포함된다.

사회적 관계는 치료자와 클라이언트가 치료적 접촉 외의 사회적 상황에 관련되는 것을 의미한다. 종결 후에 클라이언트와 친구가 되는 것, 클라이언트에게 현재의 개인적 스트레스에 대해 자세히 이야기하는 것, 클라이언트를 사무실이나 병원의 개방일에 초대한 것, 치료세션 후에 클라이언트와 함께 외식하러 가는 것, 개인적 파티나 행사에 클라이언트를 초대하는 것이 포함된다.

재정적 관계는 치료자와 클라이언트가 비용을 지불하는 치료적 관계 외에 재정적 혹은 사업적 관계를 맺는 것이다. 클라이언트로부터 치료비용으로 서비스나 물품을 받는 것, 클라이언트에게 물건을 파는 것, 클라이언트를 고용하는 것, 클라이언트로부터 물건이나 서비스를 구매하는 것이 포함된다.

이중의 전문적 역할 관계는 치료자가 두 개 이상의 전문적 역할을 수행하거나 갈등을 유발할 수 있는 두 명 이상에게 동시에 전문적 역할을 수행하는 것을 의미한다. 현재 시점의 고용인에게 치료를 제공하는 것, 진행 중인 클라이언트의 친척, 친구, 연인에게 개인 치료를 제공하는 것, 클라이언트를 치료자가 강의하는 클래스에 등록하도록 하는 것을 포함한다.

2) 이중관계에 관한 윤리성

(1) 이중관계에 관한 윤리규정

윤리강령은 전문직의 필수요소이며 단지 존재한다는 사실로서가 아니라 실제 해당 전문직 종사인력들의 행동지침으로써 적극 활용될 때 그 의미가 있다고 할 수 있다. 이중관계에 관한 윤리규정이 각국의 윤리강령에 제시되어 있고 종사자들은 규정에 의거한 실천을 위해 적극적으로 노력해야 한다. 이중관계에 관한 내용들을 각국의 윤리강령별로 살펴보면 다음과 같다(우국희 외, 2015).

한국 사회복지사 윤리강령 1992년판의 경우 이중관계와 직접적으로 관련된 조항은 없으며 제3항 "전문적 관계를 이용하여 부당한 영리를 취하지 않는다"와 클라이언트의 권익보장, 자기결정권 존중, 차별금지, 사생활 존중, 비밀보장 등을 명시한 제4항에서 제7항을 통해 간접적으로 클라이언트와의 전문적 관계 유지를 강조하고 있다. 2001년판에서 이중관계에 관한 직접적 조항은 제2조 제7항 "사회복지사는 개인적 이익을 위해 클라이언트와의 전문적 관계를 이용하여서는 안 된다"와 제2조 제8항 "사회복지사는 어떠한 상황에서도 클라이언트와 부적절한 성적인 관계를 가져서는 안 된다"라는 두 개 조항이다.

미국 사회복지사 윤리강령(2008)에서는 사회복지사와 클라이언트 간의 이중관계뿐만 아니라 사회복지사와 동료, 슈퍼바이저, 후원자, 자원봉사자, 실습생, 지역주민까지도 포함하여 이들과의 이중관계도 금지하고 있다(오혜경, 2010). 미국은 클라이언트와의 성적 관계에 대해 네 개 조항을 할애하여 그 대상(현재, 과거 클라이언트 모두 포함)과 범위(합의 혹은 강제 모두 포함), 위험성(잠재적인 위해, 전문적 경계 유지의 어려움) 등에 대해 자세히 규정하고 있다. 또한 슈퍼비전, 교육훈련, 평가조사의 상황에서의 이중관계를 금지하고 클라이언트의 이익보호를 위해 이중관계를 맺어서는 안 될 것을 규정하였다.

영국 사회복지사 윤리강령 2002년판 제3조 제4항에서 이중관계와 관련하여 현재 혹은 이전 서비스 이용자, 연구 참여자, 학생, 슈퍼바이지 또는 동료와의 모든 관계에서 갈등의 위험을 최소화할 수 있는 명확하고 적절한 전문적 경계를 설정할 의무가 있다고 규정하고 있다. 또한 전문적 경계를 해쳐, 전문적 관계에 의도치 않은 해나 손상을 입힐 수 있는 어떠한 행동도 피해야 한다. 현재의 서비스 이용자, 학생, 슈퍼바이지, 연구 참여자 등 전문적 관계 혹은 사회복지사에게 권위가 부여되어 불평등한 권력관계에 있는 어떤 사람들과도 어떤 유형의 친밀한 관계 또는 성적 행위를 맺어서는 안 된다. 또한 착취, 이익을 취하는 것에 대한 잠재적인 가능성에 대한 신중한 고려 없이 이전 서비스 이용자와 친밀한 혹은 성적 관계를 맺어서는 안 된다고 규정하고 있다.

일본의 사회복지사 윤리강령은 이중관계와 직접적으로 관련된 조항은 없지만 클라이언트와의 관계조항에서 사회복지사가 직무수행 시, 클라이언트에 대한 서비스를 최우선으로 생각하여, 자기의 사적 이익을 위해 이용하는 일이 있어서는 안 되며, 전문직업상의 지식이나 기술이 비인간적 목적에 이용되지 않도록 스스로 경계할 필요가 있다고 규정하고 있다.

〈표 9-1〉 클라이언트와의 성적 관계 조항(NASW)

구분	내용
미국 사회복지사 윤리강령 (NASW)	1.09 성적 관계 ⓐ 사회복지사는 어떤 상황에서도, 합의에 의한 것이든 강제에 의한 것이든 현재의 클라이언트와 성적 행동이나 성적 접촉을 해서는 안된다. ⓑ 사회복지사는 착취의 위험이 있거나 클라이언트에게 위해를 끼칠 수 있는 경우는 클라이언트의 친척이나 개인적 친분이 있는 사람과 성적 행동이나 성적 접촉을 해서는 안 된다. 클라이언트의 친척 또는 그와 개인적 친분이 있는 사람들과의 성적 행동이나 성적 접촉은 클라이언트에게 위해를 끼칠 가능성이 있으며, 이는 사회복지사와 클라이언트 간의 적절한 전문적 경계를 유지하기 어렵게 만든다. ⓒ 사회복지사는 이전의 클라이언트와 성적 행동이나 성적 접촉을 해서는 안 된다. 왜냐하면 클라이언트에게 해를 입힐 가능성이 있기 때문이다. 만일 사회복지사가 이러한 금지규정에 어긋나는 행동을 한다든지 또는 예외적인 상황 때문에 이러한 금지규정의 예외가 인정되어야 한다고 주장한다면, 이전의 클라이언트가 의도적으로나 비의도적으로 착취나 강제를 당하거나 조종을 받지 않았다는 것을 입증할 전적인 책임은 사회복지사에게 있다. ⓓ 사회복지사는 과거에 성적 관계를 가졌던 사람에게 임상적 서비스를 제공해서는 안 된다. 과거의 성적 파트너에게 임상적 서비스를 제공하면 그 개인에게 잠재적 해를 입힐 가능성이 있으며 사회복지사와 그 개인 간에 적절한 전문적 경계를 유지하기가 어렵기 때문이다.

(2) 이중관계의 윤리성 논쟁

클라이언트와의 성적 관계가 비윤리적이라는 것에는 이견이 없다. 그러나 클라이언트와의 다양한 개인적이고 대가성 있는 관계형성이 불가피할 수 있는 현대사회의 상황을 고려할 경우 성적 관계를 제외한 비성적 이중관계에 대해서는 논란이 존재한다. 이중관계에 대한 찬반 논쟁을 정리하면 다음과 같다(서미경 외, 2015 재인용).

우선, 클라이언트와 맺는 개인적 관계의 부정적 영향을 우려하는 입장에서는 이중관계로 인해 클라이언트와의 관계에서 객관성을 잃기 쉬우며 클라이언트의 문제에 대한 부정확한 사정을 하거나, 사회복지사로서 소진될 수 있음을 주장한다.

- 이중관계는 양자 간의 관계에서 보다 많은 권력을 가진 사회복지사가 클라이언트를 착취할 위험이 있다.
- 착취를 하지 않는다 하여도 객관성을 유지하기 힘들고, 필요한 순간 직면을 사용

하지 못하게 된다.

- 인간관계의 대부분이 비성적 관계에서 시작되어 성적 관계로 진전되므로, 개인적 관계는 언제든지 성적 관계로 변화될 수 있다는 점에서 위험하다.
- 이중 혹은 다중관계에서는 관계마다 다양한 현실이 존재하고, 각 현실 속에서 사회복지사와 클라이언트는 서로에 대한 인식이 다르고 이것이 혼란을 초래하게 된다.
- 이중 혹은 다중관계에서 의도하지 않게 수집된 많은 정보가 오히려 객관적 사정을 어렵게 하고 클라이언트와의 관계를 불편하게 한다.

한편, 이중관계가 치료적 관계 수립을 효과적으로 돕고, 서비스의 효율성을 높일 수 있다는 주장이 있다. 오늘날 지역사회에서 지속적이고 포괄적으로 서비스를 제공하는 사회복지사의 경우 클라이언트와의 다양한 개인적 관계 형성은 불가피한 것이고 이를 잘 활용할 경우 다양한 역할로 클라이언트를 도울 수 있어 더 효율적일 수 있다는 입장도 제기되고 있는 상황이다.

- 이중 및 다중관계를 피하는 것이 현실적으로 불가능하다. 특히 인구가 적은 소도시나 농어촌지역에서 지역사회서비스를 제공할 경우, 다중관계는 피할 수 없을 뿐 아니라 피하는 것이 바람직하다고 보기 어렵다.
- 이중관계에서의 친밀성이 관계형성을 더 쉽게 하고, 그들에 대한 다양한 정보가 서비스의 효율성을 높일 수 있다.
- 전문적 관계를 넘어 이루어진 관계이므로 더 많은 책임감과 의무를 가지게 된다. 관계 때문에 발생했다는 인과성이 밝혀진 바 없다. 이중관계이기 때문에 그동안 학습되어 온 전문성을 벗어나 클라이언트에게 불이익이 가도록 행동한다는 것은 근거 없는 논리적 비약이다.
- 클라이언트에 대한 존중, 충성심, 책임이 전제된다면 이중 혹은 다중관계라 하여도 그 효과는 긍정적일 수밖에 없다.

이와 같이 전통적으로는 클라이언트와의 이중 혹은 다중관계가 비윤리적 실천으로 간주되어 왔으나 사회복지현장이 변화함에 따라 사회복지사와 클라이언트 간의 이중관계윤리에 대한 긍정적 효과를 제기하는 입장도 있음을 확인할 수 있다. 이중관계에 대한 이러한 인식과 경험의 변화는 사례관리 강화, 실적주의, 사회복지기관의 윤리경영 강조 등의 요인들이 영향을 미친 것으로 보고되고 있다(장연진 · 김진숙 · 구혜영, 2012).

사례관리는 클라이언트가 필요로 하는 서비스의 제공이나 주선의 책임을 맡은 1차 담당자가 클라이언트와 함께 노력하여 클라이언트의 욕구에 따라 그들에게 포괄적이고 통합적이며 조정된 시기적절한 서비스를 제공하는 사회복지실천 방법이다. '복합적'인 서비스를 '시기적절하게' 제공하는 것이 사례관리의 특징이므로 사회복지사와 클라이언트와의 연락빈도가 잦을 수밖에 없고, 사후관리의 차원에서 계속 만남이 이루어지기 때문에 종결을 예상하기 어렵다. 사례관리 업무를 하는 사회복지사가 클라이언트에게 개인연락처를 주지 않는다는 것은 현실적으로 불가능하다. 사례관리자는 클라이언트와 가족, 사회자원, 사례관리팀과 계속적인 연락을 주고받으면서 협의와 연계 및 조정 역할을 수행할 수밖에 없다.

또한 사회복지조직의 책무성이 강조되면서 사회복지기관과 시설에 대한 평가와 모니터링이 강화된 가운데 '실적' 중심의 정량적인 평가가 주를 이루는 상황에서 사회복지조직의 입장에서는 기관의 행사에 되도록 많은 사람들이 참여하도록 노력하게 된다. 민간자원 활용을 위해 후원금이나 기금모금능력이 강조되면서 클라이언트에게 기관 행사에 참여하도록 부탁하거나 강요하는 상황도 발생하고 있다. 기관행사에 참여하도록 요청하는 것은 사회복지사 개인의 이득을 취하려는 것이 아니라 기관차원의 이득을 취하는 것이고 그것이 현물이나 현금 등 물질적인 것이 아닐 경우 사회복지사들은 허용 가능한 쪽으로 윤리적 판단을 내리는 것으로 나타난다.

그간 사회복지계 전반에 윤리적 인식개선과 윤리적 민감성 증진에 도움이 되는 사업들이 활성화되었고 특히 2007년에서 2009년까지 사회복지윤리경영 선도기관을 선정하여 기관별 윤리경영을 위해 요구되는 다양한 사업을 진행한 바 있다. 사회복지윤리경영으로 선정된 기관들은 기관별 윤리강령 및 실천지침을 제정함으로써 기관 내 사회복지사들의 윤리적 의사결정에 실질적인 도움을 주고자 노력하였다. 실제로 많은 사회복지사들이 윤리적 딜레마 상황에 맞닥뜨렸을 때 기관별 윤리강령으로 나름의 윤리기준을 세워 이중관계를 비롯한 다양한 윤리적 딜레마 상황에 대처한 것으로 나타났다(오혜경, 2010).

2. 충실성

Ross(1930)는 도덕의무론적 관점에서 올바른 윤리적 결정을 돕기 위해서 '당면 의무(prima facie duty)' 개념을 제시했는데, 당면 의무란 타인과의 관계에서 비롯되며 특정 시점의 특정 상황에 부합되거나 적합한 행위를 가리킨다(이종남, 2004 재인용). 당면 의무는 지역사회에서 자명하게 수용되는 도덕성의 일부분으로서, 다른 의무와 상충되지 않는 한 항상 지켜지리라고 기대되는 것이다. 또한 당면 의무는 그 상황에서 행해지는 상식적인 행위라는 것만으로도 정당화된다. 윤리적 딜레마 상황에서는 당면 의무의 개념을 사용해도 윤리적 모호성은 여전히 존재한다.

부모에 대한 자녀의 효도는 '감사'의 당면 의무이며, 부모의 자녀 양육은 '선행'의 당면 의무라고 할 때 연로하신 부모님과 돌보아야 할 자녀 사이에서 의무의 상충을 경험한다면 그 상황에서 어떤 의무를 우선적으로 수행할 것인지를 결정해야 한다. 때로는 부모님에 대한 의무가 우선할 것이며 때로는 자녀에 대한 의무가 우선할 것이다. 사회복지사 또한 충실성의 상충에서 야기되는 윤리적 딜레마에 직면하는 상황에 놓여 있으며 옳은 선택을 위한 합당한 의사결정을 해야 한다.

충실성은 특정 집단이나 신념에 자신을 바치는 것으로 사회복지사의 충실성은 '사회정의 실현과 클라이언트의 복지증진'에 있다. 사회복지사의 모든 활동은 클라이언트와 사회에 대한 충실성을 실현하는 것이며 만약 조직에 소속되었다면 소속기관(조직)에 대한 충실성 또한 요구받게 된다. 즉 사회복지사는 클라이언트의 복지를 증진함과 동시에 기관의 정책과 절차를 준수하고, 기관서비스의 효율성과 효과성 증진에 이바지해야 한다.

〈표 9-2〉 충실성

구분	내용
한국 사회복지사 윤리강령 (KASW)	2. 사회복지사의 클라이언트에 대한 윤리기준 (1) 클라이언트와의 관계 • 사회복지사는 클라이언트의 권익옹호를 최우선의 가치로 삼고 행동한다. • 사회복지사는 사회환경을 개선하고 사회정의를 증진시키기 위한 사회정책의 수립 · 발전 · 입법 · 집행을 요구하고 옹호해야 한다. • 사회복지사는 기관의 정책과 사업목표의 달성 · 서비스의 효율성과 효과성 증진을 위해 노력함으로써, 클라이언트에게 이익이 되도록 해야 한다.
미국 사회복지사 윤리강령 (NASW)	1. 클라이언트에 대한 사회복지사의 윤리적 책임 1.01 클라이언트에 대한 책임 • 사회복지사의 주요 책임은 클라이언트의 복지를 향상시키는 것이다. 일반적으로 클라이언트의 관심이 우선된다. 3. 실천현장에서의 사회복지사의 책임 3.09 고용주에 대한 의무 • 사회복지사는 일반적으로 고용주와 고용조직에 대한 의무를 가져야 한다. 6. 포괄적인 사회에 대한 사회복지사의 윤리적 책임 6.01 사회복지 • 사회복지사는 한 지역에서부터 범세계적 차원에 이르기까지 사회의 일반적인 복지와 인간, 지역사회 및 환경의 발전을 증진시켜야 한다.

1) 클라이언트 이익과 기관에 대한 충실성의 상충

만약 "시(市)로부터 상당한 재정적 지원을 받고 있는 지역사회복지관의 사회복지사가 주민들로부터 시의 쓰레기 매립장 설립을 반대하는 운동에 협조해 달라"는 요청을 받게 된다면 기관의 이익을 위해 시에 대항해달라는 주민의 요구를 거절할 것인지, 아니면 클라이언트의 이익을 우선하여 시에 대항하는 주민운동에 참여할 것인지에 대해 갈등하게 될 것이다. 선택할 수 있는 몇 가지의 가능성을 생각해 보면 ① 주민을 위하여 시와 대항한다. ② 시는 기관재정의 일부를 지원하므로 주민의 요구를 받아들이지 않는다. ③ 시와 정면대응하지 않고 주민에게 비밀리에 방법을 알려준다. ④ 기관회의의 결과에 무조건 따른다. ⑤ 기타 등이다.

조사결과 사회복지사들의 응답은 다른 윤리적 갈등에 비해 '기타'가 월등히 높았다. 연구자들은 사회복지사들이 어떤 특정 체계를 옹호하기 보다는 중재자 혹은 조정자의 입장에서 관련체계들 간의 타협점을 이끌어내려는 경향이 있음을 보여준다고 해석하였다. 충성심을 요구하는 집단의 압력 앞에서 사회복지사들이 어떠한 결정을 내려야 할 것인지에 대한 고민이 깊다는 것을 보여주는 흥미로운 결과이다(우국희 외, 2015).

이처럼 사회복지사는 자신이 근무하는 기관 행정가의 결정이나 기관의 실천 방법이 특정 클라이언트에게 해가 되거나 클라이언트의 이익을 감소시킨다고 판단되는 경우에, 클라이언트에 대한 충성심과 기관에 대한 충성심이 상충하는 난처한 상황에 부딪히게 된다(Reamer, 1999). 이때 사회복지사는 어느 한쪽의 충실성을 선택해야 하고, 이런 선택은 다른 한쪽에 대한 충실성을 위반하는 결과를 초래하게 된다. 만일 기관의 이익 추구가 궁극적으로 다수의 잠재적 클라이언트에게 이익이 돌아가는 경우가 아니라면 클라이언트의 권리 보호가 기관의 이익 추구보다 우선한다고 할 수 있다.

충실성의 분열 상황이 발생하면, 사회복지사는 클라이언트와 기관 양측에 대해 다음과 같은 조치를 취해야 한다(심상용, 2016).

첫째, 클라이언트에게 클라이언트에 대한 헌신에 관한 전문직 가치와 윤리적 원칙에 대해 알려주고 현재의 기관의 결정이나 실천방법이 클라이언트에게 해가 되거나 클라이언트의 이익을 감소시킨다는 점을 설명해 주어야 한다. 또한 기관의 방침에도 불구하고 클라이언트의 동의가 있다면 자신의 이익을 위해 자기결정권을 행사하려는 클라이언트를 옹호할 것이며, 클라이언트가 불편하다면 다른 사회복지사로 담당자를 교체할 수 있음을 알려야 한다.

둘째, 기관에 대해서는 자신의 슈퍼바이저에게 자신이 직면한 분열된 충성심의 이슈에 대해 의견을 구하고 해결책을 강구해야 한다. 나아가 기관 내의 윤리위원회나 관련 공식적인 회의 단위에서 의견을 제시하고 윤리적·법적 문제에 대한 검토를 통해 기관이나 전문직 내 제도적 문제해결을 추진해야 한다.

[사례]

T는 G요양원의 사회복지사로 일하고 있다. G요양원의 입소자들은 대부분 나이가 많거나 심각한 기능 장애를 가진 사람들로 이곳에서 T는 사례관리, 상담 등 다양한 역할을 맡아서 일하고 있다. 사회복지사 T는 3년 전부터 요양원에 입소하여 생활하고 있는 77세의 남성입소자 R에게 많은 시간을 할애하고 있다. R은 심각한 심장마비로 손상을 입은 후 요양원에 입소하였다. 최근 T는 R과의 대화에서 R이 71세인 여성 입소자 B와 매우 가까운 사이가 되었음을 알게 되었고 R이 이러한 관계를 매우 개인적인 사생활의 일부분으로 여기고 있으며 T 역시 자신의 생각에 동의하고 있을 것이라 믿음을 우회적으로 고백하였다. 그 어떤 이성적 관계도 허용하지 않는 요양원의 규칙 안에서 사회복지사 T는 어떻게 행동해야 할 것인가?

출처: Reamer(2013).

2) 사회복지사의 복지와 클라이언트에 대한 의무 상충

사회복지사는 자신의 이익을 위해 사회복지전문직의 가치와 권위를 훼손하거나 클라이언트의 이익보다 자신의 이익을 우선시해서는 안 된다. 사회복지사는 언제나 클라이언트의 이익을 최우선의 가치로 삼고 행동해야 한다. 그러나 동시에 사회복지사의 권익을 옹호하는 것 역시 전문성을 유지하는데 있어 매우 중요하다. 사회복지사의 복지가 보장되어야 전문성 개발에 보다 많은 에너지를 투입하게 되고 그로 인해 보다 질 좋은 서비스를 클라이언트에게 제공하게 될 것이다(서미경 외, 2015).

문제는 사회복지사의 복지가 언제나 클라이언트의 이익과 함께 하는 것은 아니며 사회복지사의 복지가 클라이언트에게 해를 초래하는 경우도 발생할 수 있다는 것이다. 이러한 경우는 경제적 이득과 관련된 것뿐만 아니라 사회복지사의 자기 보존과 생존의 문제와 관련된 것 등 다양하다. 신변의 안전과 같은 절체절명의 순간뿐만이 아니라, 사소한 개인적 이익과 사회복지사의 의무 사이에서도 윤리적 갈등은 발생할 수 있다. 사회복지사는 클라이언트의 이익을 우선순위로 하는데 어려움을 겪지 않을까? 예를 들어 모처럼의 가족행사 중에 클라이언트가 도움을 요청하는 응급전화를 걸어 왔다면, 사회복지사는 어떻게 해야 하는가? 가족행사를 그만두고 클라이언트에게 달려가야 하는가, 아니면 가족행사에 남아야 하는가?

[사례]

오늘은 사회복지사 S의 20주년 결혼기념일이다. S는 이날을 위해 몇 달 전부터 가족들과 저녁식사를 약속하였고 레스토랑도 예약해둔 상태이다. 퇴근 직전 지속적으로 상담해 온 클라이언트 D로부터 긴급한 전화가 걸려왔다. D는 최근 남편의 폭력으로부터 도망쳐 쉼터에 머물고 있었다. 그런데 오늘 남편이 쉼터를 알아내 연락이 왔다고 하면서 D는 몹시 불안해하고 있다. D는 긴급히 상담이 필요하다며 아르바이트가 끝나고 2시간 뒤 만나달라고 요구한다. S는 D의 상황이 매우 긴박하다는 것을 잘 알고 있다. 그래서 당직 사회복지사와의 상담을 예약해 주겠다고 하였으나 D는 울면서 S와의 면담을 요구하였다. S는 가족과의 중대한 약속을 어기고 D를 만나야 하는가?

3. 서비스 비용

서비스 비용과 관련된 윤리적 실천은 제공된 서비스와 클라이언트의 지불능력에 따라 합리적으로 책정된 비용을 청구하는 것이다. 일반적으로 공적인 기관을 이용하는 클라이언트들이 부담하는 비용은 최소이거나 클라이언트의 경제력에 따라 차등으로 적용하는 방법이 가능하고 클라이언트가 부담해야 할 비용이 최소 수준인 경우가 대부분이다. 사회복지실천에서 클라이언트의 비용 지불 능력을 반드시 고려해야 한다. 또한 클라이언트의 사회복지기관 서비스 이용료를 할인해 주기 위해서는 클라이언트의 경제력을 측정해야 한다(오혜경, 2015).

서비스 비용에 관련한 윤리적 갈등 상황은 전문적 서비스의 대가로 클라이언트에게서 물품과 용역을 받는 경우를 들 수 있다. 클라이언트가 사회복지 서비스 비용을 감당할 경제적 상황이 안 되는 경우 대신에 그에 상응하는 다른 물품이나 노동을 해주는 것과 같은 물물교환은 클라이언트와의 관계에서 잠정적으로 이해의 상충, 착취, 사회복지사와 클라이언트의 부적절한 경계를 야기할 수 있다.

한국 사회복지사 윤리강령에서는 사회복지사의 서비스 비용을 합리적으로 책정할 것을 의무화하고 있으며 지불능력에 따른 서비스의 차별이 비윤리적임을 윤리강령에 분명히 하고 있다. 즉 사회복지사는 클라이언트의 지불능력에 상관없이 서비스를 제공해야 하며, 이를 이유로 차별대우를 해서는 안 된다.

〈표 9-3〉 서비스 비용

구분	내용
한국 사회복지사 윤리강령 (KASW)	1. 사회복지사의 클라이언트에 대한 윤리기준 (3) 경제적 이득에 대한 태도 • 사회복지사는 클라이언트의 지불능력에 상관없이 서비스를 제공해야 하며, 이를 이유로 차별대우를 해서는 안 된다. • 사회복지사는 필요한 경우에 제공된 서비스에 대해 공정하고 합리적으로 이용료를 책정해야 한다.
미국 사회복지사 윤리강령 (NASW)	1. 클라이언트에 대한 사회복지사의 윤리적 책임 1.13 서비스 비용 • 서비스 비용을 정할 때 사회복지사는 제공한 서비스에 적절하고 정당하며 합리적인 비용이 되도록 해야 한다. 클라이언트의 지불능력도 고려되어야 한다.

4. 전문적 가치와 개인적 가치

전문적 가치는 해당 전문직 구성원들이 공유하는 규범적인 선호체계를 말하며, 이는 해당 전문직의 정체성을 드러내 사회적 정당화의 기반을 제공한다(Vigilante, 1983). 전문직 가치는 사회복지전문직이 전문가집단으로서 사회적으로 인가받으면서 부여받은 사회적 책무성을 이행하기 위한 기준이 된다. 통상 전문직 가치는 전문가 윤리강령에서 정형화된 형태로 명문화되는 경우가 많다. 해당 전문직이 실천과정에서 견지하는 지침인 윤리적 의무, 즉 도덕적 원칙의 원천으로 작용하며 윤리적 의사결정에 필요한 기준을 제공한다(Bloom, 1975).

반면, 개인적 가치는 사회복지사가 자신의 개인적인 삶의 과정에서 자신의 의식, 사고, 행동습관 속에 내면화한 규범적인 선호체계를 의미한다. 개인적으로 갖고 있는 독특한 문화적 가치와 종교적 가치는 개인의 윤리적 의사결정과 도덕적 행위에 지대한 영향을 끼치는 것으로 알려져 있다. 사회복지사는 실천과정에서 개인적 가치가 의도적일뿐 아니라 암묵적으로도 영향을 끼칠 수 있음을 인지해야 한다. 윤리적 의사결정에서 사회복지사의 개인적 가치를 명료화하는 과정은 필수적이다(심상용, 2016 재인용).

인간의 동기나 감정은 복잡하고 객관적 사실은 항상 알 수 있는 것은 아니기 때문에 사회복지사의 개인적 가치는 윤리적 결정에 의식적으로나 무의식적으로 영향을 미치게 된다. 사회복지사가 개인적 가치의 영향을 자각하지 못하고 있다가 결과가 역기능적으로 판명된 후에야 자각을 하게 되는 경우는 대체로 개인적 가치가 전문적 가치를 대신했던 경우라고 할 수 있다. 기관의 정책 및 서비스와 사회복지사 사이의 신념의 불일치, 클라이언트와 사회복지사 사이의 가치 갈등, 전문직 동료들 사이의 가치 갈등 등 전문적 가치와 개인적 가치의 갈등이 충돌하는 경우가 종종 있다(김상균 외, 2002).

개인적 가치와 전문적 가치가 충돌할 때 사회복지사는 개인적 가치를 배제하고 전문적 가치에 입각해 행동해야 한다. 사회복지사로서 활동에 임할 때 사회복지전문직의 목표, 철학, 가치를 염두에 두어야 하며 이러한 철학과 가치가 주로 해당 분야의 조직을 통해서 이행되므로 자신이 가입된 조직의 목표, 철학, 가치를 습득하는 것도 필요하다(신중환 · 김정우, 2015). 사회복지는 인간과 사회에 대하여 가치지향성을 지니기 때문에 각각의 클라이언트가 처한 입장과 상황이 변화함에 따라서 끊임없이 새로운 가치를 탐색하고 전문적 가치에 따른 개입을 실천해야 한다(송유미, 2008).

[사례]

B는 가족서비스 센터의 사회복지사이다. 그의 업무는 주로 그 지역의 학군에 등록된 청소년들에 관한 것이다. 이 학군은 학교 사회복지사나 상담가가 의뢰를 할 경우 기관에서 상담을 제공하도록 계약을 맺고 있다. 16세 된 C는 최근 상담을 받기 위해 B에게 의뢰되었고 그들은 C의 부모 및 형제 관계, 남자 친구, 학교에서 겪어 온 어려움에 대해 이야기하였다. 네 번째 상담에서 C는 사회복지사 B에게 중요한 이야기가 있다고 했으며 B가 C에게 비밀보장의 한계에 대해 상기시켜 주자 C는 자신이 임신했음을 털어놓았다. 임신한 지 6주가 되었으며 낙태를 심각하게 고려하고 있다는 것이었으며 자신의 결정이 신중할 수 있도록 B가 도움을 주길 원하고 있었다. B는 사실 종교적인 이유 때문에 낙태를 철저히 반대하고 있었는데 그녀는 낙태란 도덕적으로 잘못된 것이며 자신은 낙태를 장려하거나 촉진시키는 어떤 행동도 해서는 안된다는 가르침을 받았다. B는 C를 어떻게 도와줄 수 있을까?

출처: Reamer(2013: 137).

5. 연구, 조사 및 평가

최선의 임상적인 근거의 중요성을 강조하는 증거기반실천(evidence-based practice)이 접목되면서 사회복지학 또한 개입의 분명한 성과를 강조하는 책무성을 요구받는 가운데 연구조사의 필요성이 한층 강조되고 있다(김기덕 외, 2017). 사회복지현장에서 사회복지사가 전문가로서 조사 및 평가활동을 수행할 때 연구자는 비용-편익분석(cost-benefit analysis)을 통해 연구가 인간을 연구대상으로 할 만한 가치와 필요성을 가지고 있는 것인지, 다른 방법은 없는지를 검토해야 한다. 특히 연구가 과학적으로 타당한 지를 검토해 봐야 하는데 이는 실험방법이 설정된 목표에 적합한 것인지, 대상자가 적합한지, 연구대상자가 받을 고통이나 위험요소가 연구의 기대 성과보다 큰 것은 아닌지 등을 고려해야 한다. 연구자는 조사연구로 인해 발생할 수 있는 인권침해로부터 클라이언트를 보호해야 할지, 클라이언트의 인권침해가 있더라도 조사연구의 결과가 장기적으로 클라이언트 집단의 복지 향상에 기여할 것이므로 계속 정보를 알아내고자 해야 하는지를 판단해야 한다(이순민, 2017 재인용).

조사와 평가를 포함하는 연구의 유형은 매우 다양한데 연구의 진실성을 확보하기 위해서 무엇보다 중요한 것이 연구윤리이다. 사회복지사가 전문가로서 수행하는 다양한 조사 및 평가활동이 과연 윤리적으로 옳고 바르게 이루어지고 있는가에 대한 사회적 관심이 증가하고 있다(서미경 외, 2015). 연구윤리란 연구의 계획, 수행, 보고 등과 같은 연구의 전 과정에서 책임있는 태도로 바람직한 연구를 추진하기 위해 지켜야 할 윤리적 원칙을 말한다. 연구윤리는 다음의 기능들을 수행한다(박은우 외, 2014).

- 무엇이 옳은 연구 방향인지를 잘 모르거나 혼란스러울 때, 연구자 개인으로 하여금 명확하고 바람직한 방향을 안내해 준다.
- 연구부정행위나 부적절한 행위로부터 유혹을 떨쳐 버리게 함으로써 연구자가 진실하고, 당당하게 책임있는 연구를 수행할 수 있도록 한다.
- 연구윤리의 확립이 학계와 문화계에 고질화된 윤리 불감증, 편법주의, 양적 업적주의의 폐해를 극복하여 연구에 신뢰를 증진시킴으로써 개인의 품격 및 사회의 질을 향상시키는데 기여할 수 있다.

사회복지사의 전문적 실천을 위해 사회복지사는 연구조사에 관련한 지식뿐만 아니라, 조사와 관련된 윤리적 이슈에 대해서도 인식하고 있어야 한다. 대부분의 사회복지연구 대상자는 취약한 사회적 · 경제적 위치에 있는 집단에 속하므로 연구참여자의 권리와 이익을 보호하는데 주의를 기울여야 한다. 한국 사회복지사 윤리강령에는 조사 · 평가와 관련하여 전문성 개발을 위한 노력에 대한 기준을 제시하고 있다.

- 사회복지사는 클라이언트에게 최상의 서비스를 제공하기 위해, 지식과 기술을 개발하는 데 최선을 다하며, 이를 활용하고 전파할 책임이 있다.
- 클라이언트를 대상으로 연구하는 사회복지사는 그들의 권리를 보장하기 위해 자발적인 동의를 얻어야 한다.
- 연구과정에서 얻은 정보는 비밀보장의 원칙에서 다루어야 하고, 이 과정에서 클라이언트는 신체적 · 정신적 불편이나 위험 · 위해 등으로부터 보호되어야 한다.

미국사회복지사협회의 윤리강령에서 제시되고 있는 연구조사와 관련된 윤리강령의 조항은 평가와 조사의 항목에 포함되어 있다. 사회복지사로 하여금 전문지식의 발달을 위해 연구조사활동을 촉진할 것, 과학적인 방법으로 활용한 연구결과를 활용할 것, 그리고 무엇보다도 연구과정에 참여하는 클라이언트의 권익 옹호로써 연구와 관련된 동의와 연구를 거부할 수 있는 클라이언트의 권리를 다루었다. 동의를 구할 수 없는 경우를 비롯하여 연구조사와 관련된 비밀보장 및 연구결과에 대한 정확한 보고의 윤리 등 우리나라의 기준과 비교할 때 매우 상세한 지침들을 제공해 준다.

〈표 9-4〉 **평가와 조사**(NASW)

- 사회복지사는 정책, 프로그램 실행, 실천 개입을 감시하고 평가해야 한다.
- 사회복지사는 지식발전에 기여하기 위하여 평가와 조사를 증진시키고 촉진시켜야 한다.
- 사회복지사는 현재 사회복지와 관련해서 새롭게 등장하는 지식을 비판적으로 검토하고 습득하며 전문적 실천에서의 평가와 조사결과를 충분히 활용해야 한다.
- 평가나 조사에 관여하는 사회복지사는 사려 깊게 가능한 결과를 고려하고, 평가와 조사에 참여한 사람들을 보호하기 위해 개발된 지침을 따라야 한다. 필요하다면 윤리심의위원회의 자문을 구해야 한다.
- 평가나 조사에 관여하는 사회복지사는 참여자로부터 자발적으로 고지된 동의를 받아야 한다. 이때 참여를 거절하였다고 하여 어떤 암시적 또는 현실적 손해나 불이익을 주어서는 안 된다. 또한 부당하게 참여를 권유하여서도 안 되며 참여자의 안녕, 사생활, 존엄성이 고려되어야 한다. 고지된 동의에는 요구된 참여의 특성, 범위, 기간과 조사 참여로 인한 위험요소와 보상에 대한 정보가 포함되어야 한다.
- 평가나 조사에 참여한 사람들이 고지된 동의를 할 능력이 없을 경우, 사회복지사는 참여자에게 적절한 설명을 하여 가능한 범위 내에서 참여자들의 동의를 얻고 나서 적절한 대리인으로부터 서면 동의를 얻어야 한다.
- 자연주의적 관찰과 기록물 조사와 같이 엄격하고 책임있는 검토가 발견되지 않아도 조사 결과의 과학적, 교육적, 또는 응용적 가치 때문에 조사가 정당화되거나 동의를 대신하지 않아도 동등하게 효과적인 대안적 절차가 용이한 경우가 아닌 한 사회복지사는 동의 절차를 밟지 않은 평가나 조사를 설계하거나 시행하여서는 안 된다.
- 사회복지사는 평가와 조사에 참여한 사람들이 불이익을 당하지 않고 어느 때라도 평가와 조사를 철회할 권리가 있음을 알려야 한다.
- 사회복지사는 평가와 조사에 참여한 사람들이 적절한 지지적 서비스를 이용할 수 있도록 보장하는 적절한 조치를 취해야 한다.
- 평가와 조사에 관여하는 사회복지사는 부당한 신체적 혹은 정신적 고통, 위해, 위험 또는 박탈 등으로부터 참여자들을 보호해야 한다.
- 평가와 조사에 관여하하는 사회복지사는 수집된 정보를 단지 전문적인 목적만을 위해서 사용해야 하고 그 정보에 전문적으로 관여하고 있는 사람들과만 논의해야 한다.
- 평가와 조사에 관여하는 사회복지사는 참여자와 그들에게서 얻은 자료에 대한 익명성과 비밀을 보장해야 한다. 사회복지사는 비밀보장의 한계, 비밀보장을 위해서 취해진 조치, 그리고 조사 자료가 포함된 모든 기록의 폐기 시기를 참여자에게 알려야 한다.

- 평가와 조사결과를 보고하는 사회복지사는 공개를 허락하는 적절한 동의 없이는 신상정보를 생략함으로써 참여자의 비밀보장을 지켜야 한다.
- 사회복지사는 평가와 조사결과들을 정확하게 보고해야 한다. 사회복지사는 결과를 꾸미거나 왜곡해서는 안되고 인쇄된 자료에서 어떠한 잘못이 발견되면, 표준적인 출판 방법을 이용하여 수정해야 한다.
- 평가와 조사에 관여하는 사회복지사는 참여자와 이익갈등과 이중관계를 조심하고 피해야 하며 실제 혹은 잠재적으로 이익갈등이 발생하려 하면, 그것을 참여자에게 알려야 한다. 그리고 참여자의 이익을 우선하는 방식으로 이러한 이슈를 해결하려는 조치를 취해야 한다.
- 사회복지사는 책임있는 조사 실천에 대해 자신과 학생들, 그리고 동료들을 교육해야 한다.

chapter 10 사회복지 조직에서의 윤리적 쟁점

1. 법률과 규칙의 준수

사회의 규모가 확대되고 복잡해짐에 따라 다양한 사회문제가 발생하고 이를 해결하기 위한 대규모 공식조직의 필요성이 확대되었다. 이러한 대규모 공식적인 조직은 한 개인이 가진 지식, 능력, 기술을 초월할 수 있는 집합성을 제공하여 현대사회의 복잡한 사회문제의 해결을 가장 효과적으로 수행하는 효율적인 수단이 되어왔다. 사회복지실천에 있어서 의사결정은 언제나 일어나면서도 매우 중요한 일이다. 사회복지실천영역 어디든지, 클라이언트가 어떤 대상이든지, 그리고 사회복지사의 역할이 구체적으로 무엇이든지 관계없이 사회복지사는 언제나 좋은 의사결정을 내릴 것을 요구받고 있다. 전문직의 윤리문제는 시민권, 복지권, 소비자의 권리, 죄수의 권리, 환자의 권리, 낙태, 유전공학과 의료 및 보건 영역에 관련한 생명윤리의 쟁점 등으로 영역이 넓어졌으며 일반 시민들의 일상생활 속에서의 삶의 윤리 문제 또한 다루게 되었다(Reamer, 1999).

사회복지실천현장에서 윤리적 과제가 중요하게 대두됨에 따라 미국사회복지사협회(NASW: National Association of Social Workers)에서는 1996년에 개정된 윤리강령을 채택하였다. 개정된 윤리강령에서는 사회복지사의 클라이언트와 동료에 대한 윤리적 책임, 실천현장에서의 윤리적 책임, 전문가로서의 윤리적 책임, 사회복지전문직에 대한 윤리적 책임, 그리고 사회전반에 대한 윤리적 책임을 보다 구체적으로 명시하고 있다.

사회복지 조직은 외부환경에 고도로 의존하는 특성을 갖고 있으며, 조직 변화의 주요 동인들은 이들 외부환경에서 정치, 경제적 요소들에 의해 결정되는 경향이 있다. 일반 사회의 정치적 정서, 입법 및 행정 정책, 자금지원 방식, 클라이언트의 특성과 욕구, 서비스 기술 등이 조직에 영향을 미치는 외부환경 요소들이며 이들 요소들에서의 변화는 곧 사회복지 조직들에 대한 변화의 압력들로 작용하게 된다.

다양한 자원이 사회복지실천현장에 유입되고 사회복지 욕구 또한 다양해지고 복잡해져 가면서 이에 대응하는 사회복지사의 역할과 위상 또한 높아지고 있다. 이에 따라 사회복지현장이 보다 투명하게 운영되고 서비스 이용자의 권익을 우선적으로 보장해야 하는 사회적 요구가 강해지고 있다. 사회복지 서비스의 제공과 관련한 윤리적인 문제가 사회복지학계에서 다루어지게 되면서 사회복지윤리지침은 바람직한 목표를 달성하기 위하여 지켜야 할 규범적 기준이며, 개인의 존엄성 또는 사회 전반적인 정의를 실현한다는 사명과 목표를 지향해야 할 가치와 당위 등으로 여겨진다. 윤리지침은 인간으로서 마땅히 그리고 스스로 준수해야 할 행동규범으로서 올바른 판단과 선택, 행위에 필요한 능력을 제시하고 있다.

조직의 정책과 규정이 사회복지사의 가치나 윤리적 의무에 부합하지 않는다면, 또는 사회복지실천 현장에서 전문적 가치와 윤리적 의무를 실천하기 위해 법을 위반하였다면 그 행동의 정당성에 대해서 입장을 규명해야 한다. 만약 법과 정책 규정이 사회복지전문직이 추구하는 가치와 윤리적 의무에 부합하지 않고 취약한 집단의 권리신장에 어려움을 초래한다면 관련제도의 개선을 추구할 필요가 있다(심상용, 2016). 모든 윤리적 딜레마 상황과 결과의 불확실성으로 인해 어느 대안을 선택하든 갈등은 존재할 수밖에 없다.

〈표 10-1〉 한국과 미국사회복지사협회 윤리강령 비교

	한국사회복지사협회 윤리강령	미국사회복지사협회 윤리강령
윤리 강령	Ⅴ. 사회복지사와 기관과의 관계 • 사회복지사는 기관의 정책 목표의 달성, 서비스의 효율성과 효과성을 증진하기 위해서 일한다. • 사회복지사는 기관의 목표를 위해서만 기관의 자원을 활용할 수 있도록 유의한다. • 사회복지사는 기관의 부당한 정책이나 요구에 대하여 사회복지의 전문적 가치와 지식을 근거로 판단하고 제반 규정과 강령을 통해 공식적 절차로 거절한다. • 사회복지사는 소속기관과 한국사회복지사협회 등 전문단체활동에 적극 참여하여 사회복지의 성장발전과 사회복지사들의 권익옹호에 힘쓴다.	Ⅳ. 고용주와 고용조직에 대한 사회복지사의 책임 (1) 고용된 조직에 대한 헌신: 사회복지사는 고용된 조직에 대해 헌신한다. • 사회복지사는 고용된 기관의 정책, 절차, 그리고 서비스의 효율성과 효과성을 향상시키기 위해 일해야 한다. • 사회복지사는 인사 기준을 위반하고 클라이언트를 위한 전문적 행동에 제약 혹은 처벌을 가해서 NASW로부터 공식적 제재를 받고 있는 조직에 학생을 현장(field)배치하거나 고용을 수락하지 않는다. • 사회복지사는 고용된 조직의 업무 배치, 고용 정책, 실천에서의 차별을 제거하고 방지하기 위해 활동한다. • 빈틈없이 꼼꼼하게, 그리고 사회복지사가 의도한 목적을 위해 고용된 조직의 자원을 사용해야 한다.
특성	• 기관의 정책 목표달성·서비스의 효율성, 효과성 증진이 클라이언트에게 이익되도록 보장 • 기관의 부당한 정책 요구에 전문직의 가치·지식으로 대응 및 사회복지윤리위에 보고 • 기관 활동 적극참여, 성장발전을 위해 노력 등	• 구체적으로 기술 - 기관, 사회복지실천 현장에서 다양한 상황에 대한 윤리기준 명시
공통점	• 기관의 부당한 정책, 요구에 대한 대응 언급 • 기관의 정책준수와 서비스의 효과성, 효율성을 높이기 위한 노력 필요	

2. 동료관계(동료 사회복지사)와 윤리적 갈등

사회복지실천 영역에서 사회복지사가 누구와 어떤 소통을 하느냐에 따라 윤리적 딜레마는 달라진다. 윤리적 딜레마를 해결하기 위해서 관계를 해야 할 핵심대상은 클라이언트를 비롯하여 슈퍼바이저, 동료 사회복지사이다. 동료가 비윤리적인 혹은 비전문

적인 행위에 관여된 것을 알았을 때 사회복지사가 어떻게 해야 할 것인지, 동료 사회복지사가 클라이언트에게 부실한 서비스를 제공한다는 사실을 알았을 때 어떻게 반응해야만 동료 사회복지사나 기관이 합당한 행동을 할 것인지에 대한 의문이 제기되는 상황에 처하게 된다. 이러한 상황에서 전문적인 동료와의 관계를 규정하는 확실한 지침이나 명백한 기준이 설정되어 있지 않지만, 사회복지사는 과연 어떻게 행동을 해야 할지, 어떤 선택이 가장 타당한지 판단하는 과정에서 윤리적인 딜레마에 빠지기 쉽다.

한국 사회복지사 윤리강령은 동료의 결함, 무능력, 비윤리적 행위에 대해 사회복지사들이 적절한 조치를 취하도록 동료 간의 민주적인 직무관계 등 6개 항목으로 구성이 되어 있다. 미국 사회복지사 윤리강령 또한 동료에 대한 사회복지사의 윤리적 책임에 대한 내용 중에 동료의 결함, 동료의 무능력의 비윤리적 행위에 대해 제시하고 있다.

국제사회복지사협회 윤리강령에서 윤리적 문제에 대한 인식은 모든 사회복지사의 전문직 실천의 한 구성부분이다. 사회복지사가 윤리적으로 활동할 수 있는 능력은 클라이언트에게 제공되는 서비스질의 필수적인 한 측면이다. 국제사회복지사협회의 윤리에 관한 활동의 목적은 회원 협회와 회원 국가들의 사회복지 실무자들의 윤리적 논쟁과 성찰을 증진시키기 위한 것이다. 국제사회복지사협회의 윤리에 관한 활동을 보다 더 발전시키기 위한 기반은 "사회복지의 윤리와 원리의 기준"에서 발견되며, 이것은 사회사업의 윤리기준에 관한 국제선언과 사회복지사 국제윤리기준이라는 두 개의 문서에 나타나 있다. 이 문서들은 사회복지전문직의 기본적 윤리원칙들과 윤리적 갈등이 발생할 때 절차를 제시하고, 전문직과 사회복지사와 클라이언트, 동료 등과의 관계를 다루고 있다.

〈표 10-2〉 동료 사회복지사 관련 국제사회복지사협회 윤리강령

동료에 관한 기준
• 사회사업 동료와 다른 학문의 전문가의 교육, 훈련 및 수행을 인정하고, 효과적인 서비스를 향상시키기 위하여 필요한 모든 협력을 확장한다.
• 사회사업 동료와 다른 학문의 전문가의 의견과 실천의 차이를 인정하고, 책임 있는 채널을 통하여 비판을 제시한다.

- 사회사업 동료와 다른 학문의 전문가, 그리고 자원봉사자와 지식, 경험, 아이디어를 위한 기회를 공유하고 증진한다.
- 전문가윤리와 기준의 위반이 있는 경우, 전문직 내/외부의 적절한 조직체의 관심을 불러온다. 그리고 관련된 클라이언트가 적절하게 포함되도록 한다.
- 공정하지 못한 행동에 대항하여 동료를 방어한다.

〈표 10-3〉 동료 사회복지사와 관련 한국 사회복지사 윤리강령

Ⅲ. 동료와의 관계

1. 동료
   - 사회복지사는 존중과 신뢰로서 동료를 대하며, 전문가로서의 지위와 인격을 훼손하는 언행을 하지 않는다.
   - 사회복지사는 사회복지전문직의 이익과 권익을 증진시키기 위해 동료와 협력해야 한다.
   - 사회복지사는 동료의 윤리적이고 전문적인 행위를 촉진시켜야 하며, 이에 반하는 경우에는 제반 법률규정이나 윤리기준에 따라 대처해야 한다.
   - 사회복지사가 전문적인 판단과 실천이 미흡하여 문제를 야기시켰을 때에는, 적절한 조치를 취하여 클라이언트의 이익을 보호해야 한다.
   - 사회복지사는 전문직 내 다른 구성원이 행한 비윤리적 행위에 대해, 제반 법률규정이나 윤리기준에 따라 조치를 취해야 한다.
   - 사회복지사는 동료 및 타 전문직 동료의 직무 가치와 내용을 인정 · 이해하며, 상호 간에 민주적인 직무관계를 이루도록 노력해야 한다.

〈표 10-4〉 동료 사회복지사와 관련 미국 사회복지사 윤리강령

2.04 동료가 관련된 분쟁

ⓐ 사회복지사는 자신의 지위획득이나 이익을 위해서 동료와 고용자 간의 분쟁을 이용해서는 안 된다.

ⓑ 사회복지사는 동료와의 분쟁에서 클라이언트를 이용하거나 동료 간의 갈등에 대한 부적절한 논쟁에 클라이언트를 끌어들여서는 안 된다.

2.09 동료의 손상

ⓐ 사회복지실천 동료의 손상이 개인적 문제 , 심리사회적 고통 , 약물남용 또는 정신건강상의 문제에 기인하여 효과적인 업무실천에 방해가 됨을 직접 알게 된 사회복지사는 가능하다면 그 동료와 함께 의논을 하고 치료를 받을 수 있도록 동료를 지원해야 한다.

ⓑ 사회복지실천 동료의 손상이 업무실천 효과를 방해하고 그 동료가 손상에 대해 적절한 조치를 취하지 않는다고 판단하는 사회복지사는 고용주, 기관, NASW, 인가규제 단체 및 다른 전문직 단체가 수립한 적절한 경로를 통해 조치를 취해야 한다.

2.10 동료의 능력 부족

ⓐ 사회복지실천 동료의 무능력에 대한 직접적인 정보를 가지고 있는 사회복지사는 가능한 한 그 동료와 의논하여 구체적 대책을 강구할 수 있도록 동료를 지원해야 한다.

ⓑ 사회복지실천 동료가 무능력한데 이에 대해서 적절한 수단을 강구하지 않는다고 판단하는 사회복지사는 고용주, 기관, NASW, 인가규제 단체 및 기타 전문직 단체가 수립한 적절한 경로를 통해 조치를 취해야 한다.

2.11 동료의 비윤리적 행위
ⓐ 사회복지사는 동료의 비윤리적 행위를 저지하고, 예방하고, 적발하고, 시정하도록 적절한 대책을 강구해야 한다.
ⓑ 사회복지사는 동료의 비윤리적 행위에 관한 문제를 다루기 위해 수립된 정책이나 절차를 이해하고 있어야 한다. 사회복지사는 윤리적 고충처리를 다루는 국가, 주, 지방의 수속절차 등에 정통해야 한다. 여기에는 NASW, 인가규제 단체, 고용주, 기관 및 다른 전문직 단체들이 제정한 정책이나 절차 등이 포함된다.
ⓒ 동료가 비윤리적 행위를 한다고 판단하는 사회복지사는 가능하다면, 그리고 그러한 논의가 생산적인 경우에 그 동료와 그 문제에 관해 논의하여 해결을 추구해야 한다.
ⓓ 동료가 비윤리적 행위를 한다고 판단하는 사회복지사는 필요에 따라 적절한 공식 경로를 밟아서 (가령 주의 인가기관이나 규제기관, NASW 조사위원회, 기타 전문가 윤리위원회와 접촉하는 일 등) 행동을 취해야 한다.
ⓔ 사회복지사는 비윤리적 행위를 했다고 부당하게 고발당한 동료를 변호하며 원조해주어야 한다.

로웬버그(1987)와 리머(1992)는 비윤리적인 결함을 가진 사회복지사의 행위와 전문적 의무를 이행하지 못하는 사회복지사의 문제를 발견하고 대처하는 단계를 다음과 같이 제시하였다(이순만, 2016).

〈표 10-5〉 동료 사회복지사의 비윤리적 행위 대처방안

로웬버그(1987)	리머(1992)
• 비윤리적 행위를 중단시킨다. • 위법한 사회복지사를 처벌한다. • 비윤리적인 실천가를 찾아내어 잠재적인 클라이언트나 고용주가 이러한 실천가를 피하고, 다른 실천가, 즉 보다 윤리적인 실천가에게 의존할 수 있도록 한다 • 비윤리적으로 행동하면 제재가 가해질 수 있다는 것을 실천가에게 경고하여 다른 사회복지사들이 이러한 행위에 연루되지 않도록 예방한다. • 사회복지전문직은 비윤리적인 행위를 허용하지 않는다는 것을 공개적으로 선포함으로써 전문직의 '명성'을 보호한다.	• 사회복지사의 결함에 대한 자료를 모으고 확인한다. • 결함을 야기했을 수 있는 원인에 대해 짐작해 본다. • 사회복지사와 결함의 증거를 가지고 건설적으로 논의해 본다. • 도움을 청하거나 다른 가능한 대안을 검토하도록 사회복지사를 격려한다. • 사회복지사의 문제제기 실패에 대한 결과를 강조한다. • 필요하다면 지역 규제단체 또는 사회복지협회의 조사위원회에 통지한다. • 재활계획을 세우거나 정당한 표준절차를 거쳐 적절한 제재를 부과한다. • 사회복지사의 경과를 관찰하고 평가한다. • 자격증과 고용상태와 같은 사회복지사의 위치를 검토하고, 적절하게 변경한다.

[사례 11-1]

동료들이 왕따 시켜 30대 사회복지사 극단적 선택 시도

"과중한 업무 맡기고 괴롭혀" vs "2차례 감사했으나 문제 없어"

충북 영동의 한 복지관에 근무하는 사회복지사가 직장 내 집단 따돌림을 호소한 뒤 약을 먹고 자살을 시도하는 일이 발생했다.

가족들은 정확한 경위 조사와 책임자 처벌 등을 요구하고 있다.

사회복지사 A(35 · 여)씨 가족에 따르면 지난 21일 오전 A씨가 자신의 방안에서 신경안정제 등이 든 다량의 약을 먹고 의식 없이 쓰러진 상태로 발견됐다. A씨는 병원으로 옮겨져 위세척 등을 받은 뒤 이틀만에 의식을 되찾은 것으로 전해졌다.

A씨 어머니는 "딸이 동료에게 집단 따돌림 당했고, 과중한 업무 때문에 힘들어했다"며 "작년 11월부터 6개월 동안 휴직까지 했지만, 달라진 게 없었다"고 주장했다.

이어 "딸은 주말이나 밤까지 혼자 남아 일하는 날이 많았는데, 뒤에서 부모의 장애 등을 들먹거리는 동료가 있다고 괴로워했다"고 덧붙였다.

이로 인해 A씨가 공황장애 판정을 받아 약을 복용하기 시작했고, 우발적으로 그 약을 한꺼번에 먹어 극단적 선택을 하려 했다는 게 A씨 어머니 설명이다.

그는 "작년 9월 복지관 운영 주체가 바뀌고 나서 10명이 넘는 직원들이 퇴사했다"며 새로 선임된 관장과 운영방식 등에 문제를 제기했다.

최근 퇴사한 A씨의 동료도 "직원들이 가족의 뒷담화를 한다며 괴로워했고, 업무와 관련해서도 일부러 골탕 먹이는 것 같다며 A씨가 힘들어했다"고 말했다. A씨는 2015년 5월부터 이 복지관에서 근무했고, 휴직 후 지난 6월 복직한 상태다.

그러나 복지관 측 설명은 전혀 다르다. 관리 책임자인 B씨는 "작년까지 기획연구팀에 근무했던 A씨가 현업부서의 일부 직원들과 다소 서먹서먹한 관계이긴 했지만 외부로 드러나는 문제는 없었다"며 "A씨의 문제 제기로 영동군청과 운영 법인의 감사를 받았지만, 별 문제가 드러나지 않았다"고 설명했다.

이어 "지난 8월 3년 치 기관 평가 서류를 준비하느라 업무가 몰린 적이 있지만, A씨만 겪은 것이 아니다"며 "A씨가 다른 사람의 도움을 참견으로 받아들이는 경향이 있었다"고 덧붙였다.

A씨를 상담했던 영동군청 직원도 "A씨의 요청대로 복지관 측에 업무 조절을 요구해 받아들여진 것으로 안다"며 "그런데도 A씨는 특정인이 자신을 괴롭힌다며 계속 인사 조치를 요구했다"고 말했다.

영동군은 A씨가 몸을 추스른 뒤 사실 관계를 파악해 운영 법인에 통보할 계획이다. 그러나 A씨 가족은 관장을 포함한 책임자 처벌이 선행돼야 한다고 맞서고 있다.

출처: 연합뉴스(2017. 12. 23).

3. 슈퍼바이저와의 관계

사회복지실천에서 슈퍼비전이 필요한 이유를 세 가지 차원으로 나누어 설명하고 있다. 첫째, 사회복지실천이 기관을 통해서 제공되기 때문이며, 둘째, 사람을 대상으로 하는 서비스이기 때문이며, 셋째, 사회 환경적인 변화에 따른 대응적 차원에서의 활동이기 때문이라는 점을 강조하고 있다(김융일 · 양옥경, 2004).

슈퍼비전의 궁극적인 목적은 사회복지사들이 직무수행 만족도와 전문적 역량을 증진해 서비스 이용자에게 효과적이고 효율적인 서비스를 제공하는 것으로, 슈퍼비전은 대인 서비스기관의 사회사업실천에 있어 중요하고 통합적인 구성요소라고 지적하고 있다(Tsui, 2004). 미국사회복지사협회(NASW, 2012)도 같은 맥락에서 슈퍼비전의 목적을 정리하고 있는데, 임상 슈퍼비전의 목적은 질 높은 서비스를 제공하기 위해 사회복지사들의 전문적 지식과 기술, 태도를 향상시켜 전문적인 성장과 개발을 돕고 결국 임상적인 성과를 증진시키기 위한 것으로 나타나고 있다. 특히 슈퍼비전의 세 가지 기능을 고려해 슈퍼비전을 정의하고 있는데 첫째, 사회복지실천 기관이나 조직의 정책, 공공의 책무성에 대한 행정적 슈퍼비전, 둘째 사회복지사의 지식, 기술, 태도에 대한 학습, 자기 인식 등과 관련된 교육 슈퍼비전, 셋째, 사회복지실천 중에 나타나는 업무 관련 스트레스를 조절해 업무 수행능력을 높이는 지지적인 슈퍼비전에 대해 제시하고 있다.

〈표 10-6〉 슈퍼바이저 관련 한국 사회복지사 윤리강령

Ⅲ. 사회복지사의 동료에 대한 윤리기준

1. 슈퍼바이저
   - 슈퍼바이저는 개인적인 이익의 추구를 위해 자신의 지위를 이용해서는 안 된다.
   - 슈퍼바이저는 전문적 기준에 의해 공정하게 책임을 수행하며, 사회복지사 수련생 및 실습생에 대한 평가는 슈퍼바이저들과 공유해야 한다.
   - 사회복지사는 슈퍼바이저의 전문적 지도와 조언을 존중해야 하며, 슈퍼바이저는 사회복지사의 전문적 업무 수행을 도와야 한다.
   - 슈퍼바이저는 사회복지사 · 수련생 및 실습생에 대해 인격적 · 성적으로 수치심을 주는 행위를 해서는 안 된다.

〈표 10-7〉 슈퍼바이저 관련 미국 사회복지사 윤리강령

3. 실천현장에서의 사회복지사의 윤리적 책임 3.01 슈퍼비전과 자문 • 슈퍼비전이나 자문을 제공하는 사회복지사는 필요한 지식과 기술을 갖추고 있어야 하며 자신의 지식이나 능력의 범위 내에서만 제공해야 한다. • 슈퍼비전과 자문을 제공하는 사회복지사는 명백하고 적절하며 문화적으로 민감한 경계를 설정할 책임이 있다. • 사회복지사는 슈퍼비전을 받는 사람과 이중 , 다중의 관계를 가짐으로써 슈퍼비전을 받는 사람을 착취하거나 해를 끼칠 위험이 생길 경우에는 그러한 관계를 가지면 안 된다. • 슈퍼비전을 제공하는 사회복지사는 공정하고 정중하게 슈퍼비전을 받는 사람의 업적을 평가해야 한다.

전통적인 슈퍼비전 정의에서 조직의 중간관리자인 슈퍼바이저와 일선의 사회복지사 간에 이루어지는 상호작용, 부하 직원에게 슈퍼비전을 제공하는 것으로 보는 견해가 있지만(김경희, 2007), 2차 현장에서 일하는 사회복지사의 경우 여건상 조직 내에 슈퍼바이저가 있는 경우가 드물다.

한편, 슈퍼바이저는 질 높은 슈퍼비전을 위한 슈퍼바이저의 태도와 역량, 자격을 갖추어야 하며 바람직한 슈퍼바이저의 태도로 슈퍼비전의 제공을 위해 있어야 할 자리에 있는 사람, 슈퍼바이지를 위해 시간을 할애하며 잘 경청해주는 사람, 준비된 슈퍼바이저를 꼽고 있다.

1) 사회복지 슈퍼비전의 기능과 역할

Kadushin(1976)은 슈퍼비전의 행정, 교육, 지지 기능을 범주화하여 행정적·교육적 슈퍼비전은 도구적 중요성이 있으며, 지지적 슈퍼비전은 표현적 중요성이 있는 것으로 해석을 하였다(김용일, 1998). 사회복지에서 슈퍼비전은 주로 행정적 기능과 교육적 기능의 관점에서 정의되고 있는데 최근에는 슈퍼비전의 개념에 부가적인 책임인 지지적 기능을 포함하면서 행정적, 교육적, 지지적이라는 용어를 사용한다. 세 가지 기능은 Dawson(1926)과 Tow(1954)를 거쳐 Kadushin(1976)으로 이어지면서 슈퍼비전 기능구분의 대명사처럼 사용되고 있다(김용일 외, 2004).

〈표 10-8〉 슈퍼비전의 기능

Kadushin	Middleman 과 Rhodes의 기능	
지지적 서비스	통합적 기능	인간화, 긴장관리, 촉매기능
교육적 슈퍼비전	서비스전달 기능	교육, 평생직,사회화, 평가
행정적 슈퍼비전	연결기능	행정, 옹호, 변화

출처: Middleman & Rhodes(1995); 염태산(2005: 11) 재구성

2) 슈퍼비전과 관련된 윤리적 쟁점

슈퍼비전을 시행하는 데 있어서 일차적인 관심사는 슈퍼바이지인 사회복지실천가의 전문성 함양과 성장에 있다. 이를 통해 결국 서비스 이용자에게 보다 나은 서비스를 제공하고 기관의 목적을 달성하고자 하는 것이다. 슈퍼비전 만족도를 높이고 질 높은 슈퍼비전을 제공하는데 있어 슈퍼바이저의 역량과 준비된 모습, 슈퍼비전 시 슈퍼바이지의 상태에 대한 이해 및 그 상태에 적합한 행동을 수행하는 것이 중요하다고 지적하였으며 특히 슈퍼바이지가 슈퍼비전에 임하는 태도의 중요성을 강조하고 있다. 슈퍼비전을 수용할 준비가 되어 있는가, 실천상의 과오에 대해 은폐하는가, 슈퍼바이저를 조정하려 하지는 않는가도 고려해야 할 부분이다(강철희 외, 2005).

슈퍼바이저 역시 슈퍼바이지의 성장에 초점을 두게 되면 클라이언트의 문제를 해결하기 위한 전문적인 개입보다 슈퍼바이지의 성장을 위한 도구로 클라이언트를 이용하게 되는 경우가 발생할 수 있다는 점에 유의해야 한다(김기덕 외, 2016).

3) 슈퍼비전의 네 가지 기능(function)

Wonnacott(2012)은 슈퍼비전의 네 가지 기능으로 관리, 개발, 지지, 중재를 제시하고 있다. 이는 Kadushin(1976)이 제시한 행정, 교육, 지지 기능에 Richards 외(1990)가 중재 기능을 추가한 것을 반영한 것이다. 중재 기능은 기관 외의 다른 사람 및 조직들과 서

로 팀의 역할을 명확히 하고 서비스의 조정을 협의하는 한 차원 높은 관리기능을 필요로 하는 직원들의 요구를 나타내 주는 것이다. Wonnacott(2012)은 Kadushin(1976)의 세 가지 기능 모델에서 중재가 슈퍼비전 과정상에서 행해지는 역할을 놓쳤던 것을 지적하고, 중재를 전체적인 시스템에서 중요한 기능을 하는 핵심적인 요소로 보고 있다.

〈표 10-9〉 슈퍼비전의 기능별 목적

관리기능	중재기능
• 업무수행의 질 관리 및 업무검토 • 기관정책과 절차 준수 및 기록유지 • 사회복지사의 역할과 책임성 이해, 권위와 한계 인식 • 적절한 업무량 배분 및 시간 관리 • 사회복지사가 팀의 긍정적인 일원으로서 활동 • 다른 기관의 기능을 이해하고 팀과 유대 • 규칙적이고 공식적인 평가수용 • 슈퍼비전의 목적 명확화	• 팀의 역할과 책임성 명확화 • 자원의 결핍이나 영향에 대한 관리 • 가장 효과적인 방법으로 자원할당 • 정책 형성 명확화 • 조직 발달이나 정보에 대해 직원에게 자문과 브리핑 • 팀 내 또는 기관의 다른 파트나 기관 외부와 중재, 옹호 • 타 기관과의 업무에 직원 대변 • 의사결정에 직원 참여 • 불평에 대해 원조하고 지도
발달기능	**지지기능**
• 사회복지사의 전문성 개발 • 이론, 가치, 지식, 기술정립 및 업무에 영향력 이해 • 선호하는 학습 스타일과 학습의 장애물 이해 • 클라이언트, 동료, 다른 기관과의 상호작용 능력개발 • 지식확산, 중요 경험으로부터 배움 능력개발 • 사회복지사가 슈퍼바이저에게 건설적인 피드백 • 슈퍼바이저의 실수로부터 배울 수 있는 관계개발	• 전문가로서 한 인간으로서 사회복지사 인정 • 자신의 실천과 그 영향을 탐색할 수 있는 안전한 분위기 조성 • 두려움, 분노, 슬픔, 혐오, 무기력 같은 감정표현 허용 • 사회복지사가 업무에 있어 감정적인 방해를 탐색하도록 도움 • 안전한 현장에서 차별에 대한 이슈 탐색 • 이용자나 동료로부터 어려움 겪는 사회복지사 지지, 갈등 해결원조 • 스트레스 등 사회복지사의 전반적인 건강과 기능점검

출처: Morrison(2005: 41-46).

슈퍼비전 순환 과정은 경험적 학습과정을 토대로 Morrison(2005)이 정리한 것으로, 슈퍼비전이 발달적인 과정임을 강조하면서 슈퍼비전 과정의 네 가지 단계로 경험 → 반영 → 분석 → 실행 계획의 순환을 제시하고 있다.

경험(experience) 단계는 슈퍼바이지가 서비스이용자의 경험과 사회복지사로서 자신이 겪었던 사례나 경험을 슈퍼바이저와 나누면서 서비스이용자와 사회복지사 자신의 감정이나 반응 등을 살피고 이해하며 경험을 파악하는 단계이다. 다음으로 반영(reflection) 단계란 사례에 대한 슈퍼바이지의 감정적인 반응을 고려해 그의 경험에 대해 반추해 보도록 격려하고, 어떤 일이 발생할지에 대해 직관적인 반응과 직감을 탐색하도록 하는 단계이다. 세 번째 분석(analysis) 단계에서는 규명될 필요가 있는 주요 이슈를 명확하게 하기 위해 지식과 실천 지혜를 활용해 슈퍼바이저의 실천 맥락 속에서의 경험과 감정적인 반응을 탐색하도록 하는 단계이다. 이때 바라는 결과와 앞으로 어떻게 되어야 하는지에 대한 필요가 파악되며 이러한 과정을 통해 네 번째 단계인 실행 계획(action planning)이 도출된다.

훌륭한 슈퍼비전은 모든 기능들이 수행되어야 하는 동시에 문제를 탐색하고 대안을 찾아가는 과정에서 자신의 지식과 기술을 충분히 사용하도록 촉진해야 하는데, 이러한 순환 과정은 의사결정을 위한 감정, 사고, 행동 사이의 영향을 고려하도록 한다. Morrison(2005)은 슈퍼비전에서 슈퍼바이지의 경험에 대한 충분한 성찰이나 분석 과정 없이 실행과정으로 즉각 건너뛰는 경우가 있는데 이는 위험한 실천을 낳을 수 있다고 경고한다. 슈퍼비전의 순환과정은 슈퍼바이지와 서비스 이용자의 경험을 바탕으로 지식, 기술, 가치, 감성적 지혜, 실천적 지혜 등이 충분한 통합을 이룰 수 있는 기회를 제공하는 것이다.

〈표 10-10〉 슈퍼비전 순환과정 : 슈퍼바이지의 관점

경험: 이야기 발견
- 사회복지사는 클라이언트의 상세한 의견과 상황, 클라이언트의 서비스나 개입, 경험파악
- 사회복지사는 자신의 감정, 태도, 말, 행동 등 자신이 주목하지 못한 것에 대해 공개하고 파악

↓

반영: 경험 살핌
- 사회복지사가 자신의 감정 탐색해 더 깊은 관찰, 감정의 원천 이해
- 사회복지사는 현재 상황에 대해 이전의 경험 및 지식과 연결
- 사회복지사가 클라이언트의 상황에 매몰되어 있는 것에서부터 분리

↓

분석과 이해
- 가치, 연구, 정책, 역할요구 등을 참고해 업무분석
- 파워, 차이, 인식의 이슈 탐색
- 대안적인 설명이나 가정 고려, 다른 의미 탐색

↓

실행 계획
- 가능한 장단점을 고려한 선택, 성공기준을 분석해 계획
- 다른 이해관계자들의 욕구 고려
- 사회복지사를 위한 자원과 지지 준비
- 위험과 변화 탐색, 한계 명확화
- 뜻하지 않은 사건들 고려

출처: Morrison(2005: 164).

Kadushin(1985)은 지지적 기능을 관심, 감정이입, 수용, 권위, 개방, 탐구와 정성이라는 6개의 구성요소로 보았다. 기능을 살펴보면 다음과 같다(여영순, 2004).

첫째, 관심은 슈퍼바이저와 사회복지사가 내적으로 연결되는 것이며, 즉 사회복지사의 의견을 무시하지 않는 가운데 슈퍼바이저가 사회복지사에게 다가감으로써 전달되는 것이다.

둘째, 감정이입은 슈퍼바이저가 사회복지사의 업무나 사례에 대해 어떻게 생각하고 느끼고 이해하는지를 의미한다. 감정이입이 효과적으로 이루어지기 위해서는 슈퍼바이지의 반응이 감정적, 인지적으로 신뢰가 가고 업무에 대한 느낌과 생각을 공유

하여야 한다.

셋째, 수용은 슈퍼바이저가 사회복지사의 성공이나 실패, 실수를 비난하는 것이 아니라 자유롭게 토의하고 격려하는 분위기를 의미한다. 슈퍼바이저는 사회복지사의 부정적인 문제를 자연스럽게 끌어내어 비심판적으로 토의하거나 자존감이 낮은 사회복지사나 어려운 일을 맡은 사회복지사에게 칭찬과 격려로 확신을 줌으로써 사회복지사는 지지받는 느낌을 갖는다.

넷째, 권위는 슈퍼바이저가 하는 말이 아니라 실천에 의해 형성되는 것이며 이로 인해 사회복지사는 슈퍼바이저를 신뢰할 수 있다.

다섯째, 개방성은 슈퍼바이저가 불확실함이나 실수에 대해 인정하는 것이며 이러한 태도는 비공격적이어서 사회복지사가 자신의 업무에서 생기는 의문점을 나눌 수 있게 한다.

여섯째, 탐구와 정성은 슈퍼바이저가 주의 깊게 사회복지사의 의견을 들음으로써 사회복지사의 마음속에 숨겨져 있는 의미를 탐구하려고 하는 것이다.

〈표 10-11〉 Kadushin의 슈퍼비전의 기능에 따른 역할

	행정적 슈퍼비전	교육적 슈퍼비전	지지적 슈퍼비전
목 표	작업환경 제공	업무능력 개선	업무 만족도 지원
내용	• 조직의 구조와 사회복지사의 업무를 도울 수 있는 기관 자원에의 접근방법	• 업무에 필요한 지식과 기술을 제공	• 효과적으로 업무를 수행할 수 있도록 심리적, 대인관계 자원을 제공
장애물	비합리적인 조직	무지와 낮은 인지능력	정서 불안정
관심 영역	• 조직의 사회복지사를 효과적으로 연결하여 구조화된 자원을 효율적으로 활용	• 지식과 기술의 향상을 통해 사회복지사의 효율성을 증대	• 업무수행을 방해하는 스트레스 감소와 사기 증진을 시켜 사회복지사의 효율성을 증대
필요 도구	• 조직의 미션, 핵심가치, 비전, 정관, 내규, 업무규정, 직무기술서, 업무표준 지침서, 지역사회서비스전달체계, 자원목록, 기관 연혁 등	• 지식개발 틀, 직원교육일정표, 학습유형 목록, 윤리강령, 참고도서, 사례기록, 주중 업무계획표, 월중 업무보고서, 3개월 사업계획서, 연간사업계획서, 사업평가서, 프로그램평가서 및 기타자료	• 스트레스 사정도구, 사회복지사의 임파워먼트 척도 등
사회 복지사 모델	• 효율적인 과제를 수행하는 사회복지사	• 자질과 능력 있는 사회복지사	• 공감적이고 이해심 많은 사회복지사
역할	• 직원 채용과 선발 • 임명과 배치 • 업무계획 • 업무할당 • 업무위임 • 업무검토 및 평가 • 업무조정 • 의사소통 촉진 • 행정적 완충가 • 변화 대행자 • 옹호자 • 지역사회 연계자	• 교수 • 학습 촉진 • 훈련 • 경험과 지식 공유 • 정보 제공 • 명료화 • 안내 • 문제해결 원조 • 전문직 성장 • 조언, 제안	• 스트레스 방지 • 스트레스 해소 • 스트레스 대처 원조 • 신뢰형성 • 관점 공유 • 결정의 책임 공유 • 성공을 위한 기회제공 • 동료를 통한 지지제공 • 업무관련 긴장 완화

출처: 임일환(1997: 16).

4. 다른 전문직과의 관계

사회복지실천 영역에서 수행되는 업무의 많은 영역은 그 특성상 특정 전문직에 의해 독자적으로 수행되기보다는 전문직들 간의 팀 협력에 의한 통합적인 접근 방식을 통하여 이루어진다. 다른 전문직이 주를 이루는 기관에서 일을 하는 경우, 다른 전문직과의 역할 중첩과 모호한 관계로 인해 역할 갈등의 문제가 야기되며 이로 인해 사회복지사의 업무에 대한 의욕을 감소시키고 전문성과 정체성 확립에 어려움을 줄 수 있을 뿐 아니라 클라이언트에게 서비스제공을 하는데 악영향을 끼칠 수 있다.

예를 들어 정신병원의 정신보건사회복지사는 정신과 의사와 간호사와 팀으로 역할을 수행한다. 정신보건사회사업은 다양한 전문직들 간의 상호교류를 통한 다학문적 접근을 중요시 하는 특성이 있어 서비스를 제공하는 과정에서 다른 전문직에 대한 업무역할의 이해와 인식은 중요하다고 할 수 있다.

정신의료사회사업 분야에서 종사하고 있는 사회사업가들이 실제로 어떤 전문적인 업무를 가지고 있으며, 어떤 역할을 하고 있는지 또 정신의료 영역에서 가장 핵심적인 구성원인 정신과 의사들이 정신의료 사회사업과 사회사업가를 어떻게 인식하고 있으며, 이들의 활동과 직무가 무엇이라고 생각하는지에 대해 견해 차이가 나타나는 과정에서 정신과 의사가 사회사업가를 치료자로 인정하지 않는 상황이 발생하기도 한다(권진숙, 1983).

다른 전문직과 팀을 이루어서 개입을 하게 되는 경우 다른 전문직에서 추구하는 가치와 사회복지전문직 가치 간에 차이가 발생하기도 하고 비밀보장의 측면에 있어서 다른 전문직에게 클라이언트의 상황에 대하여 어디까지 정보 공유를 할 것인가에 대해 사회복지사 스스로 동료와 함께 기준을 세워야 하는 경우도 있다. 사회복지사와 다른 전문직과의 효과적인 팀 협력이 이루어지기 위해서는 먼저 다른 전문가들에게 역할을 인식시키는 것이 무엇보다도 선행되어야 할 것으로 이는 목표가 불명확하고 역할이 명료하지 못할 때 팀은 효과적으로 기능하지 못하기 때문이다.

실제로 팀 구성원들의 역할기대와 사회복지사가 수행하는 전문적 역할에 차이가 생겼을 때 사회복지사는 활동을 중단하기도 하고, 팀원과 다투는 등의 갈등을 유발할 수 있다. 이 경우엔 팀 구성원의 기대욕구를 충족시켜 주면서 사회사업의 전문화된 영역의 역할을 수행할 수 있도록 동맹을 맺는 것도 하나의 방법이 될 수 있을 것이다.

다른 전문직과의 관계에서 효과적인 기능을 하기 위해서 사회복지사에게 필요한 자세가 있다. 첫째, 사회복지사는 자신의 개인적 기여가 다른 전문직 성원들의 기능에 관련될 수 있다는 관점에서 생각하며, 집단의 특성을 존중하고, 상호 협력적인 관계를 도모해야 한다.

둘째, 클라이언트에 대한 자신의 서비스를 보충하고 증진시키는 데 다른 전문직 성원들로부터 무엇을 배울 것인가를 고려해야 한다.

셋째, 각 성원들의 기여에 대한 존중과 자신의 역할 인식이 중요하며 클라이언트가 다른 전문가의 서비스를 받고 있음을 알게 되었을 때 긍정적이고 협력적인 관계를 맺도록 노력한다.

넷째, 다른 전문직 성원들을 활용할 수 있는 방법에 대해 이해한다.

다섯째, 자신의 역할이 개별적인 사례에 필요하다는 것을 인식하고 자신을 전체로서의 집단과 동일시하여 팀 목적을 성취하는데 있어 팀의 매개체로서 활동해야 한다.

여섯째, 팀 작업을 행하는데 있어 취해야 할 것이 무엇인가 그리고 팀 책무를 효과적으로 할 수 있는 방법이 무엇인지에 관해 항상 염두에 두어야 할 것이다(김은정, 2006).

사회복지사와 다른 전문직과의 관계에서 갈등이 나타날 때 그에 대한 부담을 클라이언트가 지게 되는 경우가 발생하기 때문에 무엇보다 클라이언트의 이익을 먼저 고려해야 할 것이다.

5. 조직적 내부갈등과 윤리(노사갈등)

사회복지 조직(social welfare organization)은 클라이언트에게 사회복지 서비스를 직접 제공하거나 사회복지서비스를 계획함으로써 인간 또는 사회 문제를 해결하고 완화시키는 기능을 수행한다. 윌렌스키와 르보는 현대산업사회에서 사회복지를 규정짓는 첫 번째 조건으로 공식적인 조직을 언급했다. 여기에는 사회복지기관, 사회복지시설, 사회복지단체, 기타 사회복지서비스와 밀접하게 관련된 특수교육조직, 의료조직, 법률조직 및 교정조직 등이 포함된다. 공식 조직체의 개념에 입각해 사회복지 조직체는 하나의 법인체로 구성되어 있으며 법인과 관련된 특수한 법률에 의해서 사회복지사업을 행사하는 모든 단체, 즉 사회복지시설과 기관과 연합단체들을 사회복지 조직체로 설명하였다(정진영, 1986). 현대사회의 복잡성은 조직의 분화를 발생시켰으나 각각의 조직들을 하나의 체계 안에서 활동하는 부분들로 파악할 필요가 있다. 인간의 다양한 문제를 통합적으로 해결해야 하므로 조직들 간의 연계의 중요성이 부각되고 있으므로 특히 사회복지 조직은 서로 보완적 기능을 발휘하는 상호의존적 조직망으로 이해되어야 한다.

사회복지사들은 임상적 실천뿐 아니라 행정이나 관리직에서 직무를 수행하기도 한다. 이러한 사회복지실천과 행정 업무의 수행에서는 일선 직원, 상위 관리직급, 기관의 이사회 등 다양한 직위 내의 갈등 또는 직위 간에 갈등이 발생하며, 이러한 경우에 어려운 윤리적 문제가 발생할 수 있다. 사회복지실천현장의 경계가 없어지고 경쟁이 심화되어 서로 다른 배경, 관심과 가치를 가진 사람들 간에 갈등이 야기되고 있으며, 오늘날과 같이 조직 재편성과 구조적 변화가 요구되고 있는 환경에서는 또 다른 형태의 갈등도 야기될 가능성이 크다.

사회복지조직의 주된 활동은 문제·욕구를 지닌 사람을 대상으로 하고 있으며 변화되어야 할 클라이언트와 직접 접촉하여 활동을 하고 있다. 서비스를 제공받는 클라이언트의 복지를 보호하고 증진하도록 사회로부터 위임받았고 이로 인해 존재가 정당화되어 공공의 이익을 위해서 사회적으로 물질적·비물질적 후원을 받고 있다. 또한 사회복지조직은 투입 요인이 도덕적 가치를 지닌 인간이라는 점 때문에 모든 활동이 도덕적으로 정당화되어야 하고, 기술과 활동에 있어 제한이 많고 목표가 모호하고 애매하며 대상이 인간이므로 조직 목표에 대한 합의를 얻기 어려운 점이 많다.

이러한 특성을 가진 사회복지조직의 핵심 활동은 조직구성원(사회복지종사자)과 서비스 대상자(클라이언트)와의 관계 안에서 이루어진다. 일선 조직 요원의 활동이 중요함에도 다른 전문가와 일하는 사회사업가의 경우 때때로 동료들의 비윤리적이고 부적합한 행위를 알게 된다. 비윤리적 행위는 조직의 내부까지 영향을 미치게 되므로 조직개편 등의 인위적이며 물리적인 수단 등을 통해서 조직의 효율성을 높이고 각각의 조직이 변화된 상황에 적응하도록 요구받는다. 또한, 시간이 지날수록 사회복지 조직 간의 경쟁은 첨예화되고 있으며, 결국 경쟁력을 갖춘 기구 및 조직만이 생존하게 되는 상황에 직면하고 있다.

최근 사회복지 분야의 다양한 갈등은 정치・경제・사회적 갈등이 다층적으로 복합되어 전개되고 이슈 또한 이념・환경・지역 등이 결합되어 나타나고 있다. 특히 사회갈등이 문제가 되고 있는 집단적 이해관계와 사회구성원의 가치관이 사회갈등에 투영됨으로써 문제해결 구조를 탐색하기가 어려운 국면에 진입하는 경우가 빈번하게 발생하고 있다. 사회갈등 중에서 공공의 문제나 이슈를 사이에 두고 발생하는 정부정책 결정 단계에서 이해관계자 간의 갈등도 증가하고 있다. 이와 같은 기관갈등은 기관의 정책을 추진함에 있어서 이해관계자의 의견을 충분히 수렴하는 등 예방 대책이 부족하여 발생하는 경우가 대부분이다.

일반적으로 갈등의 요인은 크게 네 가지로 구분되어 이해할 수 있다. 첫째, 정책적 요인이 있다. 이와 같은 갈등은 갈등 당사자들이 리더십을 발휘하지 못하는 상태에 있거나 기관의 비전이 부재한 경우에 발생할 수도 있으며 이해관계자들의 참여가 부족해서 발생하는 경우가 많다.

둘째, 법적 요인도 갈등의 원인이 된다. 갈등 당사자들이 협력적으로 관계를 맺고 사후관리하는 일련의 단계별 행동 규칙이나 기준이 모호한 경우 서로 갈등이 벌어지게 된다. 제도적 요인도 갈등의 원인이 되는데, 주로 제도 자체의 불완전성, 그리고 갈등조정시스템의 불충분성 때문에 발생한다.

셋째, 경제적 요인이 갈등의 원인이 된다. 이와 같은 갈등은 주로 갈등 당사자 간 투입 노력 대비 임금이나 대가와 관련지어 나타나는 인식된 불공정성 때문에 발생한다. 사회복지기관의 갈등 중 정부 정책 때문에 이해관계자의 재산 가치가 하락하거나 환경과 건강에 위해받는 경우에도 갈등의 경제적 요인으로 본다.

넷째, 인지적 요인이 있다. 갈등의 분석단위를 개인과 집단 수준에서 보면, 갈등 원인은 주로 인지적 요인에 있다는 것을 알 수 있게 된다. 갈등의 인지적 요인들은 왜곡된 정보의 만연, 오해의 만연, 차단된 커뮤니케이션 통로, 이해관계자 사이의 적대적 감정 등으로 설명될 수 있다. 인지적 갈등 요인들은 이해관계자 사이 불신을 야기함으로써 협력적 노력을 저하시키는 주요 원인이 되고 있다.

최근 사회적으로 큰 관심을 일으킬 수 있는 내용뿐만 아니라 각자가 일하는 직장에서 일어나는 비리를 고발하는 경우가 많아지고 있다. 과거에는 이들에 대해서 변절자, 배신자, 악질의 부정적인 행위로 보는 경우가 많았고, 결국 밀고자로 쫓겨날 것으로 생각되어져 왔다. 사회복지 조직 안에서도 다양한 내부갈등이 생길 수 있고, 이를 조직 안에서 해결하지 못하는 경우 내부고발을 통하여 외부로 알려지게 되는 경우가 있다. 요즘에는 내부고발을 양심선언이나 부정 비리를 척결하는데 앞장서는 용기있는 행동으로 보는 변화들이 있다.

한편, 한국의 사회복지사 윤리강령(KASW)과 미국의 사회복지사 윤리강령(NASW)에서는 파업과 직장에서의 노동운동과 직접 관련된 두 가지 기준을 담고 있다. 이 기준들은 파업을 찬양하지도 반대하지도 않는다. 윤리강령은 사회복지사들이 파업이 갖는 매력에 관해 동의하지 않을 수 있다는 점을 인식하면서도, 사회복지사들이 조직적인 행동에 개입할 수 있는 권리를 인정하고 있다(기준 3. 10 [b]).

〈표 10-12〉 기관의 노사갈등 관련 사회복지사의 윤리

한국사회복지사의 윤리강령	미국사회복지사의 윤리강령
V-2. 사회복지사는 기관의 부당한 정책이나 요구에 대하여, 전문직의 가치와 지식을 근거로 이에 대응하고 즉시 사회복지윤리위원회에 보고해야 한다.	기준 3. 10(b) 사회복지사는 전문직의 가치, 윤리적 원칙, 윤리적 기준에 의해 인도되어야 한다. 파업행위 중에 전문가로서 일차적인 의무에 관해 사회복지사들간에 합리적인 의견의 차이가 존재한다. 사회복지사들은 행동을 결정하기 전에 관련된 쟁점과 클라이언트에 미칠 영향을 주의 깊게 검토해야 한다.

chapter 11

다문화사회 소수자집단과 사회복지윤리

1. 다문화사회

1) 다문화사회와 문화

2018년 10월말 현재 체류외국인이 2,371,513명에 이르는 가운데 한국은 이미 다문화사회로 변모하였다. 다문화사회는 다문화주의(多文化主義, multiculturalism)를 추구하는 사회이다(박소정, 2013). 다문화주의는 한 사회가 인종・성별・성적 취향 등에 따라서 구별되는 이질적인 주변문화로 이루어지며 이들은 서로 동등한 지위를 지닌다. 소수자와 그들의 문화를 공동체의 구성요소로 긍정하고 지금까지 성찰의 대상으로 삼지 않았던 이들을 주체적 존재로 인정한다(Martiniello, 2002). 즉, 세계화가 진행됨에 따라 단일한 민족 국가들이 가지고 있던 문화를 개별 국가 사이에서 서로 인정하고 교류하기 위해 여러 문화를 존중할 뿐만 아니라 여성문화, 소수파문화, 비서양문화 등 여러 유형의 이질적인 주변 문화를 제도권 안으로 수용하자는 입장을 포함한다.

다문화사회는 개인과 사회의 발전에 있어서 문화의 중요성을 긍정하고 문화적 다양성을 장려할 뿐만 아니라 단일한 민족 국가들이 가지고 있던 문화를 존중하고 이질적인 주변 문화를 제도권 안으로 수용하고자 한다. 이때 사회는 두 가지의 서로 다른 접근을 취하게 되는데 그 하나는 차이 맹목 접근(difference blindness approach)으로 다양한 집단 간의 문화적 구별을 초월하여 보다 통합적인 사회를 구현하기 위해서 사회가 다양한 문화적 집단에 대해 근본적으로 중립적인 입장을 취함으로써 문화가 사회적 결정에 있어 중요한 기준으로 작용하지 못하게 하는 접근이 있을 수 있다. 또 다른 하나는 차이 인정 접근(recognition of difference approach)으로 중립적인 입장이 실제 사회에서 작용하는 문화 간 차별과 배제에 대해 무관심하다는 지적을 통해 다양한 집단이 가진 상이한 문화적 정체성을 적극적으로 인정하고 존중하여야 한다는 접근이다(김기덕, 2011).

차이 맹목 접근은 "인류의 모든 구성원은 동등한 절대적인 권리를 공유"하며 "문화는 도덕적 권리와 규정의 타당성에 적합하지 않다"는 보편주의 관점과 관련이 있다면 차이 인정 접근은 "문화는 한 사회의 구성원들이 다른 전통을 따르는 사회의 행동" 또는 "문화에 준하여 행해진 행동에 대해서 합법적으로 비난할 수 없다"는 상대주의와 관련이 있다. 국제사회복지연맹(IFSW)에 따르면 사회복지실천은 문화적 보편주의와 문화적 상대주의 사이의 중립적인 입장을 취한다. 보편주의와 상대주의를 하나의 연속선상에 놓고 문화적 전통을 유지하면서 보편적 권리의 입장을 동시에 고려하는 것이다(서미경, 2017 재인용).

이러한 문화의 교차 상황에서 Gracia(1994)는 21세기 사회복지실천의 역할을 사회정의, 인권을 향상시키며, 억압에 대해 적극적으로 대항하는 것이라고 했으며 이를 위해 다양성을 핵심가치로 하여야 함을 주장하였다. Kohil과 Faul(2005) 또한 사회복지실천은 전문직으로서 세계의 사람들의 다름과 차이를 인정하고 이해하며 존중해야 한다고 말하며 사회복지사들은 그들의 클라이언트가 누구든지, 종교적 · 문화적 배경이 어떠하든지, 그리고 그들의 가치체계가 어떻게 다른지 간에 클라이언트 개별의 다양성을 인정하고 존중해야 함을 주장하였다(김주덕, 2008 재인용).

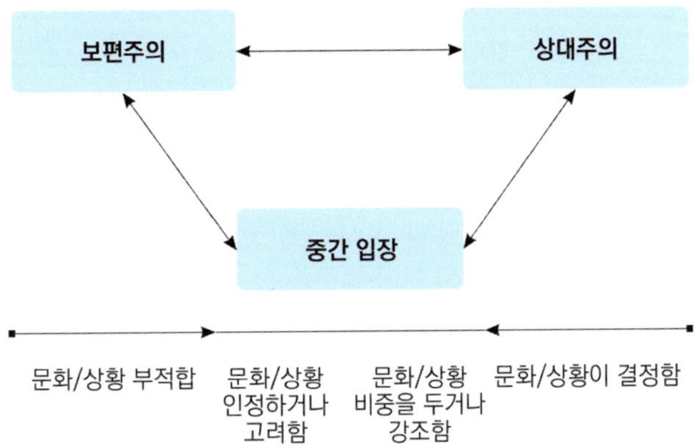

[그림 11-1] 윤리적 결정을 위한 보편주의와 문화적 상대주의의 연속선

2) 다문화사회의 사회적 가치

다문화주의의 흐름 속에서 다문화 현상을 경험하면서 나타나는 문화 간의 갈등과 교섭현상에 대해 상호관용과 보살핌, 인정, 상호문화성, 차별배제와 권리 등의 4가지 가치가 도움이 될 수 있다(우국희 외, 2015). 첫째, 상호관용(tolerance)과 보살핌이다. 관용이란 남의 잘못 따위를 너그럽게 받아들이거나 용서한다는 사전적 의미를 가지고 있는 것으로 일방적인 배려의 관용이 아니라 개인들 간의 실제적 상호작용과 호혜적 접촉에 대한 상이한 가치를 서로 수용하고 조정하며 이런 조정에 대해 평화로운 방식으로 반응하도록 이끄는 것이다. 이주자 수용국이 차이를 인정하고 포용하는 방식으로 관용을 보인다면 이주자 또한 그 사회 문화에 대해 적극적이고 유연한 수용적 자세를 갖출 수 있다. 정성을 기울여 두루 보살펴 주는 행위인 보살핌은 돌봄 서비스를 필요로 하는 아동과 노인, 약자에 대한 육체적 보살핌뿐만 아니라 감정과 정신적 보살핌 또한 포함하고 있다는 점에서 복합적이다. 그동안 여성이 담당해온 보살핌의 정

서적·정신적 노동의 가치를 제고하여 개인적 보살핌뿐만 아니라 사회적이고 정책적인 보살핌의 영역으로 확장할 필요가 있다.

둘째, 다양한 정체성과 차이를 어떻게 이해하고 인정할 것인가의 문제로서 오늘날 다문화적 상황에서 젠더의 차이나 성적, 민족, 인종 소수자의 다른 관점에 대한 인정(recognition)의 자세를 요구받고 있다. 인정의 대상이 되는 집단의 지위나 생활방식이 가치 절하로 평가될 경우 차별을 경험한 타자의 경험의 핵심에는 개인이 상호작용 속에서 서로에 대해 혹은 사회에 대해 정당하게 제기할 수 있는 인정의 기대가 무산되거나 거부될 때 발생하는 모욕의 경험이 자리잡게 된다. 다양한 소수자 집단의 고유한 정체성과 문화적 특성에 대한 수용은 인정을 위한 투쟁의 과정에서 획득할 만한 가치가 있는 것이다.

셋째, 상호문화성(interculturality)이란 개인 간, 문화 간 상호적 관계를 전제로 타자와의 관계, 타 문화를 통해 주체 및 자기 문화를 인식하는 것을 의미한다. 즉 타자의 정체성과 타 문화에 대한 인정과 긍정을 통해 나의 정체성과 인정을 찾을 수 있는 것이다. 상호문화성을 바탕으로 한 상호문화주의는 여러 문화가 존재한다는 사실에서 나아가 이들이 상호관계성을 가진다는 것을 내포하고 있으며 상호의사소통과 대화 등을 통한 상호행동에 초점을 두고 서로를 변화시키기 위한 대화와 교류, 서로 간에 존재하는 경계와 장애물의 극복을 적극적으로 추구해 나가려고 한다. 즉 다른 문화는 서로 간섭함으로써 주류 문화와 비주류 문화가 묵시적 상호작용을 하게 되며 상이한 문화들은 단순한 병존을 넘어선 역동적 상호작용을 한다.

넷째, 다문화된 사회에서 차별배제와 권리의 인정은 중요하다. 개방적인 법적 보장과 각 문화에 대한 이해를 통해 평등권을 보장하고 차별을 금지하는 사회가 되기 위해서는 차이에서 기인하는 사회적 낙인과 편견으로부터 소수자를 보호하고, 복지차원의 분배에서도 차별이 일어나지 않도록 해야 한다. 사회복지사는 성, 연령, 문화, 결혼상태, 정치적 의견, 사회·경제적 지위, 종교적 신념, 피부색, 인종 혹은 성적 지향으로 인해 차별받지 않을 평등권, 신체의 자유, 안전에 대한 권리, 표현의 자유, 종교의 자유, 거주 이전의 자유 등을 포괄하는 자유권, 근로 및 공정하고 유리한 근로조건을 향유할 권리, 사회보장의 권리, 문화·과학·예술 활동을 할 권리를 포함하는 사회권을 인정하고 이러한 권리들이 보장될 수 있도록 노력해야 한다.

2. 소수자집단

1) 소수자집단의 개념

다문화주의에서 주목하는 소수자는 일차적으로 이분법 속에서 규정된다. 주체/객체, 중심/주변, 우월/열등, 핵심/주변, 정상/비정상 등의 기준을 중심으로 다수/소수로 구분할 수 있다. 이런 척도를 기준으로 남성/여성, 백인/흑인, 국내인/이주민, 장애인/비장애인, 이성애자/동성애자 등의 사회적 배치가 형성된다. 소수자 개념은 수의 많고 적음과 관련이 깊지만 양적인 수가 절대적인 기준이 아니며 권력관계에서 지배-종속의 관계를 무엇보다 중요한 기준으로 보고 있다(심승우, 2011; 윤수종, 2009).

Wirth(1945)에 따르면 소수자(minority)란 사회의 다른 다수의 성원들로부터 구분되고 불평등한 처우를 받도록 끄집어내어진 사람들로서 그러한 차별의 근거가 신체적, 문화적 특성으로 구분되고, 스스로를 차별의 대상임을 인식하는 집단의 구성원을 의미한다(한기덕, 2015 재인용). Wirth의 정의는 소수자를 단순히 '다수자(majority)'의 반대개념인 숫자적 비율 혹은 수적 약세만으로 파악하게 만들었다는 문제점이 있다.

Dworkin과 Dworkin(1999)은 한 사회의 특정 인구 집단이 소수자로 규정되는 4가지 조건을 제시하였다. 첫 번째 조건은 '식별가능성(identifiability)'으로 어떤 신체적, 문화적 특징에 의해 다른 집단과 구별되는 뚜렷한 차이가 나타난다는 것을 의미한다. 두 번째는 '권력의 열세'로 경제력, 사회적 지위, 정치권력 등 다양한 측면에서 실질적인 차이가 있거나 여러 가지 자원을 동원할 수 있는 능력에서 차이가 난다. 세 번째는 '차별적 대우의 존재'이다. 소수자에 대한 차별은 한 개인이 단지 그 집단의 성원이라는 이유만으로 사회적 차별의 대상이 되는 상황을 초래한다. 네 번째는 '소수자 집단 성원으로서의 집단의식'이다. 집단의식은 차별적 관행의 반복을 통해 전체적인 연대 의식으로 확장된다(김상학, 2002 재인용).

한국 사회 소수자의 경우 인구규모나 생물학적, 문화적 특징이 아닌 권력의 크기에 주목하여 소수자란 사회의 제반 영역에서 성, 연령, 인종 및 민족, 종교, 사상, 경제력, 성적 취향, 지역 또는 그 외의 이유로 지배적인 기준이나 가치와 상이한 입장에서 정치적, 경제적, 사회적 권력으로부터 완전히 소외되어 있거나 열세적 위치에 머물러 있는 지속적인 차별과 편견의 대상을 의미한다(윤인진, 2000). 이러한 맥락에서 다문화적 소수자집단(multicultural minority group)은 소수자를 구별 짓는 다양한 사회의 제반 영역 중 인종, 민족, 국적, 문화 등과 같이 다문화적 특성을 기준으로 구별되는 집단으로 보고 있다(윤인진 외, 2010).

2) 소수자의 유형

소수자를 나누는 기준은 다양하다. 먼저, 다수자에 의해 배제되고 차별당하는 요인에 따라 소수자는 몇 가지 유형으로 분류될 수 있다(박상준, 2014). 첫째, 인종・민족이라는 요인에 의한 소수자이다. 인종적・민족적 소수자는 지배세력에 의해 다른 인종이나 민족이라는 이유만으로 사회생활 전반에 걸쳐 배제당하고 억압받는 집단이다. 지배세력은 자신과 다른 소수자 집단을 경제, 정치, 사회생활에서 배제시키고 억압하는 이유로써 가장 손쉬운 눈에 보이는 피부색, 외모 등에 의해 구별 짓고 차별하는 것이다. 인종적・민족적 소수자에 대해서는 개인보다는 지배 세력과 다른 인종이나 민족에 속하는 집단 전체에 대하여 무차별적으로 차별과 억압이 가해지고, 심한 경우에는 집단적인 대량 학살이 행해지기도 한다. 우리나라와 같이 단일민족과 단일문화의 신화가 강한 사회에서 화교, 혼혈인 등은 우리와 다른 인종, 민족, 피부색 등으로 인해 사회적으로 배제되고 차별을 받고 있다.

둘째, 사회적 요인에 의한 소수자이다. 사회적 소수자는 사회적으로 높은 지위와 권력 관계를 소유하지 못한 약자들이다. 높은 지위와 권력을 소유한 다수자에 의해 그들과 다른 위치에 있다는 이유로 배제되고 차별받는 약자들이다. 남성 중심의 가부장제 사회에서 인구수에 있어서는 비슷하지만, 남성의 지위 반대 위치에 있는 여성은 거의 모든 사회활동에서 배제되고 차별받아 왔다. 성인 중심의 사회에서 나이가 어린 아동 또는 청소년은 모든 사회활동에서 배제되고 차별받고 있다. 오늘날 양반과 평민이라는 사회적 신분은 폐지되었지만 부와 학력에 따라 계층에 의한 차별은 여전히 존재한다. 일류대학 졸업자에 의해 고졸 이하 또는 지방대와 전문대 졸업자가 배제되고 차별받으며 자가 아파트 거주민 및 자녀에 의해 임대 아파트 거주민과 자녀가 배제되고, 사회 다수를 차지하는 이성애자에 의해 동성애자 또는 성전환자는 이상한 사람으로 낙인찍히고 차별받는다.

셋째, 경제적 요인에 의한 소수자이다. 경제적 소수자는 경제 영역에서 부와 자본을 소유하지 못하여 경제활동에서 배제되고 차별받는 약자들이다. 자본이 부를 창출하는 수단이 되는 시장경제의 구조적 특성으로 인해 부익부 빈익빈 현상이 가속화되면서 노동자는 취업, 임금, 해고 등에서 자본가에 종속된다. 또한 노동시장에서는 같은 근로자일지라도 자국민과 대비되는 외국인 근로자가 배제되고, 정규직 근로자에 대비되는 기간제 및 단시간 근로자, 즉 비정규직 근로자가 배제되고 차별받고 있다.

넷째, 신체적 요인에 의한 소수자이다. 신체적 소수자는 신체의 결함이나 발달의 장애 등으로 인해 배제되고 차별받는 사람들이다. 비장애인과 대비해 장애인, 한센병 환자, 후천성면역결핍증(AIDS) 환자 등은 신체적 결함이 있는 것으로 낙인찍혀서 주거, 교육, 취업, 승진, 정책 결정과정 등에서 배제되고 차별받고 있다.

다섯째, 종교적 요인에 의한 소수자이다. 한 사회에서 지배세력이 신봉하는 종교와 다른 종교를 가진 소수자이다. 지배세력은 그들과 다른 종교 및 그 신도를 이단으로 구별 지어 차별하고 억압하는 경향이 있다. 한국전쟁과 남북분단이라는 특수한 상황으로 인해 우리나라에서는 공산주의 사상 및 그 사상을 신봉하는 사람들을 체제 전복

세력으로 구별 짓는다. 최근에 양심적 병역 거부자도 대체복무가 허용되지 않고 병역 의무를 회피하는 자로 배제되어 처벌받고 있다.

또한, 소수자의 생성과정과 관련하여 3가지 유형을 제시할 수 있다(유명기, 2004). 첫째 관점은 소수자의 생성은 사회가 일탈적 타자를 상징화하여 사회적 위험 요소로 간주하려는 데서 발생한다. '우리'와 일탈적이고 파괴적인 '타자'를 표상함으로써 일탈적 타자가 소수자로 차별받게 된다. 이 관점을 통해 동성애자, 양심적 병역거부자, AIDS/한센병 환자, 성매매여성, 부랑자, 정신장애인 등의 소수자를 이해할 수 있다.

둘째, 소수자 생성은 공동체 질서를 유지하기 위한 희생화 과정에서 발생한다. 공동체 내부의 갈등과 폭력을 완화하기 위한 장치 및 대체 폭력의 대상으로서 소수자를 상정한다. 우리 사회에서 노동시장을 둘러싼 외국인노동자 차별, 이념대립과 관련한 탈북자 차별 등이 관련된다.

셋째, 탈근대 사회에서의 보편화된 소수자를 일컫는 관점이다. 갑작스런 탈근대사회의 도래에 적응하지 못하거나 적응을 거부한 결과 생겨나는 소수자를 설명하는데 유용한 것으로 외국인노동자, 실업자, 비정규직, 양심적 병역거부, 동성애자, 외국인 배우자, 노숙자 등을 설명할 수 있는 관점이다.

이 밖에 세계인권선언의 제2조에서는 차별의 근거를 언급하며 인종, 피부색, 성, 언어, 종교, 정치적 견해, 또는 그 밖의 견해, 출신 민족 또는 사회적 신분, 재산의 많고 적음, 출생 또는 그 밖의 지위를 제시하였는가 하면, 연구자에 따라 성, 인종, 국적, 직업, 성적 기호, 출신 지역, 질병유무(장미경, 2005), 양성불평등, 신체적 특성, 인종, 국적 및 지역, 직업 및 사회적 지위(조태린, 2006), 신체적 소수자, 권력적 소수자, 경제적 소수자, 문화적 소수자(전영평, 2007) 등을 제시하기도 한다.

3) 우리 사회의 소수자집단

(1) 결혼이주여성

세계화와 신자유주의 추세에 따른 국가 간 정치・경제적 불평등은 사회구조적으로 취약할 수 밖에 없는 여성들에게 심각한 영향을 미치고 있다. 이 중 이주여성이 차지하는 비율이 점점 증가하면서 빈곤의 여성화(feminization of poverty)가 전지구적으로 발생하고 있으며 선진국 중산층 여성들의 노동시장 참여 증가와 돌봄 노동의 공동화현상에 따른 대안으로 제3세계 개발도상국의 가난한 여성들의 낮은 노동력이 이주하는 이주의 여성화(feminization of migration)가 전 지구적으로 확산되고 있다(김은재, 2016).

특히 한국사회에서 이주의 여성화는 국제결혼이라는 새로운 결혼제도를 통해 실행된다. 외국인 여성을 자신의 배우자로 맞이하고자 하는 한국 남성이 증가하고 있으며 한국의 부계가족의 전통을 훼손하지 않고 젠더불평등을 심화시키는 구조를 만들어내고 있다. 한편으로 이들 다문화가정에서 태어난 2세들의 출현은 단일민족의 순혈주의에 젖어 있는 한국사회에 새로운 변화요인으로 작용하고 있다(황정미, 2009).

결혼이주여성들은 한국가족에 편입되자마자 많은 경우, 가족 내 성별분업을 받아들이고 무급의 가사노동과 연로한 시부모를 봉양하며 농촌의 경우 농사일까지 1인다(多)역을 감당하는 것으로 나타난다(김영란, 2015). 결혼이주여성들은 언어장벽으로 인한 의사소통의 어려움, 사회적 참여의 박탈과 배제, 경제적 곤란, 남편의 가부장적 태도와 가정폭력, 시부모 및 확대가족들의 며느리에 대한 통제, 내국인들의 배제로 인한 사회적 거리감, 체류불안정 등 복합적인 어려움을 경험하며 적응곤란을 겪고 있는 것으로 보고된다(김소희・설진배, 2013; 전현영, 2012).

(2) 이주노동자

국경을 넘는 인간과 자본, 상품, 문화, 정보의 이동은 돌이킬 수 없는 세계적 차원의 흐름이다. 우리 사회는 1991년 외국인 산업기술연수생제도가 도입되면서 외국인

노동자 이주가 본격화 되었으며, 2018년 말 기준 취업자격 체류외국인은 594,991명으로 전년대비 2.3%로 증가하였다(출입국 외국인정책본부, 2019). 이주노동자는 일정기간 동안 다른 나라에 가서 돈벌이를 하는 사람으로 생계를 위해 생활근거지를 타국으로 이동하여 노동력을 제공하면서 경제활동과 주거생활을 영위하는 노동자이다. 국제노동기구(international labour organization: ILO)협정에서는 다른 사람에 의하여 고용될 목적으로 한 나라에서 다른 나라로 이주하거나 이주하였던 사람으로 규정하고 있으며 그 사람이 국적국이 아닌 나라에서 유급활동에 종사할 예정이거나, 이에 종사하고 있거나, 또는 종사하여 온 사람을 말한다(이덕남, 2011).

이주노동자는 크게 전문인력 및 예체능인력 그리고 단순인력으로 나누어볼 수 있는데 전문인력 및 예체능인력은 교수, 연구, 기술지도 등 전문 기술직 종사자로서 합법적인 취업자격을 가지고 거주하고 있는 등록외국인을 말한다(설동훈, 1999). 우리나라 고용허가제에 의해 들어온 노동자들은 대부분 단순생산기능직에 종사하는 사람들로 중소 제조업체와 건설현장 등에 생산직 인력난이 만성화되면서 유입되었다. 일반적으로 이주노동자라고 할 때 지칭하는 저개발국 출신의 단순생산기능직 종사자들은 주로 선진국 출신인 전문인력 및 예체능인력과는 이질적인 속성을 가지고 있다.

이들 이주노동자들은 노동현장에서 장시간 노동, 임금체불, 열악한 작업조건, 한국인과의 차별, 모욕, 산업재해, 직업병, 한국인 노동자와의 갈등 등으로 어려움에 처해 있다. 일상생활에서는 언어와 문화적 차이로 인한 갈등, 한국 문화의 강요, 문화적 차이에 대한 무지 및 몰이해, 편견과 차별, 의료 등 복지제도에서 배제되는 문제 등 다양한 어려움을 경험한다(김순양, 2013; 부종식, 2012). 특히 산업재해는 이주노동자에게 신체적인 어려움 외에 심리 사회적 · 직업적 · 경제적 문제까지 초래하여 근로자의 삶 전체에 영향을 미친다.

(3) 북한이탈주민

북한이탈주민이란 탈북한 자를 총칭하는 용어로써 북한을 벗어나 중국 등 외국에 있거나 남한사회에 들어온 북한주민을 의미한다. 1990년대 이전에는 정치적 망명의 성격을 띤 개별적 탈출이 많았으나 2000년대 이후 경제적 난민의 성격이 강해지고 가족 전체가 함께 탈출하는 가족 형태의 입국자들이 증가하고 있다. 북한이탈주민의 국내 입국은 1990년대 중반까지 약 600여 명에 불과하였으나 꾸준히 증가하여 2018년 8월말 기준 누적 입국자 수는 32,147명인 것으로 나타난다.

입국자 중 여성들의 비율이 2002년을 기점으로 남성의 수를 넘어서 2017년에는 83%를 차지하는 변화를 보이고 있다. 연령을 기준으로 하면 청년층 입국자가 전체의 58%를 차지하며 주된 경제활동층인 30-40대가 절반 이상을 차지한다. 경제활동층의 증가는 북한이탈주민 정착지원 측면에서 일자리, 취업과 같은 분야의 지원 확대가 필요함을 보여준다(한채림, 2019). 뿐만 아니라 북한이탈주민인 아동청소년의 적응, 차별과 편견으로 인한 불이익, 빈곤의 세대 간 전이 등 이들이 보여주는 여러 적응 문제는 사회통합을 위해 반드시 해결해야 할 문제이다. 단순한 문화적・언어적・인종적 다양성의 의미를 넘어서 개방성과 다양성의 가치를 인정하는 태도나 마음가짐의 변화는 이제 선택이 아니라 피할 수 없는 현실적 요구가 되었다.

북한이탈주민 등 사회적 소수집단이 당하는 불평등, 분배와 차별은 이들이 사회의 일원으로서 동등하게 참여하는데 있어 장애가 될 수 있기 때문에 북한이탈주민 등 특정집단이 주류집단과 동등하게 사회에 참여하기 위해서는 적어도 객관적 조건과 상호주관적 조건이 충족될 필요가 있다. 여기서 객관적 조건은 경제적 차원에서의 물질적 자원의 분배를 통한 구성원들의 동등한 참여를 보장하는 것이며, 상호주관적 조건은 제도화된 문화구조와 규범들이 모든 구성원들에게 동등한 존중을 표현하여 사회참여의 기회를 보장하는 상태를 말한다(Honneth & Fraser, 2014). 이러한 입장은 북한이탈주민의 정착과 적응이 한국사회로의 일방적 동화가 아님을 보여준다.

(4) 성적 소수자

성적 소수자란 성적 주류인 이성애자를 제외한 소수의 성적 지향성을 가진 사람을 말한다. 자신이 여성임을 인정하면서 성적 지향이 동성인 여성을 향하는 여성 동성애자(lesbian), 자신이 남성임을 인정하면서 성적 지향이 동성인 남성을 향하는 남성 동성애자(gay), 동성과 이성에게 모두 성적 지향을 가진 양성애자(bisexual), 성전환 수술의 여부와 상관없이 자신이 태어나면서 가진 생물학적 성과 정신적 성이 일치하지 않는 성전환자(transgender)는 모두 성소수자 집단을 주로 구성하며 이들의 앞 글자를 따서 LGBT로 부르기도 한다(이호림, 2015).

성적 소수자와 관련하여 성적 지향성(sexual orientation)과 성적 정체성(sexual identity)이란 개념이 있다. 성적 지향성은 한 개인이 어떠한 성별에 성적으로, 낭만적으로 끌리는지를 의미하며, 성적 지향의 범주에는 자신과 성별이 다른 사람에 대해 끌리는 이성애, 자신과 성별이 동일한 사람에게 끌리는 동성애, 그리고 양성애가 모두 포함된다. 성적 정체성은 성적 지향성을 바탕으로 자신의 성적 상황을 스스로 인식하고 그 인식을 바탕으로 자신의 성적 주체성을 성립시키는 상태를 말한다(APA, 2011).

국가인권위원회는 성적 지향을 이유로 성희롱을 하면 평등권 침해의 차별행위로 규정하고 있는가 하면 성적 자기결정권을 '스스로 선택한 인생관 등을 바탕으로 사회공동체 안에서 각자가 독자적으로 성적관(性的觀)을 확립하고, 이에 따라 사생활의 영역에서 자기 스스로 내린 성적 결정에 따라 자기 책임 하에 상대방을 선택하고 성관계를 가질 권리'로 정의하고 있다(강현철 · 이중일, 2004). 성적 소수자에게 성적 자기결정권이 중요한 의미를 지니는 이유는 이들의 인권 신장을 위한 핵심적인 권리로 인식하기 때문이다(남궁선, 2008).

(5) 장애인

우리나라 「장애인복지법」에 따르면 장애인은 신체적 · 정신적 장애로 인하여 장기간에 걸쳐 일상생활을 하는 데 상당한 제약을 받는 사람을 말한다. 일반적으로 장애는 신체적 · 정신적 결함에 의하여 일상생활이나 사회생활에 불편함을 가진 것으로 규정하고 있지만 사회적 · 문화적 · 경제적 여건과 수준에 따라 다양하게 정의되고 있다. 1980년 세계보건기구(WHO)에서 채택한 장애에 대한 정의는 의학적 개념에 의한 분류보다는 직업능력, 일상생활과 사회생활에 제약을 받고 있는 상태 등 사회적 맥락에서 정의되는 비중이 더 크다.

장애인은 오랜 기간 동안 사회로부터 배제되어 격리되거나 주변화되고 차별을 경험하는 등 다양한 형태의 사회적 배제를 경험해 왔다. 장애로 인해 대인관계 문제, 경제적 빈곤, 사회활동, 취업 등과 같은 다양한 삶의 영역에서 활동의 제약을 받을 뿐만 아니라 장애인은 비장애인에 비해 교환자원이 부족하고 충분한 교환자원을 가지고 있어도 이에 대한 평가가 제대로 이루어지고 있지 못하다. 이로 인해 장애인들은 사회문화 등 제반 환경에서 이질감으로 인한 위축을 경험해 왔다. 특히 여성장애인의 경우에는 남성장애인에 비해 다중차별을 경험하는데 고용, 소득, 학력, 결혼 등을 비롯하여 임신, 출산, 경력단절 등 많은 영역에서 배제되고 있다(임동권, 2016).

1975년 UN 총회에서 채택된 장애인 인권 헌장에는 장애를 이유로 사회의 다양한 분야에서 받게 되는 차별을 금지하고 비장애인들과 동등한 처우를 받을 것을 규정하고 있다. 의료학적 차원에서 정상인을 기준으로 장애인을 바라본다거나 단순히 사회주류에 포함한다는 의미가 아니라 보다 적극적인 형태로 장애인의 생활 능력과 삶의 질을 높여주는 노력을 강조한다. 한편으로 오늘날 장애를 바라보는 관점은 장애를 개인적 책임으로 규정하는 소수자 관점은 점차 약화되고 있으며 장애인의 인격을 존중하고 그들의 사회참여와 사회통합을 강조하는 사회학적 관점으로 변화되고 있다. 즉 장애인의 문제를 개인의 의지 부족이나 노력 부족과 같은 개인적 요소로 보지 않을 뿐만 아니라 장애인의 사회참여를 통제하는 사회적 장벽, 이동권의 제한, 근거없는 차별, 부적절한 사회환경 등의 사회적 불리에 의해 장애인의 근본문제가 초래된다고 본다(정일교·김만호, 2017).

4) 소수자집단에 대한 차별

우리 사회의 소수자집단은 살펴본 바와 같이 소수 인종에서부터 여성, 성적 소수자, 장애인 등 편견 속에서 차별을 받는 집단이다. '외국인' 집단은 인종이나 피부색 또는 출신국가를 이유로 한 차별과 관련하여 최근에 차별받는 소수자로 주목받고 있으며 성적 소수자 또한 동성애자나 트렌스젠더에 대해 관심이 집중되면서 외국인에 대한 차별 못지 않은 이슈가 되고 있다. 차별은 모든 차별적 대우 즉, 모든 상이한 대우를 의미한다. 차별은 다양한 유형의 차별적인 행동으로 표현되고 있으며 사회적 소수자를 더욱 소외시키고 사회의 부적응자로 전락하게 할 위험이 크다(이준일, 2012).

① 합리적 근거가 없는 차별 대우: 차별은 합리적 근거가 없는 차별행위를 지칭하는 좁은 의미로 이해될 수 있다.

② 불리한 차별 대우와 유리한 차별 대우: 불리한 대우와 유리한 대우는 비교 대상을 차별적으로 대하는 경우에 언제나 발생한다.

③ 법적 차별과 사실적 차별: 법 적용을 동일하게 할 경우 사실적으로 차별이 야기되므로 이 둘은 동시에 고려되어야 하는 차별의 유형이다. 사실적 차별은 법적 차별로 강화될 수 있는 순환적인 구조다. 법이 차별적이지는 않지만 열악하고 취약한 사람에 대한 고려가 되지 않는다면 사실적 차별이 야기될 수 있다.

④ 직접차별과 간접차별: 직접차별은 법이나 관행이 시행될 때부터 차별목적이 의도되고 명시적으로 표현된 것이며 간접차별은 차별을 의도하지 않았으나 결과적으로 차별이 되는 경우로 차별을 증명하기가 어려운 경우가 많다.

3. 다문화사회 문화다양성

1) 사회복지와 문화다양성

미국사회복지사협회(NASW)의 윤리 및 가치체계에서는 사회복지사가 인종, 민족, 국가 기원, 성별, 성적 지향, 연령, 결혼, 지위, 정치적 신념, 종교 혹은 정신 및 육체적 장애에 대해 주의를 기울이면서 클라이언트의 문화와 사회적 다양성을 이해하는 것을 요구하고 있다. 이는 다양한 인구 집단을 위한 사회복지실천가치 및 윤리라는 맥락 안에서 사회복지사가 지녀야 할 전문직으로서의 당연한 임무이다(민선영, 2008 재인용).

윤리강령에서 나타나듯 사회적·감정적·경제적 안녕에 부정적 영향력을 행사하는 사회의 특정 집단 혹은 전체사회에 대항하며 사회에 존재하는 모든 편견과 차별에 반대한다고 하였다. 사회복지실천의 핵심 가치인 평등을 이루기 위해서는 소수자 집단을 편견으로 차별하지 않아야 함을 강조한다.

〈표 11-1〉 NASW **윤리강령**

1. 클라이언트에 대한 사회복지사의 윤리적 책임 1.05 문화적 능력과 사회적 다양성 • 사회복지사는 모든 문화에 존재하는 강점을 인정하면서 인간행동과 사회에 관한 문화 및 그 기능을 이해하여야 한다. • 사회복지사는 클라이언트의 문화와 그리고 사람들과 문화집단 간의 차이에 민감한 서비스를 제공함에 있어 자신의 능력을 보여줄 수 있어야 한다. • 사회복지사는 사회적 다양성의 특징, 인종, 민족, 국적, 피부색, 성별, 성적 지향, 연령, 혼인상태, 정치적 믿음, 종교 그리고 정신 또는 신체적 장애에 따른 차별에 대한 교육을 받아야 하며 이를 이해하려는 노력을 기울여야 한다.

사회의 평등을 존중하지 않고 편견으로 차별을 행하는 것에 대해서는 적극적 조치(affirmative action)를 취할 것을 강조한다. NASW의 윤리강령에서는 사회복지실천가가 갖추어야 할 몇 가지 사항들을 제언하고 있다(우국희, 2013 재인용).

첫째, 사회복지사는 모든 문화 안에 존재하는 강점을 인지하면서 인간행동과 사회에서의 문화를 이해하며, 그 기능을 알아야 한다. 둘째, 사회복지사는 클라이언트의 문화에 대한 기본 지식을 가지고 있어야만 하며, 클라이언트의 문화와 문화적 집단 및 사람들 사이의 차이에 대해 민감한 서비스를 제공하는 유능함을 보일 수 있어야 한다. 셋째, 사회복지사는 인종과 민족, 출신국, 피부색, 성별, 성적 지향, 연령, 결혼상태, 정치적 신념, 종교, 정신적 또는 신체적 장애에 대한 고려와 함께 사회적 다양성의 본질과 차별을 이해하도록 교육받아야 한다.

사회복지 영역에서 나타나는 문화적 다양성과 관련된 주된 쟁점을 살펴보면 첫째, 사회복지사는 어떤 집단 또는 사람에 대한 비인간적인 것 또는 억압에 대한 실천을 막기 위한 행동을 해야 한다. 둘째, 사회복지사는 인종과 피부색, 성별, 그리고 성적인 지향성, 나이, 종교, 국가, 지위, 정치적 신념, 정신 또는 신체적 결손, 다른 선호도나 개인의 특성, 조건이나 사회적 지위에 기초한 어떠한 억압의 형태와 협동, 촉진, 일치하는 실천을 해서는 안 된다. 셋째, 사회복지사는 클라이언트의 시민권과 법적 권리를 감소시키거나 위반하는 어떠한 행위와 연계되어서는 안 된다(오혜경, 2015).

사회복지사는 이상의 쟁점들을 바탕으로 다문화사회의 사회복지전문가로서 인종, 민족, 성적 소수자 등 다양한 사회 구성원과 접촉할 때 다음과 같은 점들에 유의할 필요가 있다(Sue, 2010). 첫째, 어떤 집단의 문화적 유산(역사, 가치, 언어, 전통, 예술)에는 우월성의 강한 신념이 존재한다(우월성의 신념). 한국사회에서 한국인의 신체적 특징, 언어적 특징, 문화적 특징을 소유한 사람은 좀 더 친밀감 있게 인식되고 기득권에 더 쉽게 접근할 수 있으며, 더 큰 사회적 보상을 받는다.

둘째, 전체 집단의 문화적 유산에는 열등감의 신념이 있는데, 그것은 그들의 관습, 가치, 전통, 언어로 확장된다(다른 사람이 열등하다는 신념). 다른 사회나 집단은 덜 발달되고 미개하고 원시적이고 심지어 병리적이라고 인식한다. 문화적으로 다른 개인은 덜 지적이고, 덜 숙련되고, 인기가 없고, 바람직하지 않은 자산을 더 많이 소유한 것으로 보인다.

셋째, 권력을 가진 지배집단은 권력이 약한 집단에게 그들의 규범과 신념을 강요한다(규범을 강요하는 권력). 민족 중심적 단일문화주의는 한 집단의 문화적 유산의 우월성에 대한 개인적, 제도적, 문화적 표현인데 그 유산은 권력이 약한 집단에 전반적으로 규범을 강요하는 권력의 소유와 결합한다.

넷째, 단일민족 중심의 가치와 신념은 사회의 정책, 실천방법, 조직, 제도를 통해 표명된다(제도 안에서의 명시). 대부분의 체계가 본질적으로 단일문화적이고 순종을 요구하고 있기 때문에 인종적, 민족적 소수집단은 억압받는다. 차별적인 법률의 제정, 법률의 선택적 시행, 경제적 기회와 성과의 차단, 문화적 차이에 대한 강요된 동화정책을 조장한다.

다섯째, 주류 사회의 가치와 신념은 감추어진 가면으로 의식적 인식수준에서 외부를 조정한다(감추어진 가면). 의식적이고 의도적인 인종차별주의도 위험하지만 문화적으로 상이한 다른 집단에 대한 감추어진 가치와 신념은 가장 음험하고 위험할 수 있다. 다문화사회의 가장 큰 장애물은 우리의 무의식적이고 고의적이지 않은 편견과 차별을 이해하지 못하는 것이다.

2) 사회복지사의 문화적 역량

(1) 문화적 역량

문화적 역량이란 다문화적 환경에서 체계, 기관, 전문가들 모두가 효과적으로 일할 수 있도록 하는 일련의 일치된 행동, 태도, 정책으로 사회복지사들이 다문화 클라이언트와 일하는 데 있어 효과적으로 일하기 위해 발전시켜야 하는 지식과 기술이다(Cross, Bazron, Dennis & Issacs, 1989; Lum, 1999). 또한 문화적 역량은 클라이언트의 문화 존중과 복지서비스 과정에 필요한 문화적 기술, 경험, 인식을 갖춘 능력으로써, 모든 문화나 언어, 계층, 인종, 민족적 배경, 종교, 또는 다른 다양한 요소를 가진 사람에게 개인이나 체계가 정중하고 효과적으로 반응하는 양식이다. 소수 문화 집단만의 문화적 특성을 부정적 개념이나 결핍 모델에서 강점관점으로 전환하여 개인과 가족과 지역단체의 가치를 인정하고 지지하며 각각의 존엄성을 보호하고 간직하는 태도를 가진다. 여기에는 클라이언트와 클라이언트 체계의 발달을 최대화할 수 있는 조건을 만들어 내거나 행동을 취할 수 있는 능력이 포함된다(김연희, 2007 재인용).

문화적 역량의 구성요소는 상담분야에서 Sue 등(1982)이 처음으로 개념화하였다. 이들은 다문화 현장에서 일하는 실천가들의 다문화상담역량을 3가지 차원으로 정리하였는데 첫째는 상담가 자신의 신념, 가치에 대한 인식, 둘째는 클라이언트의 세계관에 대한 이해, 셋째는 적절한 개입전략과 기술의 개발이다. 신념과 태도, 지식, 기술의 3차원의 구성요소는 점차 보편적으로 구조화되었고 더욱 확대되어 이후 문화적 역량의 구성요소로 제시되는 것은 대체적으로 이 3가지 요소를 수렴하고 있다.

문화적 역량의 구성요소인 인식, 지식, 기술에 대한 구체적인 논의들을 살펴보면 다음과 같다(Lum, 2003; Sue, 2010; Weaver, 2005). 먼저, 문화적 역량에서 인식(awareness)은 사회 내에 존재하는 문화적 다양성과 각 문화권에 속하는 개인들의 가치와 경험되는 현실에 대한 인식으로 자신의 문화에 대한 올바른 인식과 다른 문화적 집단과의 차이를 인식하는 것이라고 하였다. 자신의 신념, 가치, 태도에 영향을 미치는 자신의 문화적 환경에 대한 이해이며, 자신의 삶의 경험과 학습이 현재 신념, 감정, 태도 그리고 행동에 영향을 미치는 것을 인식하는 것이다.

지식(knowledge)은 타 문화 집단의 역사, 전통, 가치체계, 세계관, 표현 등에 대한 심층적 이해를 갖기 위해 요구되는 인문학적 지식으로 다양한 문화적 차이와 집단에 대한 지식, 타 문화 집단을 가로막는 제도적 장벽과 그것을 변화시키는 힘에 대한 지식, 개인 행위와 가치의 변화 과정에 대한 정보, 내재된 억압, 자아정체성 및 자존감 형성에 미치는 영향에 대한 지식 등을 포함한다.

기술(skill)은 다문화적 지식과 인식을 실제 현장에 적용하는 능력으로써 구체적으로는 의사소통하는 능력, 문화 간 차이를 분석하고 설명하는 능력, 다양한 문화적 구성원들 사이에서 발생하는 문제 상황을 분석하여 해결할 수 있는 능력을 말한다. 일반적 실천기술에서 학습한 가계도・생태도 적용, 의사소통 기술, 문제해결 기술, 적극적 경청과 같은 통제기술, 지역사회 자원 활용 등 다문화집단과 신뢰관계를 형성하는 기술을 포함할 뿐만 아니라 언어적/비언어적 의사소통의 기술과 관계를 형성하는 기술, 클라이언트에 대한 문화적 사정과 욕구에 맞는 서비스 개발과 같은 기술 등이 포함되는 것으로 보았다.

〈표 11-2〉 문화적 역량의 구성요소

구성요소	내용
인식	• 문화적 역량을 갖춘 사회복지사는 자신의 문화배경에 대해 문화적으로 인식하지 못했던 상태에서 민감하게 인식하는 상태로 변하고, 그 문화적 차이를 가치 있게 여기고 존중한다. • 문화적 역량을 갖춘 사회복지전문가는 자기 자신의 가치나 편견을 인식하며, 그러한 요소가 사회적으로 다른 집단에게 어떻게 영향을 끼칠지 알고 있다. • 문화적 역량을 갖춘 사회복지전문가는 자신과 내담자 사이의 인종적, 성차별적, 성적 지향적, 그리고 다른 사회인구 변인에서의 차이점을 인정한다. • 문화적 역량을 갖춘 사회복지전문가는 주위환경(개인적 편견, 인종, 성별, 성적지향, 자아정체성의 단계, 사회정치적인 영향 등)에 민감해서 내담자가 속한 사회인구통계학적 집단의 다른 일원이나 또는 자신보다 더 내담자에게 적절한 다른 전문가에게 그 내담자를 의뢰할 수 있다. • 문화적 역량을 갖춘 사회복지전문가는 자신의 인종차별, 이성애주의 또는 다른 해로운 태도나 신념과 감정에 대해 인지한다.
지식	• 문화적 역량을 갖춘 사회복지전문가는 자신이 일하고 있는 특정 집단에 대한 구체적인 지식과 정보를 가지고 있어야 한다. • 문화적 역량을 갖춘 사회복지전문가는 사회적 소외집단에 대한 처우방식과 관련하여 미국의 사회정치적 체계의 운영에 대해 잘 이해해야 한다. • 문화적 역량을 갖춘 사회복지전문가는 상담과 임상과 치료에서의 일반적인 특징에 대한 분명하고 뚜렷한 지식과 이해를 가지고 있어야 한다. • 문화적 역량을 갖춘 사회복지사는 문화적으로 다른 내담자가 사회복지서비스를 받지 못하도록 하는 제도적 장애물에 대해 알아야 한다.
기술	• 문화적 역량을 갖춘 사회복지전문가는 광범위한 언어적, 비언어적 반응을 할 수 있어야 한다. • 문화적 역량을 갖춘 사회복지전문가는 언어적, 비언어적 메시지를 정확하고 적절하게 보내고 받을 수 있어야만 한다. • 문화적 역량을 갖춘 사회복지전문가는 필요할 때 자신의 내담자를 위하여 제도적인 개입기술을 사용할 수 있어야 한다. • 문화적 역량을 갖춘 사회복지전문가는 자신의 원조방식을 알고 있으며, 자신의 한계를 인정하고, 자신의 방식이 문화적으로 다른 내담자에게 미칠 수 있는 영향을 예상할 수 있다. • 문화적 역량을 갖춘 사회복지전문가는 적극적인 체계적 관점으로 특징지워질 수 있는 원조역할을 할 수 있는데, 이것은 환경적 개입으로 이어진다.

출처: Sue. D. W.(2006). Multicultural Social Work Practice. 이은주 역(2010). 김기덕 외(2012: 273-274) 재인용.

(2) 문화적 역량과 사회복지실천

사회복지사는 종교, 인종, 성, 연령, 국적, 결혼상태, 성적 선호, 경제적 지위, 정치적 신념, 정신・신체적 장애, 기타 개인적 선호, 특징, 조건, 지위를 이유로 클라이언트를 차별하지 않을 것과 동일한 이유로 개인이 사회・경제적 기회를 추구하는데 차별을 받지 않도록 옹호하는 역할을 한다. 이러한 역할을 실천하기 위해 사회복지전문직의 주요 가치와 신념을 반영하는 전문적 역량의 주요 요소로 강조되는 것이 문화적 역량이다. NASW(2002), Sue(2001)는 문화적 역량을 보장하기 위해 다음과 같은 전략들을 제시하였다(김연희, 2007 재인용).

① 인식

문화적 역량이 전문직의 사명, 가치를 실현하는데 중요한 역량과 기술임을 인식하고 전문직 협회의 윤리강령과 전문 역량의 규정에 포함시킨다. 문화적 역량이 전문적 역량에 필수적인 지식기반과 기술임을 인식하고 대학 및 대학원 교과과정과 보수교육에 포함시킨다.

② 지식

전문 교육 과정에서 다루어져야 할 내용에 관한 기준을 개발함으로써 고등교육과정과 보수교육과정을 통해 일정수준의 문화역량 지식기반과 기술을 개발할 수 있도록 해야 한다. 다문화집단들에 대한 중요한 정보로는 이주과정, 이주 전의 삶의 경험, 정착지에서 적응의 정도, 성 역할의 학습, 양육방식, 상실에 대한 대처와 애도 방식, 자연과 인간 간의 관계, 세계관, 사회적 관계 양식, 가족 및 집단 내에서 상호 의존성과 독립성의 정도, 화법의 직접성의 정도 등 사정과 의사소통과정에 중요한 정보들을 포함한다. 이러한 지식과 정보 자료가 실천가들에게 쉽게 활용할 수 있도록 교육자료를 개발하고 보급하는 기능을 할 뿐 아니라 기존 이론이나 모델들의 문화적 변용 가능성과 효과성을 평가하는 연구의 필요성을 주지시킨다.

③ 기술

문화적 역량을 갖춘 실천모델, 개입전략에 관한 정보를 축적하고 배포하는 역할을 한다. 특히 문화적 소수자들에 효과적임이 증명된 증거에 기반한 실천모델(evidence-based practice)을 소개하고, 문화적 배경이 다른 클라이언트와 일할 때 효과적인 문제 사정, 의사소통, 관계 형성, 개입 등 다양한 기술의 훈련을 제공하여 문화적 역량 개발에 기여한다.

한편, Lum(2007)은 문화적 역량을 실천가 차원, 기관 차원, 지역사회 차원에서 논하고 있다.

- 실천가 차원: 사회복지사는 자신의 개인적 가치와 문화적 유산과 관련된 자기인식, 문화동화주의 및 다원주의와 관련하여 가치차이와 갈등, 그리고 타인, 특별히 클라이언트의 문화에 대한 인식에 대해 알아야만 한다.
- 기관 차원: 기관의 정책과 인력, 직원훈련, 프로그램 평가, 클라이언트 적격 등 기관차원에서도 문화적 역량을 구비해야 한다.
- 지역사회 차원: 중범위 및 거시적 차원에서의 역량으로 지역사회의 인식 및 정책 측면에서도 문화적 역량을 구비해야 한다.

살펴본 바와 같이, 문화적 역량은 다양한 휴먼서비스 전문직들의 주요 가치와 신념을 반영하는 전문적 역량의 주요 요소로 강조되고 있다. 사회복지 분야뿐만 아니라, 의료, 교육, 심리학, 간호학 등의 다양한 휴먼서비스 전문직협회들도 다문화사회에서 문화적으로 민감한 서비스를 제공하는 각 전문직이 갖는 윤리적 책임을 강조하고 있다(김연희, 2007 재인용). 주류 사회와 문화적 배경이 다른 클라이언트를 대상으로 문화적으로 역량이 있는 사회복지실천을 하기 위해서는 다음과 같은 문화적 역량 함양을 위한 노력이 필요하다(Sue, 2010).

첫째, 인간행동에 대한 자신의 가정과 가치 및 편견을 알아가는 것이다. 사회복지사는 문화적으로 다른 클라이언트에게 문화적인 차별을 하게 되거나 현실에 대해서 또는 옳고 그름, 좋고 나쁨, 정상과 비정상에 대한 자신의 정의를 경솔하게 강요하게 될지도 모른다. 문화적으로 다양한 집단과 효과적인 관계를 만드는 능력을 가로막을 수 있는 고정관념이나 견해, 신념을 되돌아보고 편견을 개선해 나갈 수 있어야 한다.

둘째, 문화적으로 다양한 클라이언트의 세계관을 이해하는 것이다. 많은 소수집단은 그들이 속한 우세한 문화의 구성원과는 다른 가치관을 가지고 있다. 사회복지사가 문화적으로 다양한 클라이언트의 가치관을 이해하고 공유하는 것은 매우 중요하다. 이는 사회복지사가 클라이언트와 같은 세계관을 가져야 한다는 것이 아니라 자신의 것과는 다른 가치관을 판단하지 않는 자세로 바라보고 그대로 받아들여야 한다는 것을 의미한다.

셋째, 적절한 개입 전략과 기술을 개발하는 일이다. 사회복지사는 문화적으로 다양한 개인 또는 단체와 일할 때 적절하고 효과적인 지지와 지도, 의사소통, 개입 전략을 발전시키는 과정을 시작해야 한다. 모든 집단과 개인은 각기 다르므로 모든 상황과 모든 사람에게 다 같은 기술과 전략을 맹목적으로 적용하는 것을 지양해야 한다.

넷째, 문화적 역량을 고취하거나 부정하는 조직적·제도적 힘을 이해하는 것이다. 사회복지사는 조직의 관점에서 문화적 역량을 바라보고 클라이언트의 문화적 표현을 억압하는 것이 없는지 살펴야 한다. 또한 제도적 힘이 문화적 역량을 증진시킬 것인지 부정할 것인지를 이해해야 한다. 어떠한 조직적 문화를 가지고 있는지를 규명하고 어떤 정책이나 관행이 문화적 다양성을 촉진하거나 저해하는지를 알고 변화를 어떻게 실행해야 하는가를 아는 것이 중요하다.

chapter 12 사회복지 윤리강령의 종합적 고찰

1. 윤리강령에 대한 이해

1) 윤리강령의 의미

윤리강령은 어떤 직종이 전문직인지를 판단하는 기준으로 작용하는 속성 중 빠지지 않고 거론되는 요소로 전문직의 윤리강령 확산은 1930년대 이후라고 할 수 있다(Sercombe, 2010). 각 전문직은 공통으로 합의한 윤리강령에 기반을 두고 활동하게 되는데 전문가들이 지켜야할 전문적 행동기준과 원칙을 기술해 놓은 것을 윤리강령이라고 한다. 윤리강령은 전문직 가치기준에 맞는 기본적인 윤리행동 지침을 제시함으로써 전문직의 비윤리적 행위에 대한 판단기준을 제시한다(김기덕 외, 2017; 이순민, 2017). 즉 해당 전문가가 그 기준에 준해 행동하도록 지침을 제시하는 행동강령과 같은 것이다(이소영, 2008). 대부분의 전문직은 각자 윤리강령을 마련하고 이에 준해 실천하려고 노력한다.

사회복지와 관련한 윤리강령 중 가장 알려진 '미국사회복지사협회(NASW) 윤리강령'의 경우 사회복지 자체의 기준과 더 넓은 문화의 변화를 반영하기 위해서 주기적으로 개정되는 문서로 윤리강령을 설명하고 있다. 원조전문직들의 윤리적 실천의 중요성과 관련해 업무의 전 과정에서 준수해야 하는 행동기준과 원칙을 기술해 놓은 윤리강령은 비록 법적으로 제재할 힘은 없지만, 전문가들이 공통으로 합의한 내용을 바탕으로 자율적으로 규제함으로써 사회윤리적 제재의 힘을 갖는다.

사회복지직은 다른 직종보다 윤리성이 더욱 중요시된다. 그 이유는 첫째, 사회복지실천을 구성하는 3대 요소인 지식, 기술, 가치 중 가치가 윤리적 측면을 포괄하는 요소이기 때문이다. 즉, 사회복지실천의 존재 자체가 윤리적 요소를 중요한 한 축으로 설정하고 있어서 윤리는 사회복지사들이 필수적으로 인식해야 하는 실천의 일부분이라고 할 수 있다.

둘째, 사회복지직이 전문직이라고 할 때, 필수적인 전문직의 요소 중 하나가 윤리강령이기 때문이다. 한국사회복지사협회는 1967년부터 3차례에 걸쳐 윤리강령을 개정하였고 사회복지사는 그 강령을 지켜야 할 의무가 있으므로 강령상에 나타난 윤리적 문제들을 숙지해야 한다.

셋째, 사회복지는 다른 전문직에 비해 사회적 약자와 소수자를 주 대상으로 하는 전문직이기 때문이다. 이들은 사회적으로 권력과 지위를 갖지 못한 경우가 많아서 잘못된 처우에 대해 항의하거나 자기옹호를 하기 어려워 사회복지사의 다양한 지원이 필요하다. 이때 사회복지사는 지원방법의 선택에서부터 제한된 자원의 분배, 대상자의 책임과 권리 인정 등 윤리적 판단이 필요한 문제들에 봉착하게 된다.

넷째, 사회복지현장은 다양한 인간과 조직, 단체와 함께 활동하는 전문직 실천의 장(場)으로서 매일 수많은 윤리적 이슈가 발생하고, 사회복지사는 그것에 대한 적절한 이해와 대응을 요구받기 때문이다(우국희 외, 2015; 최명민, 2008).

2) 윤리강령의 목적 및 기능

Loewenberg와 Dolgoff(1996)는 윤리강령의 목적을 다음과 같이 제시하고 있다(서미경·김영란·박미은, 2017 재인용). 첫째, 윤리강령은 윤리적 이슈뿐만 아니라 윤리적 딜레마에 대한 지침을 제공한다. 사회복지사는 두 가지 상황의 타당성이 서로 상충될 때, 하나를 선택해야만 하는 상황에 직면하게 된다. 즉 윤리적인 갈등 상황에 처했을 때 사회복지가 지향하는 가치에 부합하는 윤리적 결정을 내리는데 윤리강령이 지침이 될 수 있다.

둘째, 윤리강령은 사회복지사의 불완전한 실천으로부터 서비스를 이용하는 많은 사람들을 보호할 수 있다. 사회복지사는 자신의 지식과 기술을 기반으로 실천하며 클라이언트를 원조하기 위해 스스로 도구가 된다. 사회복지사의 실천경험, 지식, 기술은 다양한 클라이언트를 원조하기 위한 완전한 결정체가 아니다. 사회복지사도 경우에 따라서는 활용하는 지식과 기술이 부족할 수 있다. 이때, 윤리강령은 업무의 전 과정에서 준수해야 하는 행동기준과 원칙을 정한 것이므로 불완전한 사회복지사로부터 최선의 실천을 지향하기 위해 윤리강령이 요구된다.

셋째, 윤리강령은 정부의 조정이나 통제보다는 전문직의 자율에 의한 규정을 강조하기 위한 목적을 가진다. 사회복지조직은 사회로부터 위임받은 서비스를 제공하는 전문직이다. 정부는 사회를 대표하며 사회복지는 정부로부터 주어진 예산을 가지고 실천된다. 정부의 조정과 통제가 때로는 전문직이 추구하는 가치와 상충될 수 있고, 사회복지 본래의 가치와 다른 방향의 실천을 우선으로 행해야 하는 경우도 발생한다. 이러한 상황에서 윤리강령은 전문직의 자율에 의한 실천을 지향하기 위한 목적을 갖는다.

넷째, 윤리강령은 전문가 동료들과의 상호작용을 위한 기준을 제시하고 올바른 동료관계가 가능하도록 한다. 사회복지사는 클라이언트를 원조함에 있어 지역사회의 다양한 전문직, 조직 내의 여러 동료들과 협력하므로 동료 전문가들과의 관계에서 생기게 될 윤리적 문제에 대해서도 민감해야 한다. 동료 간 의견차이가 생길 수 있으며 전문적 경계에 모호성이 야기될 수도 있다. 윤리강령은 동료 간 전문적 관계를 유지하면서 조화로운 인간관계를 만들어가는 지침을 제공한다.

다섯째, 윤리강령은 원조과정에서 야기될 수 있는 소송으로부터 전문가를 보호한다. 윤리강령이 소송으로부터 전문가를 보호한다는 의미는 소송을 피하기 위한 기제로 윤리강령이 활용된다는 의미라기보다는 우선적으로 윤리강령에 입각한 실천을 했을 때 오류를 방지할 수 있다는 것이다. 윤리강령이 최선의 실천을 지향하므로 사회복지사가 윤리강령의 내용에 따라 실천한다면 소송이 벌어진다하더라도 옳은 실천을 한 것인지 그른 실천을 한 것인지를 판단할 수 있을 것이다.

NASW 윤리강령에서는 6가지의 윤리강령 목적을 제시하고 있다.

① 강령은 사회복지실천 사명의 기반이 되는 핵심 가치를 확인한다.
② 강령은 전문직의 핵심 가치를 반영하는 광범위한 윤리적 원칙을 개괄하며 사회복지실천의 지침으로 사용되어야 할 일련의 구체적 윤리기준을 확립한다.
③ 강령은 전문직 의무에 갈등이 생기거나 윤리적으로 불확실할 때 사회복지사가 적절하게 고려해 볼 수 있는 사항을 확인하도록 기획되었다.
④ 강령은 일반 대중이 사회복지전문직을 신뢰할 수 있도록 윤리기준을 제공한다.
⑤ 강령은 이 분야에 새롭게 들어온 실천가에게 사회복지실천의 사명, 가치, 윤리원칙, 윤리기준을 사회화시킨다.
⑥ 강령은 사회복지사가 비윤리적 행위에 관여하고 있는지 사정하기 위해 사회복지전문직 자체가 사용할 수 있는 기준을 명확히 표명한다.

미국은 회원에 대해 제기된 윤리적 고충신고를 판결하기 위한 공식 절차를 두고 있다. 강령에 동의함으로써 사회복지사는 강령의 실행에 협력해야 하며, NASW 소송절차에 참여해야 하고, 강령에 기반한 모든 NASW의 징계 및 제재를 준수해야 한다.

한편, 리머(Reamer, 1975)는 윤리강령의 기능으로 일상의 실천 현장에서 부딪치는 윤리적 딜레마에 대한 일반적인 원칙과 지침을 제공하고 외부규제로부터 전문직을 보호하고, 전문직 사명에 관련된 규범적 기준을 제공하며 비윤리적 행위를 처벌하는 데 도움이 되고 표준이 되는 규범적 기준을 제공하는 것이라고 보았다. 이러한 기능을 갖춘 윤리강령은 실무자와 수련생과의 의사소통기능도 할 수 있다고 하였다(권다영, 2014 재인용).

양옥경 외(2004)는 한국 사회복지사 윤리강령의 기능을 5가지로 정리하였는데 첫째, 사회복지실천 현장에서 윤리적 갈등 시 지침과 원칙을 제공한다. 둘째, 자기규제를 통해 클라이언트를 보호한다. 셋째, 스스로 자기규제를 가짐으로써 사회복지전문직의 전문성을 확보하고 외부 통제로부터 전문직을 보호한다. 넷째, 일반 대중에게 전문가로서의 사회복지 기본업무 및 자세를 알리는 일차적 수단으로 기능한다. 다섯째, 선언적 선서를 통해 사회복지전문가의 윤리적 민감화를 고양시키고 윤리적으로 무장시킨다.

3) 윤리강령의 조건

Dutelle(2011)은 윤리강령이 실질적으로 기능을 하기 위해서 갖추어야 할 조건을 다음과 같이 제시하였다(김기덕 외, 2017 재인용).

① 윤리강령은 바람직해야 한다(desirable). : 사회복지사 윤리강령은 사회복지전문직의 가치를 근간으로 사회복지가 추구하고 지향하는 바람직한 방향의 내용을 포함해야 한다.

② 윤리강령은 실현가능해야 한다(feasible). : 윤리강령은 사회복지사가 사회복지실천 현장에서 이를 적용할 수 있어야 하고 이를 적극적으로 준수할 수 있는 실현가능한 내용으로 구성되어야 한다. 강령이 이상추구적인 개념화된 문서에 그친다면 강령으로써의 실효성은 없다.

③ 윤리강령은 강제할 수 있어야 한다(enforceable). : 윤리강령은 법적 구속력을 가질 수는 없으나 전문가 협회, 사회복지사가 속한 기관에서 이 윤리강령의 적용을 강제할 수 있는 권한이 있어야 한다.

④ 윤리강령은 의무적으로 지켜져야 한다(enforced). : 윤리강령을 지키는 것이 실패할 경우 윤리강령에 대한 존중은 결여될 것이다. 따라서 사회복지실천현장에 윤리강령은 반드시 준수되어야 한다.

2. 한국사회복지사협회(KASW) 윤리강령

한국은 1982년 최초로 사회복지사 윤리강령을 제정하였고 1988년 전문과 강령 8개 조항으로 구성된 윤리강령을 제정·공포하였으며 1992년 전문과 10개 조항으로 구성된 윤리강령으로 개정하였다. 이어 2001년에는 그 내용을 대폭 보완·수정하여 전문직의 직무 내용에 따라 강령을 세분하여 전문, 윤리기준(6장 46개 조항), 그리고 사회복지사 선서로 구성하였다.

KASW 윤리강령은 독특하게 2001년 개정 때 새로이 추가된 선서를 포함하고 있다. 선서는 사회복지실천은 모든 사람에게 제공된다는 점, 사회복지실천은 인간다운 삶의 질을 위한 것이며 개인 차원에서는 인간존엄성과 사회차원에서는 사회정의를 기본 목표로 삼는다는 점, 사회복지실천의 대상을 개인부터 전체 사회까지 포함시킨다는 점, 소외당하고 고통받는 사회의 약자 편에서 이들과 함께 한다는 점을 강조한다. 선서를 제정한 목적은 다음과 같다(양옥경 외, 2014). 첫째, 윤리강령 특히 윤리기준의 내용이 길어짐에 따라 한 눈에 파악할 수 있는 짧은 글이 필요하다. 둘째, 국가시험을 통해 자격증이 부여되는 국가인정 자격증 소지 전문직으로서 어떤 사명감을 갖고 임하는지에 대해 스스로 다짐할 필요가 있다. 셋째, 사회복지사의 사명감에 대해 타 전문직에게 알릴 필요가 있다. 넷째, 실천에 임하기 전에 마음가짐을 다지는 과정이 필요하다. 다섯째, 일반대중에게 사회복지사의 기본자세와 자기규제의 내용에 대해 알림으로써 사회복지사의 전문성에 믿음을 가질 수 있게 해 준다.

1) 전문

윤리강령의 전문은 사회복지사가 지향해야 하는 가치와 역할, 사회복지사의 업무태도와 자세, 선언적인 다짐의 3단락으로 구성되어 있다. 전문에 나타난 가치 또는 역할로 '인본주의·평등주의 사상을 기반으로 인간존엄성과 가치를 존중', '천부의 자유권과 생존권의 보장활동에 헌신', '사회정의, 평등·자유와 민주주의 가치 실현', '클라이언트의 사회적 지위와 기능 향상을 위해 함께 일함', '사회제도 개선에 주도적으로 참여'하는 것을 강조하였다. 사회복지사의 업무태도와 자세에서는 '개인의 주체성과 자기결정권 보장에 최선을 다함', '전문적 지식과 기술 개발', '사회적 가치를 실현하는 전문가로서의 능력과 품위 유지'를 위해 사회복지사로서 노력할 것을 제시하였다. 마지막은 선언적인 다짐으로 사회복지사의 행위와 활동을 판단·평가하며 인도하는 윤리기준을 선언하고 준수한다는 것을 밝히고 있다.

2) 사회복지사의 윤리기준

사회복지사 윤리강령의 윤리기준은 '사회복지사의 기본적 윤리기준', '사회복지사의 클라이언트에 대한 윤리기준', '사회복지사의 동료에 대한 윤리기준', '사회복지사의 사회에 대한 윤리기준', '사회복지사의 기관에 대한 윤리기준', '사회복지윤리위원회의 구성과 운영' 등 6가지 범주로 제시되고 있다. 각 범주별 내용을 살펴보면 다음과 같다(김기덕·최소연·권자영, 2017; 양옥경 외, 2014).

(1) 사회복지사의 기본적 윤리기준

한국의 윤리강령은 사회복지사의 기본적 윤리기준을 1장에 배치하고 그 내용에서 전문가로서의 자세(7), 전문성 개발을 위한 노력(5), 경제적 이득에 대한 태도(3)를 제시하고 있다. 사회복지사의 '전문가로서의 자세'에 대한 윤리강령은 사회복지사 개인의 전문적인 품위와 자질 유지, 책임성 있는 업무수행 태도, 클라이언트의 다양성을 인정하고 수용하는 태도, 취약 계층에 대한 헌신을 위한 사회정의 실현의 적극적인 역할 등 사회복지사의 태도와 역할행동의 내용을 담고 있다. 이 부분의 윤리적 기준은 클라이언트에 대한 미시적 개입에서부터 사회정의 실현과 관련된 거시적인 측면까지를 포괄하고 있다. '전문성 개발을 위한 노력'에서는 사회복지사는 지식과 기술 개발, 클라이언트를 대상으로 한 연구에서의 자발적이고 고지된 동의, 새로운 관점과 기법에 대해 적극적으로 학습하면서 질적 서비스를 제공하기 위해 지속적으로 노력해야 하며, 이러한 전문성 개발 노력이 클라이언트에 대한 사회복지사의 책무성임을 말하였다. '경제적 이득에 대한 태도'에서는 클라이언트가 결코 이윤창출의 대상이 될 수 없고 지불능력이 없을지라도 서비스가 필요한 클라이언트가 있다면 서비스를 제공받을 수 있도록 최대한 보증을 해야 함을 의미한다. 경제적 이득에 대한 윤리강령은 서비스를 이용하기 위한 클라이언트의 경제적 여건보다 클라이언트의 필요에 따른 서비스 제공의 의무를 우선적으로 강조하고 있다. 또한 서비스 이용비용과 서비스 과정에서의 부당이득에 대한 문제를 담고 있다.

(2) 사회복지사의 클라이언트에 대한 윤리기준

사회복지사의 클라이언트에 대한 윤리기준은 클라이언트와의 관계(9), 동료의 클라이언트와의 관계(2) 등을 다루었다. '클라이언트와의 관계'에 대한 윤리강령은 클라이언트의 권리부분과 사회복지사와 클라이언트와의 관계(경계) 부분으로 구분된다. 클라이언트의 권리는 클라이언트에 대한 권익옹호, 자기결정권의 보장, 알 권리와 고지된 동의, 사생활과 비밀보장, 서비스 이용정보에 대한 비밀보장에 대한 것이다. 사회복지사와의 관계는 전문적 관계의 경계와 파트너십을 전제로 한 클라이언트와의 수평적이고 협력적인 관계에 관한 내용이다. '동료의 클라이언트와의 관계'는 1항의 경우 동료나 다른 기관의 동의 없이 그들 클라이언트와 전문적인 관계를 맺는 것의 윤리적인 이슈를 말하고 있으며 2항의 경우 적법하고 적절한 절차로 동료 클라이언트를 담당하게 된 경우에 자신의 클라이언트와 동등하게 서비스를 제공해야 함을 강조하였다.

(3) 사회복지사의 동료에 대한 윤리기준

동료에 대한 윤리기준으로 동료와의 관계(6)와 슈퍼바이저와 슈퍼바이지(직원, 실습생, 수련생 등)의 관계(4)를 규정하였다. 효과적인 업무를 위해서는 동료와 협력적 관계가 중요하다. '동료와의 관계'에서 중요한 것은 업무와 관련된 공식적이고 전문적인 관계이다. 클라이언트를 위해 동료와 협력이 요구되는 동시에 동료의 비윤리적 실천에 대해서는 적절한 대응을 해야 하는 것이 동료에 대한 윤리적 책무임을 제시하고 있다. 사회복지현장의 '슈퍼바이저와 슈퍼바이지'의 전문적 관계에서 슈퍼바이저의 권력오남용이 발생해서는 안 되며, 역으로 슈퍼바이지는 슈퍼비전의 목적에 대해서 이해하고 적극적 자세로 학습하며 슈퍼바이저와 전문적인 관계를 유지해야 하는 기준을 안내하고 있다.

(4) 사회복지사의 사회에 대한 윤리기준

사회에 대한 윤리기준(4)에서는 사회복지사가 인권존중과 인간평등을 위해 헌신하고 사회적 약자를 옹호, 대변해서 사회환경 및 지역사회에 참여할 것을 제시한다. 사회복지사의 중범위와 거시범위에 대한 역할 책임을 강조하고 있는 윤리기준으로 클라이언트의 삶의 기능향상을 위한 역할뿐만 아니라 클라이언트를 둘러싼 환경의 변화를 위한 역할 수행의 이중의 초점을 갖는다. 사회에 대한 윤리기준은 사회복지사가 사회적 약자를 위한 옹호, 대변, 정책제언 및 입법을 위한 역할에도 적극적이어야 함을 강조하고 있다.

(5) 사회복지사의 기관에 대한 윤리기준

기관에 대한 윤리기준(3)에서는 사회복지사가 조직성원으로 업무역할을 적극적이고 책임있게 수행해야 하며 조직의 규율을 준수하고 조직의 성장과 발전을 위해 헌신을 해야 하는 책임이 있음을 밝혔다. 사회복지사는 또한 조직의 규정이 클라이언트의 복지와 상충될 경우 이를 시정하기 위한 합법적 노력을 해야 한다. 사회복지실천 현장의 다양한 윤리적 딜레마 상황은 단순히 사회복지사의 가치나 윤리적 태도만으로는 해결되기 어려운 상황이 있다. 따라서 기관이 사회복지 윤리강령을 이해하고 이를 준수하고자 하는 태도와 합리적으로 조치를 취하려는 태도를 갖는 것 또한 중요할 수 있을 것이다.

(6) 사회복지윤리위원회의 구성과 운영

윤리위원회와 관련된 내용(3)은 사회복지사의 윤리의식의 제고와 윤리적 실천을 돕기 위한 한국사회복지사협회의 역할에 대한 것이다. 기관이나 개인이 직면한 윤리적 교착상태에서 윤리적 의사결정이 어려운 경우에는 윤리위원회를 통해 자문을 받을 수 있도록 제시하고 있다.

3) 사회복지사 선서

선서는 정해진 업무에 임하게 될 때 성실히 최선을 다해 그 업무에 임하며 업무에 관해 규정된 원리원칙을 준수하고 윤리적으로 행동하겠다는 약속을 공식적으로 맹세하는 행위이다. 2001년 개정에서 공포된 선서로 인해 사회복지사 자격증을 취득하고 사회복지사로서 일하게 되는 사람은 일을 시작하기 전 사회복지사로서의 의무와 책무를 다하고 윤리강령을 준수할 것을 맹세하는 과정을 거치게 되었다. 선서는 인간존엄과 사회정의를 기본신념으로 하며 사회복지의 대상이 개인, 가족, 집단, 조직, 지역사회, 전체 사회 모두임을 천명하고 있다. 또한 윤리강령 준수와 함께 클라이언트의 인권을 지키는 것을 기본 사명으로 삼고 있으며 사회복지사로서의 헌신을 강조하고 있다. 이 선언은 사회복지사의 자유의지에 의해 이루어져야 함을 선언하였다.

〈사회복지사 선서〉

나는 모든 사람들이 인간다운 삶을 누릴 수 있도록,
인간존엄성과 사회정의의 신념을 바탕으로,
개인·가족·집단·조직·지역사회·전체 사회와 함께한다.
나는 언제나 소외되고 고통받는 사람들의 편에 서서,
저들의 인권과 권익을 지키며,
사회의 불의와 부정을 거부하고,
개인이익보다 공공이익을 앞세운다.
나는 사회복지사 윤리강령을 준수함으로써,
도덕성과 책임성을 갖춘 사회복지사로 헌신한다.
나는 나의 자유의지에 따라 명예를 걸고 이를 엄숙하게 선서합니다.

3. 미국사회복지사협회(NASW) 윤리강령

미국사회복지사협회에서 1960년 공식적인 협회 윤리강령을 발표한 후 1967년(1차 개정), 1979년(2차 개정)에 이어 1990년대에 4차례의 개정(1990년, 1993년, 1996년, 1999년) 작업을 진행하였다. 1996년 개정된 윤리강령에서는 6대 핵심가치를 중심으로 한 윤리원칙을 제시하였다. 가장 최근의 개정은 2008년에 이루어졌는데, 기존에 있었던 비차별 기준에 다양한 성적지향, 젠더 정체성, 이민자 지위를 포함하였다.

윤리강령은 전문, 목적, 윤리원칙, 윤리기준(6장 155개 조항)으로 구성되어 있다. 현재의 윤리강령은 목적과 윤리적 원칙에서 다음과 같은 3가지 특징을 갖고 있다. 첫째, 윤리적 딜레마를 해결하기 위한 실용성에 초점을 맞추고 있음을 전문에서 밝히고 있다. 윤리강령의 목적 중 세 번째 항목이 이를 반영하고 있다. 둘째, 윤리적 딜레마 상황에서는 윤리강령의 개별조항들을 적용하는 차원을 넘어 별도의 윤리적 의사결정 절차가 필요하다는 점을 명확히 하고 있다. 윤리강령 조항 간의 상충이 발생하는 윤리적 이슈에 대해서는 윤리강령을 적용해 단순한 해법을 추구할 수 없기에, 윤리적 의사결정 절차에 따라 이 윤리강령뿐 아니라 윤리적 이론과 원칙, 사회복지실천이론과 조사, 법률과 규칙 및 기관의 정책 등을 종합적으로 적용할 것을 주문한다. 셋째, 사회복지전문직의 핵심가치와 이를 구현하기 위한 윤리적 원칙을 제시하였다(심상용, 2016).

1) 핵심가치

미국사회복지사협회(NASW) 윤리강령 전문에는 '서비스, 사회정의, 인간존엄성, 인간관계의 중요성, 성실, 역량'이라는 사회복지전문직의 6가지 핵심가치에 따른 윤리적 지침을 제시하였다. 구체적인 내용은 다음과 같다(김기덕 외, 2017; 김정자, 2014).

(1) 서비스

[윤리원칙] 사회복지사의 최우선의 목표는 욕구가 있는 사람들을 원조하고 사회문제를 해결하는 것이다.

사회복지에서 가장 근본적인 가치는 요구가 있는 사람들에게 서비스를 제공하는 것이다. 사회복지사는 사회복지서비스의 가치를 자신의 이익보다 우위에 두어야 한다. 사회복지사는 자발적으로 전문적 서비스를 제공할 수 있도록 격려받으며 욕구가 있는 사람들을 돕고 사회문제에 대응하기 위해 자신의 지식, 가치, 기술을 활용한다. 사회복지사는 필요한 정보, 서비스, 자원에 대한 접근, 기회의 균등 그리고 모든 사람들의 의사결정에 대한 실질적인 참여를 보장하려고 노력한다.

(2) 사회정의

[윤리원칙] 사회복지사는 사회적 부정의에 도전한다.

사회복지가 전문직으로 출범한 이래 사회복지사는 사회적 부정의 및 억압과 투쟁해왔다. 취약하고 억압받는 개인이나 집단과 함께 이들을 위해 사회적 변화를 추구하며, 빈곤, 실업, 차별이나 여러 형태의 사회적 불평등에 초점을 맞춰 노력한다. 사회복지사는 다른 문화와 인종적 다양성에 대한 민감성과 이에 관한 지식 증진에 적극적이어야 한다.

(3) 인간의 존엄과 가치

[윤리원칙] 사회복지사는 인간의 본질적인 존엄과 가치를 존중한다.

사회복지사는 인간 고유의 존엄성과 사람의 귀함을 존중하는 가치를 존중해야 한다. 개인 간 차이, 문화적 다양성에 주목하면서 관심과 존경의 자세로 모든 사람들을 대해야 한다. 클라이언트가 사회적으로 책임있는 자기결정권을 행사하도록 도와야 하며 스스로 욕구를 변화시키며 해결할 수 있도록 클라이언트의 역량과 기회를 강화시켜야 한다. 사회복지사는 클라이언트와 사회전반에 대한 이중적 책임을 인식해야 한다. 또한 클라이언트와 일반사회의 이익 간 갈등이 발생했을 경우 전문직의 윤리적 기준에 입각하여 사회적으로 책임있는 자세로 해결해야 한다.

(4) 인간관계의 중요성

[윤리원칙] 사회복지사는 인간관계의 본질적 중요성을 인식한다.

사회복지사라면 누구나 인간관계 강화라는 가치를 중요하게 여길 수 있어야 한다. 사회복지사는 원조과정에 있는 모든 사람들과 파트너로서 관여한다. 개인, 가족, 집단, 지역사회와 더불어 복지를 증진하고 회복·유지하며 향상시키기 위해 의도적인 노력으로 인간관계를 강화하고자 힘쓴다.

(5) 성실

[윤리원칙] 사회복지사는 신뢰받을 수 있는 행동을 한다.

사회복지사는 전문직의 사명, 가치관, 윤리원칙, 윤리적 기준을 항상 숙지하며 이에 입각하여 실천을 한다. 사회복지사는 정직하고 책임있게 행동하고 클라이언트와의 신뢰관계를 발전시키며 소속 기관의 입장에서 윤리적 실천을 증진할 수 있어야 한다.

(6) 역량

[윤리원칙] 사회복지사는 자기의 능력 안에서 실천하며 전문직의 전문기술을 발전, 향상시킨다.

사회복지사는 항상 자신의 능력 안에서 실천해야 하고 전문적 기술을 향상시키도록 항상 노력해야 한다. 전문적인 지식이나 기술을 증진시키고 실천에 적용하며 나아가 전문직의 지식기반에 이바지하기 위해 노력해야 한다.

2) 윤리기준

한국의 윤리강령이 사회복지사의 기본적 윤리기준을 1장에 배치한 것과 달리 미국의 윤리강령은 4장에 전문가로서의 윤리적 책임, 5장에 사회복지전문직으로서의 윤리적 책임을 명시하고 있다. 특히 5장 '사회복지전문직으로서의 윤리적 책임'에서 평가와 조사에 대해 많은 하위항목(16개)을 제시하여 이와 관련된 윤리적 책임을 매우 자세하게 다루고 있는 점은 주목할 만하다. 우리나라의 기준과 비교해 볼 때 매우 상세한 지침이라 할 수 있으며 사회복지사들이 지켜야 하는 평가 및 조사의 윤리가 얼마나 중요한지를 잘 보여준다.

사회복지 조사 및 평가의 윤리를 구체적으로 살펴보면 크게 두 가지를 강조하고 있음을 알 수 있다. 첫째, 사회복지 조사와 평가는 클라이언트에게 최상의 서비스를 제공하려는 목적을 가지고 사회복지사의 전문성을 강화하는 지식과 기술의 발전을 위해 필요하다는 사실을 분명히 하고 있다. 달리 말하면 사회복지사의 전문성이 중요한 이유는 클라이언트에게 수준 높은 서비스를 제공하기 위함이며, 이를 위해서는 사회복지사가 체계적인 조사와 평가의 능력을 갖추되 윤리적으로 옳고 바른 방식을 적용해야 한다는 것이다. 둘째, 조사와 평가를 수행함에 있어 연구 참여자를 철저히 보호하고 존중하는 연구윤리의 중요성을 강조하고 있다. 예를 들면 평가와 조사에 참여하는 사람의 자발적인 고지된 동의, 조사를 철회할 권리, 사생활 보장 및 비밀의 유지, 관련 자료의 출간 및 공유의 윤리적 의무를 강조하고 있다(서미경 외, 2017).

〈표 12-1〉 NASW **윤리기준과 조항**

구분	조항	
1장: 클라이언트에 대한 사회복지사의 윤리적 책임(56)	• 클라이언트에 대한 헌신: 클라이언트 이익이 최우선	
	• 자기결정	• 고지된 동의
	• 적임능력	• 문화적 능력과 사회적 다양성
	• 이익의 갈등	• 사생활과 비밀보장
	• 기록에의 접근	• 성적 관계
	• 신체적 접촉	• 성희롱
	• 인격을 손상시키는 언어	• 서비스 비용의 지불
	• 의사결정 능력이 없는 클라이언트	• 서비스의 중단
	• 서비스의 종결	
2장: 동료에 대한 사회복지사의 윤리적 책임(26)	• 존경	• 비밀보장
	• 다학문 간 협동	• 동료가 관련된 분쟁
	• 자문	• 서비스 의뢰
	• 성적 관계	• 성희롱
	• 동료의 손상	• 동료의 능력 부족
	• 동료의 비윤리적 행위	
3장: 사회복지사의 실천현장에서의 윤리적 책임(30)	• 슈퍼비전과 자문	• 교육 및 훈련
	• 업무 평가	• 클라이언트의 기록
	• 청구서 작성	• 클라이언트의 이전
	• 행정	• 계속교육과 직원의 능력개발
	• 고용주에 대한 의무	• 노사분쟁
4장: 전문가로서의 사회복지사의 윤리적 책임(15)	• 능력	• 차별
	• 사적인 행위	• 부정직, 사기기만
	• 손상	• 잘못된 설명
	• 권유	• 공적의 인정
5장: 사회복지전문직에 대한 사회복지사의 윤리적 책임(21)	• 전문직의 성실성	• 평가와 조사
6장: 사회전반에 대한 사회복지사의 윤리적 책임(7)	• 사회복지	• 대중의 참여
	• 공공의 긴급사태	• 사회적, 정치적 행동

4. 일본사회복지사협회(JASW) 윤리강령

일본의 사회복지사협회는 1985년 2월 윤리강령 시안을 발표하여 1986년 1월 윤리강령을 제정하고 의견을 수렴하여 같은 해 4월 26일 정식으로 윤리강령을 채택하여 지금에 이르고 있다. 일본의 사회복지사 윤리강령의 전문은 4개의 선언문 형식으로 되어 있으며 사회복지사의 기본적인 행동방향에 대해 설명하고 있다. 2005년 개정판은 의료사회복지사회, 사회복지사회, 사회복지사협회, 정신보건사회복지사협회가 합동으로 개정작업 하였으며 이 과정에서 각 협회의 윤리강령의 내용을 통합하여 개정하였다. 일본의 사회복지사 윤리강령은 아직 추상적인 수준에 머물러 있어 실제 윤리적인 의사결정이 필요한 상황이 발생했을 때는 다양한 해석의 소지가 다분하다(우국희 외, 2015).

일본의 윤리강령은 전문, 윤리원칙, 윤리기준(4장 14개 조항)으로 구성되어 있다. 전문은 사회복지가 전문직임을 언명함으로써 복지사회의 유지와 추진에 사회복지전문직이 없어서는 안 될 불가결한 제도임을 드러내었다. 또한 윤리강령의 제정 취지, 서약 및 선언을 제시하였다. 사회복지가 천명하는 가치로는 평화옹호, 개인의 존엄, 민주주의를 강조하였다. 인간의 존엄성은 미국과 한국의 윤리강령과 동일하며 한편으로 평화와 민주주의 가치실현에 대한 강한 의지를 담고 있다. 강령 전체를 4장으로 구성하여 클라이언트, 기관, 행정 및 사회, 전문직으로 구분하였는데 한국의 윤리기준에 비해 덜 세분화된 형태이다.

〈표 12-2〉 JASW **윤리기준과 조항**

구분	조항
1장: 클라이언트와의 관계	• 클라이언트의 이익 우선 • 클라이언트의 개별성 존중 • 클라이언트의 수용 • 클라이언트의 비밀보장
2장: 기관과의 관계	• 소속기관과의 강령의 정신 • 업무개혁 책무
3장: 행정 및 사회와의 관계	• 전문적 지식, 기술의 향상 • 전문적 지식, 기술의 응용
4장: 전문직으로서의 책무	• 전문성의 유지, 향상 • 직무 내용의 주지 철저 • 전문직의 옹호 • 원조 방법의 개선 향상 • 동료와의 상호비판

2005년 5월 21일부터 개정하여 시행되고 있는 윤리강령을 보면 전문, 사회복지의 정의, 가치와 원칙, 윤리기준(이용자에 대한 윤리책임, 실천현장에 있어서의 윤리책임, 사회에 대한 윤리책임, 전문직으로서의 윤리책임) 등으로 구성되어 있다.

① 가치와 원칙에 대한 강령에서는 인간의 존엄, 사회정의, 공헌, 성실, 전문적 역량에 대하여 선언하고 있다.

② 윤리기준에 대한 강령에서는 첫째, 이용자(클라이언트)에 대한 윤리책임 분야에서 이용자와의 관계, 이용자 이익의 최우선 수용, 설명 책임, 이용자의 자기결정권 존중, 비밀보관유지, 기록의 개시, 정보의 공유, 성적 차별, 학대의 금지, 권리침해의 방지에 대하여 선언하고 있다. 둘째, 실천현장에 있어서의 윤리책임 분야에서 최선의 실천을 할 책무, 다른 전문직 등과의 제휴·협동, 실천현장의 강령 준수, 업무개선의 추진에 대하여 선언하고 있다. 셋째, 사회에 대한 윤리책임 분야에서 포용하는 사회, 사회와 국제사회의 인권과 사회정의에 대한 발전적 움직임에 대한 노력과 제의를 선언하고 있다. 넷째, 전문직으로서의 윤리책임 분야

에서는 전문직의 계발, 신용실추행위의 금지, 사회적 신용의 보관유지, 전문직의 옹호, 전문성의 향상, 교육・훈련, 관리에 있어서의 책무, 조사・연구과정에서의 윤리성을 선언하고 있다.

③ 사회복지사의 행동규범에서는 윤리기준에서 제시된 네 가지의 윤리책임 분야별로 행동규범을 세부적으로 제시하고 있다(고수현, 2015).

5. 국제사회복지사 윤리강령

국제사회복지사 윤리강령은 2004년 10월 호주 아들에이드에서 국제사회복지교육협회(IASSW)와 국제사회복지사연맹(IFSW)이 함께 작성하였다. IFSW는 윤리강령이라고 명명하기 보다 윤리적 원칙 성명서라는 표현을 사용하였는데 이 성명서를 통해 세계인권선언에 기초한 각종 국제규약들을 소개함과 동시에 인권과 인간존엄성, 사회정의를 구분하여 정의하였다. 윤리적 측면과 인권적 측면을 함께 고려한 것이라고 볼 수 있다. 서문에서는 사회복지사들의 전문적 실천이 윤리적 실천이라는 것을 강조하고 있으며 사회복지사들의 윤리적 행동과 헌신적 책무가 사회복지의 전문적 실천의 본질임을 역설하였다.

IFSW 윤리강령이 강조하는 원칙인 인권과 인간존엄의 옹호란 ① 자신에 관한 결정을 자기 자신이 내리고 존중받을 자기결정권 존중, ② 자신에 관한 것을 정확하게 이해하고 결정에 참여할 참여권 신장, ③ 가족, 지역사회, 사회, 자연환경 등과의 관계 안에서 자신이 이해될 수 있어야 하는 전인적 대우, ④ 자신의 강점과 능력에 힘이 실릴 수 있는 강점 인식 등을 의미한다. 또한 사회정의의 촉진이란 ① 부정적 차별에의 도전, ② 다양성의 인식, ③ 자원의 공정한 분배, ④ 불공정한 정책과 실천에의 도전, ⑤ 연대감 및 사회공동체 의식 강화 등을 의미한다. 한편, IFSW는 전문가 행동의 지침으로 다음의 12개 조항을 제시하였다(양옥경, 2017).

(1) 사회복지사는 자신들의 업무를 수행하기 위해 필요한 기술과 능력을 갖추고 계속해서 발전시켜 나가야 한다.
(2) 사회복지사는 자신들의 기술을 고문이나 테러 등과 같은 비인간적인 목적을 위해 사용해서는 안 된다.
(3) 사회복지사는 진실성을 가지고 업무에 임해야 한다. 이는 자신의 업무를 볼모로 클라이언트와의 신뢰의 관계를 오용해서는 안 되며, 이 관계를 자신의 이익을 취하기 위해 악용해서는 안 되고, 클라이언트와의 전문적 관계의 경계를 명확하게 인식해야 하는 것을 의미한다.
(4) 사회복지사는 자신의 서비스를 제공함에 있어, 자애, 공감, 그리고 관심으로 맺어진 관계 안에서 행동해야 한다.
(5) 사회복지사는 자신의 욕구와 이해를 위해 서비스를 이용하려는 사람들에게 굴복해서는 안 된다.
(6) 사회복지사는 적합한 서비스를 제공할 수 있도록 확실히 하기 위해, 전문적으로나 개인적으로, 그리고 일터에서나 사회에서 자신을 보호하기 위해 필요한 단계를 취해야 할 의무가 있다.
(7) 사회복지사는 자신의 서비스를 이용하는 사람들에 관한 정보를 지켜주어야 할 비밀보장의 의무가 있다. 단, 더 큰 윤리적 의무가 있을 때는 예외가 적용된다.
(8) 사회복지사는 자신의 서비스를 이용하는 사람들, 자신과 함께 일하는 사람들, 자신의 동료나 고용주, 그리고 전문가 조직이나 법조계에 자신이 책임있는 사람이라는 것을 알릴 필요가 있다. 또한 그 책무성이 갈등을 일으킬 수 있다는 것도 알릴 필요가 있다.
(9) 사회복지사는 사회복지학과 학생들이 양질의 훈련을 받고 새로운 현장 지식을 제대로 경험할 수 있도록 지원하기 위하여 사회복지학과와 기꺼이 협력하여야 한다.
(10) 사회복지사는 윤리적으로 조정된 결정을 내리기 위한 책임을 다하기 위해 동료나 고용주와 윤리적으로 토론하는 것을 적극적으로 끌어내고 참여해야 한다.

(11) 사회복지사는 자신의 결정이 윤리적 사고에 근거하였는지 그 이유를 설명할 수 있도록 준비해야 하며, 그 결정을 선택하고 실천하는 것에 책임질 수 있어야 한다.

(12) 사회복지사는 이 성명서에 담긴 윤리 원칙들이 자신이 소속된 국가와 기관에서 논의되고, 또한 자국의 윤리강령이 토론되고, 평가되고, 인정되는 환경을 창조하고 조성하기 위해 노력해야 한다.

6. 인권적 관점에서의 윤리강령

한국 윤리강령(KASW)을 중심으로 미국 윤리강령(NASW), 일본 윤리강령(JASW), 국제사회복지사 윤리강령(IFSW) 등을 살펴보았으며 각각의 윤리강령이 가진 범주별 특성들이 공통점과 차이점을 가지고 있음을 알 수 있다. 사회복지의 특성상 클라이언트와의 교류를 통해 실천이 이루어지고 상호작용의 과정에서 최종적으로 서비스가 전달된다는 점에서 사회복지사의 인권적 가치는 윤리적 행동에 내재되어 있다고 할 수 있다(양옥경, 2017; 박차상 외, 2019). 윤리강령에 반영된 인권적 관점을 고려하여 KASW와 NASW를 중심으로 범주별 윤리기준들을 정리하면 다음과 같다(황지애, 2019). 첫째, 연구과정에서의 클라이언트 사전 동의 및 정보보호 관련 조항을 살펴보면 이는 세계인권선언의 항목 중 제3조 생명・신체의 자유 및 안전, 제12조 사전 생활에 대한 간섭배제, 명예에 대한 권리, 제19조 의사표현의 권리 등과 관련이 있다. 한국의 경우 2개 조항으로 클라이언트의 권리보장을 위해 자발적, 고지된 동의를 얻어야 하고 정보는 비밀보장 원칙에 따라 다뤄져야 한다고만 되어 있는 반면, 미국의 경우 7개 조항으로 클라이언트의 동의에 관해서 고지할 내용과 함께 동의를 거부할 때, 기술을 사용할 때, 동의할 능력이 없을 때 등 다양한 상황에 대한 동의의 방법들을 설명하고 있다. 비밀보장에 관해서도 비밀보장을 위한 조치, 한계, 폐지의 경우 알리는 것 등 보다 구체적인 내용을 다루었다.

둘째, 클라이언트 차별금지 관련 조항은 세계인권선언의 인권항목 중 제2조 인간의 평등 조항과 관련되며, 한국과 미국 모두 세계인권선언의 차별대상 항목을 열거하고 차별하지 않을 것을 전문가의 자세로 제시하고 있는 점에서 큰 차이가 없다.

셋째, 클라이언트의 자기결정권 관련 조항이다. 세계인권선언의 인권항목이 인간의 존엄을 바탕으로 한 자유에 관한 것이기에 특정 조항과 연관되었다고 할 수 없지만 제 19조 의사표현의 자유와 특히 관련된다고 볼 수 있다. 한국은 클라이언트에게 자기결정권을 행사할 수 있도록 도우라는 내용이지만 미국의 조항은 자기결정의 제한이 필요한 경우까지 함께 담고 있다.

넷째, 클라이언트 정보보호 관련 조항은 세계인권선언 인권항목 제3조 생명 · 신체의 자유 및 안전, 제12조 사적 생활에 대한 간섭 배제, 명예에 대한 권리, 제19조 의사표현의 권리 등과 관련된다. 한국의 경우 정보 수집에 대한 사전 안내, 사생활 존중, 비밀 유지, 공개 시 동의라는 큰 원칙에 대해 언급하였다. 반면, 미국의 경우에는 '사생활과 비밀보장'이라는 별도 범주를 만들어 정보보호에 관한 항목들을 정리하였다. 직접 정보공개 동의를 하지 못할 경우, 비밀 보장을 할 수 없는 경우와 그에 대한 조치 방법, 복도나 승강기 등 구체적인 장소의 예시를 들며 비밀정보를 논의해선 안 될 경우, 법적절차 및 언론요청 시 비밀을 다루는 방법, 현재 인터넷 사용 경향을 반영한 소셜미디어와 관련된 비밀보장, 클라이언트나 사회복지사가 사망했을 경우까지 매우 세부적으로 클라이언트의 정보보호에 관해 규정한다.

다섯째, 클라이언트의 서비스 알 권리 관련 조항은 세계인권선언 인권항목 제19조 의사표현의 자유 등과 관련된다. 한국의 경우 서비스 범위와 내용에 대한 정보 제공, 클라이언트 정보 활용과 관련한 사항을 알려야 한다고 되어 있지만 미국은 클라이언트가 알아야 하는 정보가 무엇인지, 클라이언트가 제공된 정보에 대해 이해하기 어려운 경우, 비자발적인 서비스를 받게 되는 경우의 안내 등 자세한 내용을 포함하였다.

여섯째, 클라이언트 권익 및 인간 존엄성 존중 관련 조항은 세계인권선언의 인권항목 제1조 인간의 존엄성, 천부인권을 포함해 인권과 핵심적으로 연결되는 부분이다.

한국은 권익옹호, 존엄성 존중, 사회정의 증진과 같은 인권의 주요 개념만 사용하였다면 미국의 경우 인권의 주요 개념을 포함해 사회적, 경제적, 문화적 가치 및 관련 제도 증진과 이를 위한 사회복지사의 역할을 구체화하였다.

7. 윤리강령의 한계

사회복지전문직에서 윤리강령이 중요하다는 것을 이해하면서 한편으로는 윤리강령이 모든 윤리적 문제 해결의 청사진이 될 수 없다는 점, 가이드라인의 역할을 충분히 할 수 있으나 세심한 문제해결에는 한계가 있음을 고려할 필요가 있다. 윤리강령이 가진 한계들을 알아봄으로써 윤리강령을 활용할 때 주의해야 할 점들을 정리할 수 있을 것이다(김기덕 외, 2017; 김성호, 2018; 서미경 외, 2017).

첫째, 우리의 윤리강령은 일상에서 일어나는 세세한 내용을 모두 포함하지 못한다. 미국 사회복지사 윤리강령은 전문, 윤리강령 목적, 윤리원칙, 윤리기준(6장 172개 조항)으로 구성되어 있는 반면, 한국 사회복지사 윤리강령의 구조는 전문과 윤리기준(6장 46개 조항)으로 구성되어 세부지침이 명확히 규정되어 있지 않으며 내용도 일부분만을 다루고 있다는 문제점을 지적할 수 있다. 윤리강령은 가능한 상상할 수 있는 모든 상황에 대한 지침을 제공하고자 하지만 실제적으로는 일반적인 원칙의 입장에서 서술되기 때문에 사회복지사가 일상에서 직면하는 세세한 내용에 대한 상세한 규칙으로서 활용되는 데에 한계가 있다.

둘째, 윤리강령이 사회적 변화와 시대적 가치관의 변화를 반영해야 함에도 미국이 1960년대 첫 강령의 채택에서부터 2018년 총 8차례 개정한 것에 비해 우리는 그러한 변화들을 담아내지 못하였다. 윤리강령이 실제 상황에서 적용할 행동지침의 역할을 하기에 구체성이 부족하며 현실적 적용을 위해서는 윤리기준과 현장의 실천이 연결될 필요가 있고 사회복지사들의 윤리강령에 대한 이해 수준을 높임으로써 활용도를 높일 필요가 있다.

셋째, 윤리강령에는 대립되는 두 원칙이 포함되어 있다. 윤리강령을 개정하는 과정에서 다양한 내용이 첨가되면서 오히려 조항들 사이에 내적 불일치의 가능성이 생겨났다. 하나의 윤리강령 안에 대립되는 원칙이 있는 셈이다. 예를 들어 "사회복지사는 클라이언트의 시민권이나 법적 권리를 손상하거나 축소시키는 어떤 행위에도 관련해서는 안 된다"라는 것과 "사회복지사는 고용된 조직에 충실해야 한다"는 규정은 기관의 정책이 클라이언트의 시민권을 침해하는 경우에 사회복지사로 하여금 어떤 조항을 선택해야 할지 난감하게 만든다.

넷째, 윤리강령은 규제적이고 금지적이다. 복잡하고 애매한 윤리적 상황에서 규제와 금지는 강령에서 기술한 것과는 반대의 결과를 초래할 수 있다. 클라이언트와 관계를 허용하지 않는 이중관계에 관한 금지조항의 경우 사회복지사에게 일어날 수 있는 비난이나 소송을 막을 수는 있지만 어떤 경우에는 클라이언트와 좋았던 관계가 무산되도록 할 수 있다.

다섯째, 윤리강령은 간접 실천을 반영하는 데 부족하다. 윤리강령은 대체로 사회복지사와 클라이언트와의 관계에 대한 내용이 주를 이루기 때문에 사회정책이나 옹호와 같은 간접 실천에 대한 윤리적 지침을 제공하기에는 무리가 있다. 거시적 수준에서 실천하는 사회복지사들에게 윤리강령의 원칙들은 자칫 온건한 기술에 지나지 않을 수 있다.

여섯째, 윤리강령은 사회복지의 새로운 다양한 영역을 포함하지 못한다. 사회복지현장은 새로운 다양한 활동을 시도하고 있는데 윤리강령은 그것을 모두 포괄할 수 없기 때문에 오히려 관련 분야 활동의 윤리강령으로부터 자기 실천의 기준과 원칙을 삼게 된다는 지적이 있다. 시·군이 정한 지침이 사회복지 공공분야에서 일하는 사회복지사에게 더 적절한 지침을 제공한다든지, 가족중재자학회에서 나온 윤리강령이 사회복지 윤리강령보다 더 참고하기에 유익한 것은 개선의 여지를 보여주는 부분이다. 한 전문직이 단일한 윤리강령을 갖는 것은 전문직의 결속과 정체성 유지를 위해서 중요한 것임을 강조하며 사회복지 윤리강령이 보다 다양한 영역을 폭넓게 다룰 수 있어야 할 것이다.

참고문헌

1. 국내 자료

강대근 (1981). 바람직한 청소년활동지도자상. 청소년연구 4집, 유네스코한국위원회.

강병노 (2016). 사회복지윤리경영. 경기: 정민사.

강병노 · 김한욱 (2012). 지역사회에서 사회복지윤리경영 모델개발을 위한 질적사례연구. 한국사회복지행정학, 14(3), 105-139.

강철희 · 최소연 (2005). 사회복지 슈퍼비전의 방향 및 변인들에 관한 고찰: 연구와 실천 방향을 위한 논의. 한국사회복지행정학 7(1), 29-66.

강현철 · 이주일 (2004). 인권용어해설집. 서울: 한국법제연구원.

강흥구 (2007). 의료사회복지실천론. 현학사.

고미영 · 최경원 · 황숙연 (2002). 사회복지실천의 가치와 윤리 2판. Reamer, F. G. (2000). Social work values and ethics, 2th Edition. 경기도: 사회복지실천연구소.

고수현 (2005). 사회복지와 윤리, 서울 : 도서출판 양지.

고수현 (2015). 사회복지윤리와 철학. 경기: 양서원.

곽미정 · 홍희석 · 구성숙 (2016). 사회복지윤리와 철학. 경기: 정민사.

권다영 (2014). 사회복지사의 윤리의식과 직무환경이 직무만족도에 미치는 영향. 계명대학교 석사학위논문.

권진숙 (1983). 한국 정신의료사회사업가의 전문적 기능 및 업무에 관한 연구. 이화여자 대학교 대학원 석사학위논문.

김경희 (2000). 사회복지관 사회복지사의 책무성에 영향을 미치는 변인. 서울여자대학교 박사학위논문.

김경희 (2007). 사회복지 행정론. 서울: 청목출판사.

김기덕 (2006). 사회복지윤리학. 서울: 나눔의 집.

김기덕 (2008). 사회복지사 윤리의식 및 가치 돌아보기: 사회복지전문직만의 고유 정체성. Social Worker, 77, 34-35.

김기덕 · 최소연 · 권자영 (2017). 사회복지윤리와 철학. 경기: 양서원.

김누리 (1999). 실습수퍼비전에 영향을 미치는 지역사회복지관의 조직요인에 관한 연구. 숭실대학교 석사학위논문.

김민 · 최말옥 (2015). SNS사용에 따른 사회복지사 전문가 윤리와 윤리결정모형. 사례연구를 중심으로. 비판사회정책, 48, 52-90.

김민수 (2013). 사회복지사의 윤리적 민감성에 영향을 미치는 요인에 관한 연구. 경상대학교 석사학위논문.

김상균 · 오정수 · 유채영 (2018). 사회복지윤리와 철학. 서울: 나남.
김상윤 (2008). 사회복지윤리와 철학. 서울: 청목출판사.
김상학 (2002). 소수자에 대한 사회적 거리감과 적극적 조치 적용에 관한 연구. 고려대학교 석사학위논문.
김선경 · 김욱 (2012). 사회복지가치와 윤리. 서울: Cengage Learning. Congress, E. P. (1999). Social work values and ethics: Indetifing and resolving professional dilemmas. New York, NY: Wadsworth.
김성옥 (2017). 사회복지와 윤리. 서울: 청목출판사.
김성이 · 김상균 (1994). 사회과학과 사회복지. 서울: 나남출판.
김성호 (2018). 미국 NASW 윤리강령의 변화과정 및 2018 개정의 함의. 생명연구, 47, 209-248.
김소희 · 설진배 (2013). 결혼이주여성의 사회적 연결망과 정체성 연구. 한국정책학, 40(3), 563-583.
김순양 (2013). 한국 다문화사회의 이방인: 사회적 배제와 정책적 대응. 서울: 집문당.
김연희 (2007). 한국사회의 다문화화와 사회복지분야의 문화적 역량. 사회복지연구, 35, 117-144.
김영란 (2010). 다문화 사회복지실천의 한국적 함의. 다문화콘텐츠연구, (4), 29-65.
김영란 (2015). 사회적 배제가 농촌지역 결혼이주여성의 우울에 미치는 영향. 부산대학교 석사학위논문.
김영란, 박미은, 서미경 (2001). "실천적 갈등상황에서 사회복지사들의 윤리적 선택에 관한 연구." 사회복지연구 17. 1-28.
김영식 · 서용원 (2015). "조직구성원의 개인주의-집합주의 가치지향성이 정서표현 및 호감도에 미치는 효과" 한국심리학회지: 산업 및 조직 28(4) 689-722.
김영임 (2006). 윤리적 삶의 길. 서울: 대한기독교서회.
김영진 (1983). 국민윤리연구회 제 15집, 321-3345.
김영환 외 (2006). 다면적 심리검사실시요강-개정판, 서울: 한국가이던스.
김용환 · 김승돈 · 안외자 · 양정안 (2013). 사회복지실천론. 동문사.
김융일 (1988). "교육적 슈퍼비전 모형의 기본구조에 관한 연구" 서울 대학교 박사학위 논문.
김융일, 김기환, 김미혜, 김형식, 박능후, 신준섭, 오창순, 이영분, 정무성, 황성철. (2003). 사회복지학개론. 서울: 동인.
김융일, 양옥경 (2004). 사회복지슈비전론. 경기: 양서원.
김은재 (2016). 결혼이주여성들의 삶과 글로벌 돌봄노동 맥락: 정신장애인 배우자들의 사례를 중심으로. 중앙대학교 박사학위논문.
김은정 (2006).타전문직의 정신보건사회복지사애 대한 역할 기대화 역할수행자에 관한 연구. 한국정신보건사회복지학회, 301-322.
김인숙 (2005). 한국 사회복지실천의 정체성. 상황과 복지, 20, 119-152.
김정오 외 (2012). 법철학: 이론과 쟁점. 서울: 박영사.

김정자 (1993). "사회복지실천의 윤리적 제고찰." 양옥경 편. 사회복지실천과 윤리. 서울:한울아카데미. 13-24.

김현민 · 김민 (2017). 청소년상담사와 소셜네트워크 서비스: 전문가 윤리에 대한 논의. 청소년상담연구. 25(2), 163-183.

김혜란 · 홍선미 · 공계군 (2005). 사회복지실천기술론. 나남출판.

김혜령 (1995). 사회사업학 전공 대학생의 이타주의에 관한 연구. 연세대학교 석사학위논문.

김효정 (2015). 지적장애인 거주시설 사회복지사의 윤리적 민감성에 관한 연구. 대구대학교 석사학위논문.

남궁선 (2008). 성적소수자의 인권형성 과정과 사회복지의 역할 연구. 서울기독대학교 박사학위논문.

남기철 · 정선욱 · 조성희 역 (2010). 사회복지실천 기법과 지침. 서울: 나남.

노양진 (2005). "경험로서의 가치" 범한철학 39, 인산: 범한철학회.

大島侑 編 (1987). *社會福祉實習教育論*. *海聲社*.

류종훈 (2011). 사회복지실천론. 청목출판사.

문성희 (2009). 복지의식과 사회자본이 사회복지사의 사회행동에 미치는 영향. 경성대 석사학위논문.

미국사회복지사협회 편, 이팔환 외 15인 역, (1999). 사회복지실천이론의 토대. 서울: 나눔의 집.

민경홍 (2010). 장애인복지관 사회복지사의 전문직 정체성에 영향을 미치는 요인에 관한 연구. 공주대학교 석사학위논문.

민선영 (2008). 사회복지사의 문화적 역량에 관한 탐색적 연구. 사회복지 학생연구논총, 1, 1-28.

박경규 · 윤종록 (1998). 신입사원의 조직사회화에 대한 종단적 연구. 한국경영학회.

박동서 (1988). 한국행정연구의 사적편찬.「행정논총」26(2):220-249.

박동천 역 (2017). 문화 상대주의의 역사. Hatch, Elvin (1983). 전주: 모티브북.

박선목 (2002). 윤리 · 사회사상사전. 서울: 형설출판사.

박소정 (2013). 휴먼서비스 분야 전공 대학생의 다문화교육실태와 다문화역량에 관한 연구: 광주 · 전남 지역을 중심으로. 국립목포대학교 박사학위논문.

박숙경 (2010). 사회복지실천가의 지적장애이용자와의 관계 인식. 성공회대학교 박사학위논문.

박인혁 (2009). 사회복지사의 자기효능감이 직무만족에 미치는 영향 연구. 호남대학교대학원 석사학위논문.

박종우 (1994). 사회사업가의 전문직업적 정체성 연구. 서울대학교 박사학위논문.

박종일 (2008). 사회복지사의 자기효능감이 직무만족에 미치는 영향에서 영적 안녕의 중재효과. 서울기독대학교대학원 박사학위논문.

부종식 (2012). 이주노동자의 의료인권. 생명윤리정책연구, 6(1), 69-81.

서미경 · 김영란 · 박미은 역 (2005). 사회복지실천윤리. 경기: 양서원. Loewenberg, F. M. & Dolgoff, R. (2000). Ethical decisions for social work practice. (5rh Ed.). Belmont, CA: Thomson Brooks/Cole.

서미경・김영란・박미은 (2015). 사회복지윤리와 철학. 경기: 양서원.

설규주 (2013). 교과서 속 사회적 소수자에 대한 스테레오타입 연구: 2009년 개정 교육과정에 따른 중학교 사회 교과서를 중심으로. 다문화교육연구, 6(3), 55-83.

설동훈 (1999). 외국인 노동자와 한국사회. 서울: 서울대학교 출판부.

손광훈 (2009). 사회복지실천기술론. 공동체.

손봉호. 문화와 예술에서 https://blog.naver.com/jungsik104/130012697717

송유미 (2008). 사회복지사의 전문성과 윤리적 책임행동 간의 관계를 통한 사회복지실천적 함의. 한국지역사회복지학, 27, 195-210.

신중환 (2014). 사회복지의 가치・조직・동료 적합성이 사회복지사의 감성노동에 미치는 영향. 성균관대학교 박사학위논문.

신중환・김정우 (2015). 개인과 조직 간의 가치적합성이 사회복지사의 직무태도에 미치는 영향과 내면행위의 매개역할. 한국사회복지행정학, 17(4), 85-121.

신충식 (2014). "정책과정의 규범적 차워니 윤리적으로 의사결정하기" 한국정책학회 동계 학술대회. 282-311.

신후경 (2009). 사회복지사의 윤리경영 인식과 윤리적 민감성에 관한 연구. 평택대학교 박사학위논문.

심상용 (2016). 사회복지윤리와 철학, 서울 : 학지사.

심승우 (2011). 다문화 민주주의의 이론적 기초: 소수자의 주체성과 통치성을 중심으로. 성균관대학교 박사학위논문.

안문기 (1999). 한국 사회사업 전문직과 주요 타 전문직의 윤리강령 비교연구: 의사, 간호사, 교사, 변호사, 사회복지사의 윤리강령을 중심으로. 가톨릭대학교 석사학위논문.

양옥경 (2017). 사회복지윤리와 인권. 경기: 공동체.

양옥경 외 (2014). 사회복지윤리와 철학. 서울: 나눔의 집.

양옥경 (1993). 사회복지실천과 윤리, 서울 : 한울.

양옥경 (2017). 사회복지윤리와 인권. 경기: 공동체.

양옥경・최명민 (2010). 사회복지기관 윤리경영 자가점검지표 개발에 관한 연구. 한국사회복지행정학, 12(2), 43-77.

어느 네티즌의 일기. http://silveryouth.blog.me/110036902587

엄명용・노충래・김용석 (2016). 사회복지실천기술의 이해. 서울: 학지사.

여영순 (2004)."정신 보건 영역에서 슈퍼비전과 사회복지사의 소진에 관한 연구" 경성대학교 대학원 석사학위 논문.

연합뉴스 2017. 12. 23 : "동료들이 왕따 시켜" 30대 사회복지사 극단적 선택 시도.

염태산 (2005). "사회복지기관 수퍼비전이 사회복지사의 자발적 조직행동에 미치는 영향" 서울대학교

대학원 석사학위논문.

오윤수 · 정현태 · 이대주 (2009). 사회복지와 윤리. 경기: 공동체.

오창순 · 윤경아 · 김근식 (2001). 사회복지실천론: 통합적 관점. 서울: 아시아미디어리서치.

오혜경 (2010). 사회복지실천에서의 이중관계에 관한 탐색적 연구: 사회복지사와 클라이언트의 관계 중심. 사회과학연구, 26(4), 199-222.

오혜경 (2015). 사회복지윤리와 철학. 서울: 창지사.

우국희 · 임세희 · 성정현 · 최승희 · 장연진 · 좌현숙 (2017). 사회복지윤리와 철학. 경기: 공동체.

유동철 · 박재홍 (2015). 사회복지윤리와 철학 교과목에서 가치의 재설정: 규범윤리학에서 메타윤리학으로의 전환제고. 한국사회복지교육, 32, 1-22.

유명기 (2004). 소수자, 그 무적의 권리: 한국 소수자의 실태와 전망. 서울: 한울아카데미.

유하얀 · 김미옥 (2017). 장애인거주시설 발달장애인의 자기결정권에 대한 사회복지사의 지원 경험. 한국사회복지질적연구, 11(3), 69-94.

윤나랑 (2017). 청소년지도사 윤리강령제정을 위한 기초 연구. 명지대학교 박사학위논문.

윤성호 · 이미라 · 손지현 (2016). 인권과 함께 살펴보는 사회복지윤리와 철학. 서울: 학지사.

윤수종 (2009). 인권과 소수자, 그리고 욕망의 정치. 진보평론, 42 겨울호.

윤인진 (2000). 소수 차별의 메카니즘. 사회비평, 25, 24-36.

윤인진 · 송영호 · 김상돈 · 송주영 (2010). 한국인의 이주노동자와 다문화사회에 대한 인식. 이담.

이덕남 (2011). 이주남성노동자의 체험에 대한 현상학적 연구. 조선대학교 박사학위논문.

이배근 · 정하성 (2009). 변화하는 사회의 청소년지도자의 역할과 기능강화 전략. 청소년학연구. 16(4), 215-238.

이상구 (1994) "개방사회의 국민윤리 정립", 한국정신문화연구원, 『한국인의 윤리관II』, 서울: 한국정신문화연구원,

이소연 · 최바울 · 이정선 · 서영석 (2014). 수퍼바이저가 경험한 상담수련생의 전문적 역량의 문제. 한국심리학회지: 상담 및 심리치료, 26(2), 245-272.

이소영 (2008). 재활전문가 윤리강령 제정을 위한 기초연구. 나사렛대학교재활복지대학원 석사학위논문.

이순민 (2012). 사회복지윤리와 철학. 서울: 학지사.

이순민 (2017). 사회복지윤리와 철학. 서울: 학지사.

이종남 (2004). 클라이언트의 이익과 기관의 규칙 준수 사이의 윤리적 갈등 · 충실성의 상충. 임상사회사업연구, 1(2), 167-186.

이현주 (2012). 사회복지사는 어떻게 전문직 정체성을 찾아가는가? 중앙대학교 박사학위논문.

이호림 (2015). 소수자 스트레스가 한국 성소수자(LGB)의 정신건강에 미치는 영향. 서울대학교 석사학위논문.

이홍직 (2007). 사회복지사의 전문직업성에 대한 인식 연구. 사회과학연구, 23(3), 151-172.

이효선 (2003). 사회복지윤리와 철학의 이해. 서울 : 학지사.

이효선 (2016). 사회복지윤리와 철학. 서울: 학지사.

임동권 (2016). 장애인의 생애주기별 사회적 배제에 관한 종단연구. 서울시립대학교 박사학위논문.

임일환 (1997). 지역사회복지관의 직원 슈퍼비전 실태에 관한 연구. 숭실대학교 대학원 석사학위 논문.

장동익 (2012). 전문직 역할과 덕 윤리-의료 전문직 윤리를 중심으로. 인문과학, 50, 24-48.

장미경 (2005). 한국사회 소수자와 시민권의 정치. 한국사회학, 39(6), 159-182.

장연진 · 김진숙 · 구혜영 (2012). 이중관계에 대한 사회복지사의 신념과 경험의 변화: 2001년과 2011년 비교 연구. 한국사회복지학, 64(3).

전영평 (2007). 소수자의 정체성, 유형, 그리고 소수자 정책 연구 관점. 정부학연구, 13(2), 107-132.

전재일 · 조운희 · 이성희 · 이준상 (2009). 사회복지실천론. 형설출판사.

전현영 (2012). 결혼이주여성의 삶에 대한 내러티브 연구: 17년 결혼생활, 부러지지 않고 휘어지기. 교육발전논총, 33(1), 23-47.

정일교 · 김만호 (2017). 장애인복지론. 양성원.

정진영 (1986). 사회복지조직의 유효성에 관한 연구: 조직과 환경간의 협력관계를 중심으로. 서울대학교 대학원 석사학위논문.

조운희 (2011). 사회복지사의 윤리적 행동이 조직성과에 미치는 영향에 대한 집단문화의 매개효과에 관한 연구. 신학과 목회, 36, 235-262.

조태린 (2006). 차별적, 비객관적 언어 표현 개선을 위한 기초 연구. 서울: 국립국어원.

채사장 (2014). 지적 대화를 위한 넓고 얕은 지식 :역사, 경제, 정치, 사회, 윤리 편. 서울: 한빛비즈.

천정웅 (2017). 사회복지연구방법론. 경기: 양서원.

천정웅 · 김민 · 김진호 · 박선영 (2011). 차세대 청소년학총론. 양서원.

천정웅 · 김용환 · 김승돈 · 박선희 · 박주현 (2016). 차세대 사회복지개론. 경기: 양서원.

천정웅 · 이채식 · 안명선 · 박주현 · 이지민 (2016). 청소년지도방법론: 적극적 관점. 신정.

최명민 (2008). 사회복지사 윤리적 민감성 검사도구(SWEST) 개발 및 활용에 관한 연구. 한국사회복지학, 60(2), 5-28.

최명민 (2008). 사회복지사 윤리적 민감성 검사도구(SWEST) 개발 및 활용에 관한 연구. 한국사회복지학, 60(2), 5-28.

최병환 (2007). “가치의 사릴에의 정합 가능성 연구” 동서철학연구, 46 청주: 한국동서철학회.

최소원 (2018). 사회복지사가 인식한 조직의 윤리경영이 윤리적 민감성과 직무만족에 미치는 영향. 청주대학교 석사학위논문.

최옥채 (2006). 사회복지실천론. 양서원.

최용철 (2012). 사피엔스 에티쿠스 Sapiens ethicus: 윤리란 무엇인가 묻고 생각하다. 서울: 간디서원.

최해림 · 이수용 · 금명자 · 유영권 · 안현의 (2010). 전문적 상담현장의 윤리. 서울: 학지사.

한경미 · 나영주 (2004) "청소년의 라이프스타일과 개인주의-집단주의에 따른 선호감성 분석", Vol. 6, No. 1, 한국의류산업학회.

한기덕 (2015). 매스미디어에 반영된 다문화적 소수자집단에 대한 사회적 인식: 텍스트 마이닝을 통한 뉴스기사 분석. 고려대학교 석사학위논문.

한상기 (2011). "도덕 인식론과 윤리적 회의주의" 동서철학연구. 제62호. 한국동서철학회.

한채림 (2019). 북한이탈주민 정착지원제도의 개선방안 연구: 거주지 보호를 중심으로. 강남대학교 석사학위논문.

현외성 · 최무열 · 최금주 · 마은경 · 김용환 (2012). 사회복지학의 이해. 양서원.

황명구 (2015). 사회복지기관 윤리경영 활성화 대안 연구. 한국사회복지질적연구, 9(2), 53-83.

황정미 (2009). 이주의 여성화 현상과 한국 내 결혼이주에 대한 이론적 고찰. 페미니즘 연구, 9(2), 1-37.

황지애 (2019). 사회복지사의 인권관점 실천을 위한 제도에 관한 연구: 사회복지사 윤리강령 및 인권교육을 중심으로. 서울시립대학교 석사학위논문.

2. 해외 자료

Ayer, A. J. (2010). 언어 · 논리 · 진리 송하석 역. 파주: 나남출판.

Abbott, A. (1988). The system of professions.; An essay on the division of expert labor. University of Chicago Press.

Abbott. A.A. (1988) Professional choices : Values at work, National Association of Social Workers, Inc.

American Psychological Association. (2011). Definition of terms: Sex, gender, gender identity, sexual orientation. Retrieved from http://www.apa.org/pi/lgbt/resources/guidelines.aspx

Austin, D. M. (1983). The Flexner myth and the history of social work. Social Service Review, 57(3), 357-377.

Banks, S. (1998). "Professional ethics in social work: What future?" British Journal of Social Work 28. 213-231.

Banks, S. (1999). Ethical issues in youth work. New York, NY: Routledge.

Barker, R. L. (1996). 사회사업사전. 중앙사회복지연구 역. 이론과 실천.

Bartlett, H. M. (1970). The Common base of social work. NASW.

Beauchamp,, T. L. & Childress, J. F. (2001). Principles of biomedical ethics. Oxford University Press.

Bisman, C. (2004). Social work values: The moral core of the profession Journal of Social Work, 34, 109-123.

Bloom, M. (1975). The paradox of helping: Introduction to the philosophy of scientific helping. New York: John Wiley and Sons.

Brill, N. I. (1997). Working with People: The helping process(6th Ed.), NY : Longman.

Broady, C. A. (1998). Values, knowledge and competencies that are important to youth development professionals. Unpublished doctoral dissertation, Purdue University.

Clarkeburn, H. (2002). The aim and practice of ethics education in an undergraduate curriculum: Reasons for choosing a skills approach. Journal of Further and Higher Education, 26(4): 307-315.

Congress, E. P. (1999). Social work values and ethics: Identifying and resolving professional dilemmas. New York, NY: Wadsworth.

Cross, T. L., Bazron, B. J. Dennis, K. w. & Issacs, M. R. (1989). Toward a culturally competent system of care. Washington, DC: George Town University Child Development Center.

Dutelle, A. W. (2011). Ethics for the public service professional. FL: CRC Press.

Epstein, I. (1970). Professional role orientation and conflict strategies. Social Work, 15(3), 87-92.

Fergusan, E. A. (1969). Social work: An introduction. philadelphia : J. B. Lippincott Company.

Fink, A, E., Wilson, E, E., & Conover, V. (1949). The field of social work. New York : Holt, Rinehart & Winston, Inc.

Friedlander, W. A. & Apte, R, Z. (1980). Introduction to social welfare. New Jersey : Englewood Cliffs.

Furman, L., & Fry. S. (2000). Clerics and social workers : Collaborators or competitors? Arete. 24(1). 30-39.

Gewirth, A. (1978). Reason and morality, Chicago: University of Chicago Press.

Halmos, P. R. (1983). Selecta: Expository writing (Vol. 2). Springer Verlag.

Hofstede, G. (1980). Culture's consequences: International differences in work related values. California, CA: Sage.

Honneth, A. & Fraser, N. (2014). 분배냐 인정이냐?: 정치 철학적 논쟁. 김원식·문성훈 역, 서울: 사월의 책.

Hume, D. (1978). A Treatise of Human Nature, ed by L.A.Selby-Bigge. 2nd edition. Oxford: Oxford University Press.

Jones, T. M. (1991). Ethical decision making by individuals in organizations: An issue contingent model. Academy of Management Review, 160: 366-395.

Kadusin, A. 저, 조휘일 역 (2000), 『사회복지실천과 슈퍼비전』 Supervision in Social Work, (1992). 학지사.

Kagle, J. D., & Giebelhausen, P. N. (1994). Dual relationships and professional boundaries. Social Work, 39(2), 213-220.

Kitchener, K. S. (1984). Intuition, critical evaluation and ethical principles: The foundation for ethical decisions in counseling psychology. The Counseling Psychologist, 12(3), 43-55.

Ladd. J. (Ed) (1973). Ethical relativism, Belmont, CA:Wadsworth Publishing Co., Inc.

Levitt, D. H., & Moorhead, H. J. H. (2013). Values and ethics in counseling. New York, NY: Routledge.

Levy, C. (1973). The value base of social work. Journal of Education for Social Work. 9 : 34-42.

Levy, C. (1976). Social work ethics. NY: Human science press.

Levy, C. S. (1973). The value base of social work. Journal of Education for Social Work, 9: 34-42.

Linzer, N. (1999). Resolving ethical dilemmas in social work practice, Needham Heights, MA: Allyn and Bacon.

Loewenberg. F. M. & Dolgoff. R. (1988). Ethical decisions for social work practice, Itasca, IL : F. E. Peacock.

Loewenberg. F. M. & Dolgoff. R. (1996). Ethical decisions for social work practice. (3rd ed). Itasca, IL: Peacock, Publishers. 서미경, 김영란, 박미은 공역 (2005). 사회복지실천윤리 경기: 양서원.

Loewenberg, F. M. & Dolgoff, R. (2000). Ethical decisions for social work practice. (5rh Ed.). Belmont, CA: Thomson Brooks/Cole.

Louis, M. (1980). Surprising and sensemaking: What newcomers experience in entering unfamiliar organizational settings. ASQ, 25.

Lum, D. (1999). Culturally competent practice: A framework for growth and action. Pacific Grove, CA: Brooks/Cole.

Lum, D. (2003). Culturally competent practice: A framework for understanding diverse groups and justice issues. Pacific Grove, CA: Brooks/Cole.

Margalit, A. (1996). The decent society. Harvard University Press. 신성림 역 (2008). 품위있는 사회. 경기: 동녘.

Martiniello, M. (2002). Multicultural policies and the state. 윤진 옮김, 현대사회와 다문화주의, 한울. (원저 1999 출판).

Mattison, M. (2000). “ethical decision making: The person in the process.” Social Work, 45(3).

McMahon, M. O. (1996). The general method of social work Practice: A generalist perspective. Allyn & Bacon.

Merdinger, J. M. (1981). Socialization into a profession: The case of undergraduate social work students. Journal of Education for Social Work, 18(2), 12-19.

Merdinger, J. M. (1985). Professional development of the BSW student. Journal of Society and Social Welfare, 12, 362-382.

Miller, S. (2010). A conceptual framework for the professional socialization of social workers. Journal of Human Behavior in the Social Environment, 20, 924-938.

Moran, J. R. (1989). Social work education and students′ humanistic attitudes. Journal of Social Work Education, 1, 14-19.

Morrison, T. (2005). Staff supervision in social care-making a real difference for staff and service users(3rd ed.). Pavillion.

Munson, R. (2001). Intervention and reflection: Basic issues in medical ethics. Belmont, CA: Wadsworth Publishing.

NASW(National Association of Social Workers, 1995), Encylopedia of social work, washington; DC, pp.2625-2664.

National Association of Social Worker. (2012). Best practice standards in social work supervision : Task force on supervision standards.

Pellegrino, E. D. (2000). Commentary: Value neutrality, moral integrity, and the physician. The Journal of Law, Medicine and Ethics, 28(1): 78-80.

Perlman, H, H. (1976). Believing and doing: Values in social work education. Social Casework, 57(6): 381-390.

Pojman, L. (2002). Ethics: Discovering rights and wrong. Belmont, CA: Wadsworth.

Popple, P. R. (1985). The social work profession: A reconceptualization. Social Service Review, 59(4), 560-577.

Rawls, J. A. (2003). Theory of justice. Massachusetts: Harvard University Press.

Reamer, F. G. (1983). The concept of paternalism in social work. Social Service Reviews, 57(2),

254-271.

Reamer, F. G. (1999). Social work values and ethics. New York: Columbia University Press.

Reamer, F. G. (2003). Boundary issues in social work: Managing dual relationships. Social Work, 48(1), 121-133.

Reamer, F. G. (2013). Social work values and ethics. (4th ed.) New York, NY: Columbia University Press.

Richards, M., Payne, C. and Sheppherd, A. (1990). Staff supervision in child protection networks. Child Abuse Review, 12, 82-100.

Ringstad, R. (2008). The ethics of dual relationships: Beliefs and behaviors of clinical practitioners. Families in Society, 89(1), 69-77.

Ritzer, G. (1972). Man and hia work: Conflict and change. New York; Appleton-Century-Crofts.

Roberts, J. (2009). Youth work ethics. Exeter, UK: Learning Matters Ltd.

Rothman, J., Smith, W., Nagashima., J., Paterson, M. A., & Mustin, J. (1996). Client self-determination and professional intervention: Striking a balance. Social Work, 41(4): 396-405.

Sercombe, H. (2010). Youth work ethics. LA: SAGE.

Shafter, R. (2006). Career transition, professional socialization, and identity in performing artists who enter second careers in clinical social work. Unpublished doctoral dissertation, New York University.

Shardlow, S. M. (2013). “Values” In Worsley, A., Mann, T., Olsen, A., & Mason-Whitehead, E. (Eds.). Key concepts in social work practice(pp. 281-285). Thousand Oaks, CA: Sage.

Sheafor, B. W. & Horejsi, C. R. (2008). Techniques and guidelines for social work practice. (8th Ed.). Pearson Education.

Skerrett. D. (2000). Social work-a shifting paradigm. Journal of Social Work Practice. 14(1), 63-73.

Speicher, M. (1998) “Ethical reasoning and ethical awareness." Clinical Social Work 26(4): 427-432.

Sperry, L. (2007). The ethical and professional practice of counseling and psychotherapy. Boston, MA: Allyn and Bacon.

Sue, D. W. (2010). 다문화 사회복지실천. 이은주 역, 학지사.

Sue, D. W., Bemier, J. B., Durran, M., Feinberg, L., Pedersen, P., Smith, E., & Vasquez-Nuttall, E. (1982). Position paper: Crosscultural counseling competencies. The Counseling

Psychologist. 10, 45-52.

Taylor, L. E. (1988). Professional commitment. Doctoral dissertation, The University of Toronto.

Taylor, P. W. (1975). Principle of ethics, 김영진 옮김 (1985). 『윤리학의 기본원리』.

Timms, N. (1983). Social work values: An enquiry. London: routledge and kegan paul.

Tsui, M. (2004). Social work supervision. Sage Publications.

Varley, B. K. (1963). Socialization in social work education. Social Work, 8(3), 102-109.

Vigilante, J. L. (1983). Professional values. In A. Rosenbaltt & D. Waldfogel(Eds.), Handbook of clinical social work. San Francisco: Jossey-Bass, 58-69.

Weaver, H. N. (2005). Explorations in cultural competence. CA: Thomson Books/Cole Publishers.

Weaver, K., Morse, J., & Micham, C. (2008). Ethical sensitivity in professional practice: Concept analysis. Journal of Advanced Nursing. 62(5), 607-618.

Webb, N. B. (1988). The role of the field instructor in the socialization of student. Social Casework, January, 35-40.

Weidman, J. C., Twale, D. J., & Stein, E. L. (2001). Socialization of graduate and professional students in higher education. San Francisco: Jossey-Bass.

Wilensky, H. (1964). Professionalisation of everyone. American Journal of Sociology, 70: 137-158.

Williams, R. M. J. (1968). "The concept of values" In D.L. Sills (Ed.), International encyclopedia of the social sciences(283-297). (Vol. 16). New York, NY: Free Press.

Wonnacott. J. (2012). Mastering social work supervision. London and Philadelphia.: Jessica Kingsley Publishers

찾아보기

(ㅈ)

(ABC)

저자소개

▎천정웅(대구가톨릭대학교)

미국 캔사스대학교(The University of Kansas)에서 사회복지학 박사학위를 취득하였으며 한국 중앙대학교에서 정치학 박사학위를 받았다. 한국청소년정책연구원 기획조정실장, 한국청소년학회 사무총장, 미국 아이오와 대학교(University of Iowa) 방문학자, 미국 캔사스대학교(University of Kansas) 사회정책분석연구원 Research Manager 등으로 일한 바 있다. 현재 대구가톨릭대학교 사회복지학과 교수로 재직하고 있으며, 대구다문화가족지원센터 협회장, 대구동구사회보장대표협의체 위원 등을 역임했다. 대구가톨릭대학교의 주요보직은 국제다문화대학원장, 다문화연구원장, 다문화교육원장, 청소년복지연구소장, 사회복지학과장, 대학원 사회복지학과장 등이 있으며, 강의과목은 학부와 일반 및 특수대학원 석 · 박사 과정에서 사회복지윤리와 철학, 인간행동과 사회환경을 비롯하여 청소년복지론, 청소년인권과 참여, 청소년활동론, 사회복지정책론, 사회복지행정론, 지역사회복지론, 고급통계자료분석론, 질적연구방법론, 사회복지법제론, 국제사회복지론, 국제이주와 사회통합, 영성과 사회복지 등이 있다.

1980년대 중반 이후 30여 년간 청소년학, 사회복지 및 영성복지 등과 관련한 이론과 실천, 양적/질적 연구방법론 등에 관한 연구, 강의 및 저작활동에 진력해오고 있다. 한국전통사상에 관해 특별한 관심을 갖고 있으며, "적극적 관점의 청소년개발", "차세대 사회복지개론", "청소년인권과 참여", "사회복지연구방법론", "사회복지조사론", "청소년복지론", "다문화청소년활동론", "지구환경레짐의 정치경제학," "지역사회복지론" 등의 저서와 "청소년영성발달과 유교적 영성의 '효': Ken Wilber의 통합이론과 긍정청소년개발 모델의 적용", "청소년참여의 유형화 연구", "청소년 정책의 발전적 특성연구" 등 다수의 국문 저서와 논문이 있다. 또한, "Best practices in community-based prevention for youth substance reduction", "Causal relationships between service outcomes and satisfaction, service utilization, and demographic characteristics: A path analysis" 등 단독저자로서 SCI, SSCI 등재 영문저널에 게재된 여러 편의 영문논문이 있다.

2003년 미국에서 "세계청소년학 아카데미(World Academy for Youth Studies)"를 창립했으며 2006년에는 한국 청소년복지의 발전을 위한 "청소년학 월드포럼(World Forum on Youth Studies)"을 제안하여 세계 주요 국가를 순회하면서 국제컨퍼런스를 개최하고 있다. 2015년 6월에는 대구가톨릭대학교에서 "Homo Nomad & Young People"을 대주제로 제4회 월드포럼 국제학술대회를 11개국의 참가자들과 함께 개최한 바 있다. 한국사회복지질적연구학회 편집위원장, 글로벌청소년학회 편집위원장, 한국청소년연구 편집위원 등을 역임했으며, 최근에는 국제사회복지학회 회장, 글로벌청소년학회 회장을 맡아하고 있으며, 한국시민청소년학회 회장을 역임하였다.

▎박선희(성덕대학교)

대구가톨릭대학교에서 "사회복지전공 대학생의 다문화 역량에 관한 영성지능과 인권태도의 구조관계 분석"으로 사회복지학 박사학위를 받았고, 대구가톨릭대학교에서 조사방법론, 논문연구방법론, 사회복지법제론, 다문화 글로컬 생활세계 등을 강의하였다. 현재 성덕대학교 노인재활복지상담과에 교수로 재직 중이다. 사회복지에서 영성을 활용한 실천과 접근을 중요하게 생각하고 탐색해 왔으며 청소년 정신건강, 중독문제와 영성 등에 관한 강의와 연구를 하고 있다. 또한, 다문화와 관련하여 사회통합, 다문화 수용성, 다문화 역량 및 국제사회복지 등에 관심을 가지고 있으며 다문화청소년과 외국의 청소년이슈 등을 주제로 국제학술대회와 세미나 등에서 발표하였다. 대표논문으로 "범분야 이슈와 Post-2015(2016)"와 "프랑스 청소년의 삶과 정책"(2013),"잠재성장모형을 활용한 청소년의 다문화수용성발달에 관한 종단연구"(2014), "청소년의 영적안녕감이 사회성발달에 미치는 영향"(2014) 등이 있으며, 저서로『다문화글로컬 생활세계』(2015),『지역사회복지론』(2016),『사회복지개론』(2016),『청소년문제와 보호』(2017),『사회복지조사론』(2018) 등이 있다.

▍이태숙(대구광역시 학대피해장애인 쉼터)

현재 대구광역시 학대피해장애인 쉼터 원장으로 재직 중이다. 대구가톨릭대학교에서 사회복지학과 박사학위를 수료하고 대구가톨릭대학교에서 사회복지개론, 국제사회복지를 강의하였으며, 타 대학에서 사회복지윤리와 철학, 청소년 문제와 보호, 청소년 복지론, 가족복지론, 청소년 지도 방법론 등 강의하였다. (사)대구장애우권익문제연구소에서 소장을 역임하는 동안 장애인의 인권과 권익옹호에 관심을 가지고 장애인권교육 강사를 양성하여 유치원·초·중·고등학교·사회복지시설 및 기관 등을 방문하여 장애인권에 대한 교육을 실시하고 있다. 현재 직장 내 장애인인권교육 강사로 활동을 하고 있으며. 저서로 『사회복지사례관리론』(2016)이 있다.

사회복지윤리와 철학

1판 1쇄 인쇄 – 2020년 1월 6일
1판 1쇄 발행 – 2020년 1월 10일

저　　자 - 천정웅 · 박선희 · 이태숙
발 행 인 - 강철원
발 행 처 - 양성원
주　　소 - 경기도 파주시 검산로 173번길 29-20
전　　화 - 031-946-3861(代)
팩　　스 - 031-946-3864
이 메 일 - tnwpub@naver.com
홈페이지 - tnwpub.co.kr
출판등록 - 2015년 8월 31일 제 2015-000211 호

ISBN 979-11-6126-235-2

정가 19,000원